Sara Haen

Christliche Erziehung und Weltanschauung im Pluralismus des 20. Jahrhunderts

RELIGIONSPÄDAGOGIK IN PLURALER GESELLSCHAFT

BAND 20

Herausgegeben von

Hans-Georg Ziebertz, Friedrich Schweitzer, Rudolf Englert und Ulrich Schwab

Sara Haen

Christliche Erziehung und Weltanschauung im Pluralismus des 20. Jahrhunderts

Ferdinand Schöningh

Bibliografische Information der Deutschen Nationalbibliothek

Die Deutsche Nationalbibliothek verzeichnet diese Publikation in der Deutschen
Nationalbibliografie; detaillierte bibliografische Daten sind im Internet über
http://dnb.d-nb.de abrufbar.

© 2016 Ferdinand Schöningh, Paderborn
(Verlag Ferdinand Schöningh GmbH & Co. KG, Jühenplatz 1, D-33098 Paderborn)

Internet: www.schoeningh.de

Einbandgestaltung: Anna Braungart, Tübingen
Printed in Germany
Herstellung: Ferdinand Schöningh GmbH & Co. KG, Paderborn

ISBN 978-3-506-78275-5

VORWORT

Als ein Schlüsselproblem der gegenwärtigen religionspädagogischen Diskussion kann das Verhältnis von christlicher Erziehung und Pluralismus bezeichnet werden, das in mehrfacher Hinsicht ein überaus aktuelles Thema darstellt: Zum einen bedarf es einer Klärung, wie sich eine christliche Erziehung im Pluralismus gestalten lässt und welche Herausforderungen dabei für Lehrende in der Schule entstehen. Wie zentral dieses Thema ist, zeigt die 2014 veröffentlichte Denkschrift der Evangelischen Kirche in Deutschland (EKD) „Religiöse Orientierung gewinnen", indem sie Pluralismusfähigkeit als entscheidendes Lernziel benennt, das nicht nur für den Religionsunterricht, sondern für Lehr- und Lernprozesse insgesamt viel Beachtung verdient.[1] Zum anderen gewinnt das Thema Weltanschauung und Weltanschauungen zunehmend an Relevanz. Dabei steht nach wie vor die Frage im Raum, wie mit religiösen und nicht-religiösen Weltanschauungen umzugehen ist, denn eine Zuordnung eines christlichen Erziehungsverständnisses zu einem weltanschaulichen Bereich einerseits und eine (weltanschaulich)-neutrale Erziehung zu einer eher wissenschaftstheoretisch orientierten Erziehung andererseits, lässt sich eben nicht so einfach gegenüberstellen. Hier besteht nach wie vor Diskussionsbedarf zwischen Religionspädagogik und Erziehungswissenschaft. Die vorliegende Arbeit strebt eine historisch-systematische Klärung an, die das gegenwärtige Verhältnis von christlicher Erziehung und Weltanschauung besser beschreiben will. Vor dem Hintergrund der historischen Entstehungszusammenhänge werden Theorieansätze von Vertretern aus der Erziehungswissenschaft, der Religionspädagogik und der (Systematischen) Theologie vorgestellt, die einerseits Einsichten in die Zeitbedingtheit der jeweiligen Theorien erlauben und andererseits auch die damit verbundenen Grenzen erkennen lassen.

Das Erscheinen dieses Buches wurde durch zahlreiche Personen mit getragen: In ganz besonderem Maße gilt mein Dank meinem Doktorvater Prof. Dr. Friedrich Schweitzer, der diese Arbeit von Anfang an exzellent betreut hat. Er war nicht nur ein äußerst aufmerksamer Zuhörer und kritischer Leser, sondern zudem ein wertvoller Gesprächspartner, so dass ich mich sehr glücklich schätzen darf, weiterhin mit seinem Lehrstuhl verbunden zu sein. Das Thema der Arbeit legt es nahe, es auch aus praktisch-theologischer Perspektive zu betrachten. Aus diesem Grund bin ich Frau Prof. Dr. Birgit Weyel für die bereitwillige Übernahme des Zweitgutachtens zu großem Dank verpflichtet.

---

[1] Kirchenamt der EKD, Religiöse Orientierung gewinnen. Evangelischer Religionsunterricht als Beitrag zu einer pluralitätsfähigen Schule, Gütersloh 2014.

Ebenfalls gilt mein besonderer Dank den Herausgebern der Reihe „Religions-pädagogik in pluraler Gesellschaft", namentlich Prof. Dr. Hans-Georg Ziebertz, Prof. Dr. Friedrich Schweitzer, Prof. Dr. Rudolf Englert und Prof. Dr. Ulrich Schwab, die diese Arbeit sehr freundlich und zügig in die Reihe aufgenommen haben. Dem Ferdinand-Schöningh Verlag, namentlich Herrn Dr. Hans-Jürgen Jacobs, danke ich an dieser Stelle herzlich für die vertrauensvolle Zusammenarbeit.

Wissenschaftliches Arbeiten benötigt Diskussionsforen, in denen Thesen besprochen und wichtige Lektürehinweise gegeben werden. Dabei sind mir in den letzten Jahren zwei besonders wichtig geworden: Zum einen wurde diese Arbeit im Rahmen des Tübinger Doktorandenkolloquiums mehrfach vorge-stellt, zum anderen bekam ich im Rahmen des jährlichen Treffens des „Arbeitskreises für historische Religionspädagogik" die Möglichkeit zur Präsentation meiner Ergebnisse. Den Teilnehmenden dieser Foren sei an dieser Stelle ganz herzlich für ihre engagierten Rückmeldungen gedankt.

Des Weiteren möchte ich sehr herzlich meinen beiden früheren Kollegen Prof. Dr. Henrik Simojoki (Bamberg) und Dr. Markus Müller (Mainz) danken. Es hat sich gezeigt, wie wichtig Freunde und Kollegen sind, die durch konstruktive Kritik und wohlwollende Ermutigung diese Arbeit auch aus der Ferne begleitet haben und mir dabei eine wertvolle Unterstützung waren. Wichtige Lektürehinweise erhielt ich zudem von Kirchenrechtler und Richter PD Dr. jur. Christian Traulsen von der Juristischen Fakultät der Eberhard Karls Universität zu Tübingen, dem ich für seine Gesprächsbereitschaft dan-ken möchte.

Die Evangelische Landeskirche in Württemberg hat durch eine großzügige finanzielle Unterstützung zum Erscheinen dieses Buches beigetragen, wofür ich sehr dankbar bin.

Darüber hinaus gilt mein Dank meiner Mutter, meinem leider viel zu früh verstorbenen Vater, meinen Geschwistern und Schwiegereltern für die vielfäl-tigen Formen der Unterstützung, die mir über die Jahre hinweg zuteilwurden. Die Mühen der letzten Durchsicht wurden vor allem durch Dr. Susanne Haen getragen, der ich dafür sehr verbunden bin. Ein ganz besonderer Dank, der mit Worten nur schwer auszudrücken ist, gilt meinem Mann Sebastian – ihm sei deshalb dieses Buch gewidmet.

Die vorliegende Arbeit wurde im Sommersemester 2014 von der Evange-lisch-Theologischen Fakultät der Eberhard-Karls-Universität zu Tübingen als Dissertation angenommen.

Tübingen im Oktober 2015　　　　　　　　　　　　　　　　　Sara Haen

INHALTSVERZEICHNIS

ERSTER TEIL

EVANGELISCHE ERZIEHUNG UND DIE HERAUSFORDERUNGEN DER
WELTANSCHAUUNGEN – ZUM AUFBRECHEN DER
WELTANSCHAUUNGSPROBLEMATIK IN DER WEIMARER ZEIT

ZWEITER TEIL

GLAUBE STATT WELTANSCHAUUNG –
BEGRÜNDUNG EVANGELISCHEN ERZIEHUNGSDENKENS ALS
WELTANSCHAUUNGSFREIE HALTUNG
VOR UND NACH DEM ZWEITEN WELTKRIEG

DRITTER TEIL

FUNKTIONALE ÄQUIVALENZ ZWISCHEN RELIGION UND
WELTANSCHAUUNG – SYSTEMATISCHE ANALYSE IM RAHMEN DER
PLURALISMUSDISKUSSION

VIERTER TEIL

ERGEBNISSE, HERAUSFORDERUNGEN UND PERSPEKTIVEN

ABKÜRZUNGSVERZEICHNIS

Die Abkürzungen dieser Arbeit richten sich, soweit sie aufgeführt sind, nach Siegfried M. Schwertner, Internationales Abkürzungsverzeichnis für Theologie und Grenzgebiete, Berlin/Bosten [3]2014.

AKZG	Arbeiten zur kirchlichen Zeitgeschichte
AöR	Archiv des öffentlichen Recht
BBKL	Biographisch-bibliographisches Kirchenlexikon
BSKL	Bekenntnisschriften der evangelisch-lutherischen Kirche
DEKB	Deutscher Evangelischer Kirchenbund
EKD	Evangelische Kirche in Deutschland
EOK	Evangelischer Oberkirchenrat
EvErz	Der Evangelische Erzieher
EvPäd	Evangelische Pädagogik
EZW	Evangelische Zentralstelle für Weltanschauungsfragen
FThP	Forum Theologie und Pädagogik
GG	Grundgesetz
GW	Gesammelte Werke
GuV	Glauben und Verstehen
HStR	Handbuch des Staatsrechts der Bundesrepublik Deutschland
HVD	Humanistischer Verband Deutschland
KaHe	Kassler Hefte. CVJM-Gesamtverband in Deutschland e.V. Kassel
KD	Kirchliche Dogmatik
LexRP	Lexikon der Religionspädagogik
MEKGR	Monatshefte für evangelische Kirchengeschichte des Rheinlandes
NDB	Neue deutsche Biographie
NSDAP	Nationalsozialistische Deutsche Arbeiterpartei
RGG	Religion in Geschichte und Gegenwart
TEH	Theologische Existenz heute
TRE	Theologische Realenzyklopädie
VVDStRL	Veröffentlichungen der Vereinigung der Deutschen Staatsrechtslehrer
WRV	Weimarer Reichsverfassung
ZP	Zeitschrift für Pädagogik
ZP B	Zeitschrift für Pädagogik (Beihefte)
ZRelpäd	Zeitschrift für Religionspädagogik
ZPT	Zeitschrift für Pädagogik und Theologie

EINLEITUNG

Als Signatur der postmodernen Gegenwart lassen sich vielgestaltige Formen von Pluralität feststellen, die charakteristisch für unsere heutige Gesellschaft sind. Zu den sichtbaren Phänomenen gehören unter anderem ein politischer Pluralismus, ein kultureller Pluralismus, ein Wertepluralismus sowie in Bezug auf Fragen des Glaubens auch ein religiös-weltanschaulicher Pluralismus. Diese Phänomene der Gegenwart sind das Resultat eines langen historischen, mitunter mühsamen Prozesses, der sich durch sämtliche Kulturträger hindurch zog, sei es Staat, Kirche oder Schule.

Es liegt mittlerweile zwei Jahrzehnte zurück, dass sich die Evangelische Kirche in Deutschland (EKD) in der Denkschrift „Identität und Verständigung. Standort und Perspektiven des Religionsunterrichts in der Pluralität" zu eben dieser Vielgestalt der Gesellschaft öffentlich bekannte.[1] Unter Federführung von Karl Ernst Nipkow bekräftigte die Bildungskammer, dass „das Aufwachsen von Kindern, Jugendlichen und jungen Erwachsenen [...] heute im Nebeneinander von verschiedenartigen, teilweise kontroversen Überzeugungen, Weltanschauungen, Religionen und politischen Positionen"[2] geschieht. Wiederholt wurde diese Feststellung von Bischof Wolfgang Huber im Vorwort der „10 Thesen des Rates der Evangelischen Kirche in Deutschland", die im August 2006 ebenfalls von der Bildungskammer herausgebracht wurden, nun mit dem Hinweis, dass die „öffentliche Schule [...] ein Bildungsort für Kinder, Jugendliche und junge Erwachsene unterschiedlicher sozialer, kultureller, weltanschaulicher und religiöser Herkunft"[3] ist. Als Appell an die ganze Gesellschaft fordert der damalige Vorsitzende des Rates der EKD, dass „unser Land [...] Raum [braucht], der die Beheimatung in der je eigenen Überzeugungswelt stärkt und zum Dialog zwischen unterschiedlichen religiösen und weltanschaulichen Positionen befähigt."[4] Die öffentlichen Verlautbarungen ließen sich um eine Reihe weiterer Stellungnahmen ergänzen, die nicht alle gesondert aufgeführt werden können.

---

[1] Der entscheidende Satz lautet in der Zusammenfassung: „Wir leben in einer pluralen, von Gegensätzen gezeichneten Welt". Kirchenamt der EKD, Identität und Verständigung. Standort und Perspektiven des Religionsunterrichts in der Pluralität. Eine Denkschrift, Gütersloh 1994, S. 82.

[2] A.a.O., S. 53.

[3] Kirchenamt der EKD, 10 Thesen des Rates der EKD, Hannover 2006, Vorwort.

[4] Ebda.

Im Bereich der evangelischen Theologie sind in den vergangenen Jahren zahlreiche Veröffentlichungen erschienen, die den religiösen Pluralismus in der alltäglichen Lebenswelt zum Gegenstand erheben: Sowohl die Herausforderungen, die sich durch eine plurale Gesellschaft für eine protestantische Identität ergeben, als auch die aus der Pluralität erwachsenen Probleme werden beschrieben.[5] Die Ausdifferenzierung des Christentums in ein kirchliches, ein gesellschaftliches und damit öffentliches und zudem in ein privates oder individuelles, hat die Komplexität der Pluralität keinesfalls verringert, sondern enorm erhöht. Die Tendenz zur Ausdifferenzierung der Gesellschaft insgesamt hat dazu geführt, „dass es gerade *Probleme religiöser und weltanschaulicher Vielfalt* in den einzelnen Gesellschaften sind, die ungeheures Konfliktpotential für diese Gesellschaften und für die weltpolitische Lage bergen"[6], wie Christoph Schwöbel herausstellt. Das Phänomen der „postsäkularen Religiosität", wie Schwöbel die „Wiederkehr des Religiösen" auch bezeichnet, lässt sich vor allem in alltäglichen Erfahrungen, sei es in der Schule, in institutionellen Einrichtungen oder auch in der Öffentlichkeit beobachten.[7]

Die religiöse Vielfalt der Gesellschaft wird auch von soziologischer Seite aufmerksam wahrgenommen und reflektiert. Die charakteristische Deutung von Norbert Elias, der von einer *individualisierten Gesellschaft*[8] spricht, lässt erkennen, dass Freiheit und Selbstbestimmung – auch in religiösen Fragen – gesteigerte Bedeutung haben. In der Beschreibung der Gesellschaft als einer *Risikogesellschaft*[9], wie Ulrich Beck kritisch diagnostiziert, schwingt die Angst und die Unsicherheit über die Herausforderungen mit, die eine religiöse Pluralität auch in sich birgt. Die genannten Theorien verbindet die Einsicht, dass die Pluralität der Lebensformen nicht nur Erwachsene, sondern vor allem auch Kinder und Jugendliche vor die Herausforderung stellt, sich religiösweltanschaulich orientieren zu müssen. Dabei kommt es nicht selten zu einer Ablösung von tradierten religiös-weltanschaulichen Haltungen und einer Hin-

---

[5] Drehsen, Volker/Sparn, Walter, Im Schmelztiegel der Religionen. Konturen des modernen Synkretismus, Gütersloh 1996. – Nipkow, Karl Ernst, Bildung in einer pluralen Welt. Moralpädagogik im Pluralismus Bd. 1, Religionspädagogik im Pluralismus Bd. 2, Gütersloh 1998 – Schweitzer, Friedrich/Englert, Rudolf/Schwab, Ulrich/Ziebertz, Hans-Georg, Entwurf einer pluralitätsfähigen Religionspädagogik, Gütersloh/Freiburg i.Br. 2002. – Schwöbel, Christoph, Christlicher Glaube im Pluralismus, Tübingen 2003. – Englert, Rudolf/Schwab, Ulrich/Schweitzer, Friedrich/Ziebertz, Hans-Georg (Hg.), Welche Religionspädagogik ist pluralitätsfähig? Kontroversen um einen Leitbegriff, Freiburg/Basel/Wien 2012. – Schröder, Bernd, Pluralismusfähigkeit. Religionsunterricht vor der Herausforderung religiösweltanschaulicher Pluralität, in: Gemeinsam lernen. Weggefährtinnen und Weggefährten im Gespräch mit Hans-Martin Lübking, hg. von Ulrich Walter in Gemeinschaft mit dem Kollegium des Pädagogischen Instituts der EKvW, Gütersloh 2013, S. 153-181.
[6] Schwöbel, Christoph, Christlicher Glaube im Pluralismus, a.a.O., S. 3 (Hervorhebung SH).
[7] A.a.O., S. 4.
[8] Elias, Norbert, Die Gesellschaft der Individuen, Frankfurt a.M 1991.
[9] Beck, Ulrich, Risikogesellschaft, Frankfurt a.M. 1986.

wendung zu neuen, sinnstiftenden Angeboten. Angesichts der Individualisierung und Privatisierung von Religion und Weltanschauung entstehen auf diesem Weg neue, andersartige Formen von Religiosität.

Die Brisanz der Pluralitätsthematik wird verstärkt im Religionsunterricht der öffentlichen Schule sichtbar, da hier der Ort ist, an dem religiöse und weltanschauliche Haltungen auch zu Kontroversen oder Konflikten führen können.[10] Religiöse Pluralität kann gerade im Religionsunterricht für Schülerinnen und Schüler zu einer gesteigerten Herausforderung werden: Im Kontext eines binnenchristlich abgesteckten Bezugsrahmens – wie es der evangelische oder katholische Religionsunterricht sein kann – werden grundlegende theologische Differenzen der Religionen sichtbar. Neben intrareligiösen Fragen kann es in der Praxis auch zu Verständigungsproblemen darüber kommen, wie Christen zusammen mit Juden oder Muslimen lernen können. Diese nicht nur didaktische, sondern vor allem auch inhaltliche Aufgabe stellt in erhöhtem Maße Anforderung an das interreligiöse Lernen in der Schule. Eine Steigerung der Komplexität der Anforderungen kommt nun dadurch hinzu, dass von einem religiös-weltanschaulichen Pluralismus in der Schule auszugehen ist, der – neben dem religiösen Pluralismus – nun auch noch weltanschauliche Haltungen mit einschließen soll. Über den schulischen Kontext hinaus ist die Pluralitätsthematik in sämtlichen Handlungsfeldern der Kirche von Relevanz, sei es in Bildungseinrichtungen, der Diakonie, Seelsorge, Homiletik, Liturgik oder Mission.[11] Einen weiten Bogen über alle Kommunikations- und Handlungsfelder der Kirche soll die vorliegende Untersuchung nicht schlagen, deshalb wird der Fokus auf Erziehungstheorien und Konzepten liegen, die im schulischen Kontext verortet sind. Mit diesem Ansatz stellt die Arbeit einen Beitrag zur bildungstheoretischen Diskussion in der Religionspädagogik dar.

Die vorliegende Untersuchung versteht sich vor dem Hintergrund der oben angesprochenen Pluralismusdiskussion als ein Beitrag, der aus historisch-systematischer Perspektive die Wege nachzeichnet, die die Religionspädagogik und die Erziehungswissenschaft im 20. Jahrhundert in Fragen christlicher Erziehung und weltanschaulicher Orientierung gegangen sind. Exemplarisch sollen theoretische Konzeptionen und Entwürfe von Vertretern aus Theologie und Pädagogik daraufhin untersucht werden, wie sich *christliche Erziehung* und *Weltanschauung* im Pluralismus des 20. Jahrhunderts zueinander verhal-

---

[10] Vgl. Scheilke, Christoph Th./Schweitzer, Friedrich, Religion, Ethik, Schule. Bildungspolitische Perspektiven in der pluralen Gesellschaft, Münster 1999.

[11] Die Evangelische Kirche in Deutschland unterhält eine Zentralstelle für Weltanschauungsfragen (EZW), die Auskunft über religiöse und weltanschauliche Strömungen der Gegenwart gibt. Reinhard Hempelmann, Leiter der EZW, deutet das Aufkommen der verschiedenen Weltanschauungen seit der Mitte des 19. Jahrhunderts vor allem als Protest gegen „zahlreiche religiöse und weltanschauliche Bewegungen", die sich explizit gegen ein „säkulares Wirklichkeitsverständnis" richten (Hempelmann, Reinhard, Art. „Weltanschauung III.3. Praktische Theologie", TRE Bd. 25, Berlin/New York 2003, Sp. 559-561).

ten. Es ließe sich von exemplarischen Studien im Sinne von „Fallstudien" sprechen, in denen die Vielfalt an Zeiterscheinungen und damit der religiös-weltanschaulichen Haltungen von (Religions-)Pädagogen und Theologen wahrgenommen werden. Die nun folgende Einordnung der Weltanschauungs-thematik soll verdeutlichen, warum ihr gerade in Bezug auf Erziehung- und Bildungsfragen eine gesteigerte Bedeutung zukommt. Der bewusst weit gefasste Reflexionszusammenhang will die geschichtlichen Hintergründe um-reißen, und es soll herauskristallisiert werden, warum es im Pluralismus des letzten Jahrhunderts zu ganz unterschiedlichen Lösungsansetzen kommt, die vor allem mit epochenspezifischen Herausforderungen zusammenhängen.

1. Bezugswissenschaftliche Systematisierung und forschungsgeschichtlicher Hintergrund – Dimensionen des Weltanschauungsbegriffs

Die Verhältnisbestimmung von *christlicher Erziehung* und *Weltanschauung* ist nicht nur für die Disziplinen Theologie und Erziehungswissenschaft von Intercssc, wie in der vorliegenden Untersuchung gezeigt werden soll, sondern wird auch mit unterschiedlicher Schwerpunktsetzung von anderen Wissen-schaftsgebieten als klärungs- und begründungsbedürftig angesehen, etwa der Rechtswissenschaft,[12] der Philosophie,[13] der Soziologie,[14] der Psychologie[15] oder der Politik[16]. Wie sich zeigen wird, verlaufen die verschiedenen Diskurse über den Weltanschauungsbegriff und seine Funktion mitunter inhaltlich parallel oder aufeinander bezugnehmend, mitunter aber auch kontrovers. Den Begriff Weltanschauung in all seinen Facetten und Bezügen zu den genannten Disziplinen zu erfassen, ist jedoch nicht Ziel der vorliegenden Untersuchung. So kann die Verfasserin nur der Warnung zustimmen, „der Illusion, das unendliche Meer der ‚Weltanschauungen' je ganz ausmessen und ausloten zu

---

[12] Heun, Werner, Die Begriffe der Religion und Weltanschauung in ihrer verfassungshistori-schen Entwicklung, in: Zeitschrift der Savigny-Stiftung für Rechtsgeschichte 2000 (Bd. 117), Wien, S. 334-366, 364. – Badura, Peter, Der Schutz von Religion und Weltanschauung durch das Grundgesetz. Verfassungsfragen zur Existenz und Tätigkeit der neuen ‚Jugendreligionen', Tübingen 1989.

[13] Wagner, Falk, Was ist Religion? Gütersloh 1991, 441ff.

[14] Kerber, Walter (Hg.), Der Begriff der Religion, 1993, S. 47ff. – Dux, Günter, Der Begriff Religion in der Religionssoziologie, in: Wagner, Falk, Was ist Religion?, Gütersloh 1991, 47ff.

[15] Vgl. Freud, Siegmund, Neue Folge der Vorlesungen zur Einführung in die Psychoanalyse, 35. Vorlesung, Über die Weltanschauung, GW 15, Frankfurt a.M. 1932, S. 170-189.

[16] Müller, Johann Baptist, Religion und Politik. Wechselwirkungen und Dissonanzen, Berlin 1997.

können", nicht verfallen zu dürfen und sich deshalb „mit der Methode des *„pars pro toto"* zufrieden zu geben.[17] Diese zwar nicht grundsätzlich entmutigende, aber doch nüchterne Einschätzung leitet den Blick auf Bezugsdisziplinen, die für die Religionspädagogik im Engeren relevant sind.

In der nun folgenden bezugswissenschaftlichen Systematisierung wird zunächst das Aufkommen des Begriffs Weltanschauung im späten 18. und frühen 19. Jahrhundert skizziert. Die zweite Herangehensweise, die sich mit Weltanschauung als Thema der Theologie befasst, soll schwerpunktmäßig im Kontext der Religionspädagogik und Praktischen Theologie verhandelt werden. Um dem Aspekt der Ziel- und Handlungsorientierung gerecht zu werden, soll des Weiteren die Erziehungswissenschaft als Bezugsdisziplin einbezogen werden. Unverzichtbar ist ebenfalls die Hinzunahme der Rechtswissenschaft, die Aufschluss über die juristischen Möglichkeiten und Herausforderungen im Umgang mit dem Weltanschauungsbegriff geben soll. Die Komplexität der Thematik macht eine erste bezugswissenschaftliche Systematisierung notwendig, um eine bessere Zugriffsweise auf die (religions-)pädagogischen und theologischen Quellen zu schaffen.

2. Terminologische Annäherung an den Weltanschauungsbegriff

Das Lemma „Weltanschauung" wird zusammen mit den Lemmata „Welt" und „Weltbild" von Konrad Stock in der Theologischen Realenzyklopädie zu einem semantischen Feld zusammengefasst.[18] Zur Begründung führt er drei Aspekte an, die sich auf alle genannten Begriffe beziehen. (1) Zunächst umfassen die Begriffe Bedeutungsmomente, „die sich auf die alltägliche, vortheoretische Erfahrung natürlicher wie geschichtlicher Phänomene beziehen". (2) Des Weiteren geht es bei Welt, Weltanschauung und Weltbild auch um die naturwissenschaftliche Sicht, die sich „mit dem Prozeß der wissenschaftlichen Erforschung der Erde und ihres Ortes im Universum und mit der Aufgabe ihrer übersichtlichen und populären Darstellung" für den Menschen ergibt. (3) Der letzte Aspekt bezieht sich auf „das Streben nach dem geschlossenen System [...], das wissenschaftliche Kontrollierbarkeit und Lebensorientierung

---

[17] Mohler, Armin, Editorischer Vorbericht, in: Kursbuch der Weltanschauungen, Ders./Peisl, Anton, Berlin 1980, S. 15.

[18] Stock, Konrad, Art.: „Welt/Weltanschauung/Weltbild", in: TRE Bd. 35, Berlin/New York 2003, S. 536-611, hier S. 536f.

verknüpft." Aus bildungstheoretischer Sicht kommt in diesem Aspekt am stärksten die „soziale Funktion" von Weltanschauung zur Geltung, wie sie u.a. auch für das Bildungswesen von Bedeutung ist. Aus historischer Sicht sind damit auch Ansätze verbunden, die eine übersteigerte Form der Einheitssuche verkörpern.

Der Terminus Weltanschauung hat seit seiner ersten Erwähnung durch Immanuel Kant in der „Kritik der Urteilskraft"[19] eine wechselvolle Rezeptionsgeschichte durchlaufen. Bereits im frühen 19. Jahrhundert entzündete sich ein Streit darüber, in welchem Verhältnis Weltanschauung und Ästhetik zu einander stehen. Konkret ging es um die Frage, ob ein Kunstwerk Ausdruck einer Weltanschauung sein könne oder nicht.[20] Jacob und Wilhelm Grimm haben im „Deutschen Wörterbuch"[21] diese Kontroversen in Auszügen festgehalten und aufgezeigt, mit welcher Ironie, Ratlosigkeit und Ignoranz Literaten und Philosophen dem Modewort Weltanschauung begegneten.[22] Die Unzufriedenheit über den Begriff Weltanschauung zeigt sich in einem Zeitschriftenbeleg vom 26.4.1844 von Jacob Burckhardt an Gottfried Kinkel. In diesem Artikel schreibt Burckhardt, dass „vor zeiten […] ein jeder ein esel auf seine faust [war] und liesz die welt in frieden; jetzt dagegen hält man sich für ‚gebildet', flickt eine ‚weltanschauung' zusammen und predigt auf die nebenmenschen los"[23]. Jacob und Wilhelm Grimm können sich eines Kommentars nicht verwehren, indem sie hinzufügen „dasz das wort weltanschauung, das durch den Faust in den aesthetischen katechismus gekommen sei, viel unheil angerichtet habe"[24] und der ständige Gebrauch des Wortes eher ein Beweis für die Begrenztheit der Dichter auf das Endliche sei.[25] Trotz der ablehnenden Grundhaltung der beiden Nestoren des Deutschen Wörterbuches gegenüber dem Weltanschauungsbegriff hat der genuin deutsche Terminus auch in andere germa-

---

[19] Kant, Immanuel, Kritik der Urteilskraft, in: Kant's gesammelte Schriften hg. Von der Königlich Preußischen Akademie der Wissenschaften, 1. Abteilung, 5. Bd., Berlin 1908, S. 254f.

[20] Vgl. hierzu ausführlich Meier, Helmut G., „Weltanschauung". Studien zu einer Geschichte und Theorie des Begriffs, 14, I. Abt. 1. Teil, Münster (Westfahlen) 1968, S. 151-160.

[21] Grimm, Jacob und Wilhelm, Deutsches Wörterbuch, hg. von der Deutschen Akademie der Wissenschaften, Berlin 1955, Sp. 1530f.

[22] Zu den bekanntesten Disputen gehört der Streit zwischen Friedrich Hebbel (1813-1863) und Julian Schmidt (1818-1886). Als eine der frühesten Fundstellen für einen kritischen Gebrauch des Begriffs Weltanschauung kann Schmidts Beitrag in der Zeitschrift Die Grenzboten von 1850 gelten, in dem er schreibt: „dieses leidige wort, bei welchem man sich ungefähr so viel oder so wenig denken kann, als bei dem ausdruck ‚volkssouveränität'(!), ist seit dem Faust durch unsere halbphilosophischen kunstkritiker so im katechismus festgesetzt, dasz ein drama, welches nicht eine weltanschauung enthält, d.h. nicht de rebus omnibus et quibus damaliis handelt, gar nicht mehr angesehen wird". Zitieret nach Deutsches Wörterbuch von Jacob Grimm und Wilhelm Grimm, a.a.O., Sp. 1530f. (Hervorhebung SH).

[23] A.a.O., Sp. 1530.

[24] A.a.O., Sp. 1531.

[25] Es wäre eine äußerst reizvolle Aufgabe, aus literaturhistorischer und sprachgeschichtlicher Perspektive die Diskurse über eine (kritische) Funktion von Weltanschauung in Bezug auf ästhetische oder dramaturgische Entscheidungen nachzuzeichnen – dies kann jedoch nur Aufgabe einer eigenen Untersuchung sein.

nische Sprachen Einzug gehalten. Als Lehnwortbildung entstand im Niederländischen *wereld-aanschouwing*, im Dänischen *verdensanskuelse* und im Schwedischen *värlsåskådning*. Im englischsprachigen Kontext hat sich das Lehnwort *world-view* durchgesetzt.[26]

So vehement die Kritik am Weltanschauungsbegriff im 19. Jahrhundert ausfiel, so unscheinbar wurde er 1790 von Immanuel Kant in der „Kritik der Urteilskraft" eingeführt. Nach den zwei großen Abhandlungen über die „Kritik der reinen Vernunft" und der „Kritik der praktischen Vernunft" beschäftigt sich Kant in seinem dritten Hauptwerk u.a. mit dem Problem, wie die gegebene Sinnenwelt als Ganzheit erkannt werden könne. Die Verwendung des Wortes Weltanschauung in §26 wird in der Forschungsliteratur durchweg als erster Beleg angesehen, deshalb lohnt es sich, den gesamten neunten Abschnitt zu beachten: „Das gegebene Unendliche aber dennoch ohne Widerspruch auch nur denken zu können, dazu wird ein Vermögen, das selbst übersinnlich ist, im menschlichen Gemüthe erfordert. Denn nur durch dieses und dessen Idee eines Noumenons, welches selbst keine Anschauung verstattet, aber doch der *Weltanschauung*, als bloßer Erscheinung, zum Substrat untergelegt wird, wird das Unendliche der Sinnenwelt in der reinen intellectuellen Größenschätzung unter einen begriff ganz zusammengefaßt, obzwar es in der mathematischen durch Zahlenbegriffe nie ganz gedacht werden kann. Selbst ein Vermögen, sich das Unendliche der übersinnlichen Anschauung als (in seinem intelligibelen Substrat) gegeben denken zu können, übertrifft allen Maßstab der Sinnlichkeit und ist über alle Vergleichung selbst mit dem Vermögen der mathematischen Schätzung groß; freilich wohl nicht in theoretischer Absicht zum Behuf des Erkenntnisvermögens, aber doch als Erweiterung des Gemüths, welches die Schranken der Sinnlichkeit in anderer (der praktischen) Absicht zu überschreiten sich vermögend fühlt."[27] Wenngleich der Terminus Weltanschauung auch nur mit diesem einen Beleg in Kants Gesamtwerk nachzuweisen ist,[28] so hat dieser doch eine beachtliche Rezeptionsgeschichte erfahren. Die Deutungsansätze darüber, was Kant in diesem Einführungskontext unter Weltanschauung versteht, divergieren in der Forschungsliteratur. Im Folgenden sollen deshalb die Argumentationsmuster offengelegt und mehrere Zugriffsweisen vorgestellt werden.

Mit der Untersuchung „„Weltanschauung'. Studien zu einer Geschichte und Theorie des Begriffs" liegt von Helmut G. Meier eine umfangreiche Wort- und Begriffsgeschichte vor, die aus philosophischer Perspektive Klärung

---

[26] A.a.O., Sp. 1530.
[27] Kant, Immanuel, Kritik der Urteilskraft, a.a.O., S. 254f. (Hervorhebung durch SH).
[28] Vgl. hierzu Allgemeiner Kantindex zu Kants gesammelten Schriften, Bd. 17, Wortindex 2. Band, Berlin 1967, Sp. 1039.

bietet.[29] Von Meier wird die Darstellung der Ausbildung des Begriffs bei Kant im Kontext des Deutschen Idealismus' so gedeutet, dass der Philosoph danach fragt, wie „das Unendliche der Sinnenwelt widerspruchsfrei [...] gedacht werden könne." Entscheidend für die Verwendung bei Kant ist für Meier, dass Weltanschauung von seiner ersten funktionalen Beschreibung her so gedacht wird, dass sie „nicht bloss der Ausdruck für das vom erkennenden Subjekt getrennt gedachte und ihm gegenüberstehende, durch Agglomeration gewonnene Erscheinungsganze" sei, „sondern von Anfang als ein entscheidendes Wesensmerkmal die Beziehung zum Erkenntnissubjekt in sich trage"[30].

Auf Meiers Analyse aufbauend, hat sich der Germanist Werner Betz ebenfalls mit der begriffsgeschichtlichen Entwicklung von Weltanschauung befasst. Betz versucht zusammen mit einer interdisziplinären Arbeitsgruppe die „*Ausdehnung und Gliederung der Weltanschauungen*, also ihre ,Topographie'"[31] nachzuzeichnen. Im umfangreichen „Kursbuch der Weltanschauungen" wurden die Ergebnisse zusammengefasst. Für Betz steht fest, dass Kant für den Begriff Weltanschauung eine „Entsprechung" zum *Ding an sich* sucht und – vergleichbar dem philosophisch geläufigen Begriffspaar *noumenon* und *phainomenon* – nun ein angemessenes [deutsches?] Wort braucht, das semantisch noch nicht konnotiert ist. Kant will – so Betz – einen Begriff schaffen, der sowohl den aktiven Vorgang des Sehens, als auch den Vorgang der Anschauung als ein bereits fest stehendes Ergebnis oder eine fest stehende Deutung der Anschauung impliziert. Für Betz liegt in der Kantschen Einführung von Anfang an eine „doppelte Funktion": So ist der Terminus Weltanschauung nicht nur als ein „Nomen actionis" zu verstehen, sondern auch als ein „Nomen acti" zu bewerten.[32] Damit beschreibt Weltanschauung einerseits einen *Vorgang* und andererseits ein *Ergebnis* oder Resultat.

Den verschiedenen Dimensionen des Weltanschauungsbegriffs ist Michael Moxter nachgegangen.[33] Er interpretiert den „Einführungskontext" von Weltanschauung bei Kant so, dass er „zwar im Schnittfeld von Welt- und Anschauungsbegriff" zu sehen ist, jedoch „gerade Kants Interesse an Deutungspotentialen und -hinsichten" widerspiegele, „ohne die das Subjekt nicht auskommt." Moxter konkretisiert die Doppeldeutigkeit des Begriffs bei Kant, indem er (1) die „theoretische Erfassung von Welt unter dem Gesichtspunkt ihrer Einheit (mit dem Fluchtpunkt sog. *wissenschaftlicher Weltanschauung*)"

---

[29] Vgl. hierzu Meier, Helmut G., „Weltanschauung", a.a.O., S. 71-73.
[30] A.a.O., S. 72.
[31] Mohler, Armin, Kursbuch der Weltanschauungen, Editorischer Vorbericht, Kursbuch der Weltanschauungen, Ders./Peisl, Anton, Berlin 1980, S. 14.
[32] Betz, Werner, Zur Geschichte des Wortes „Weltanschauung", in: Kursbuch der Weltanschauungen, a.a.O., S. 18-28, hier S. 18.
[33] Moxter, Michael, Art. „Weltanschauung III.1.", in: TRE 35, Berlin/New York 2003, S. 544-555.

als Deutungsmöglichkeit annimmt und (2) „auch individuelle, stets perspektivische Deutung (mit Fluchtpunkt pluraler, Gesinnungen und Handlungsorientierungen repräsentierender *Weltanschauungen)*" festhält, wobei er hinzufügt, dass letztere Dimension „in Nachbarschaft zum Religionsbegriff" steht. Mit dieser Unterscheidung, die er bereits bei Kant entdeckt und für die weitere Forschungsdiskussion nachverfolgt, stehen sich – vereinfacht formuliert – zwei Interpretationsansätze gegenüber. Einerseits kann Weltanschauung als *theoretische Erfassung der Welt* verstanden werden, andererseits aber auch als *rein subjektive Deutung der Welt*, aus der bestimmte Haltungen und Handlungen erwachsen.

Moxter spricht bewusst von Dimensionen des Weltanschauungsbegriffs, die er in drei Stoßrichtungen sieht: Eine erste Dimension von Weltanschauung besteht darin, dass sie mit der Konstruktion einer „*Ganzheit*, der *Gesamtsicht* oder der *Einheit der Wirklichkeit*" befasst ist, die bis zu einem „geschlossenen wissenschaftlichen System" führen kann.[34] Darin liegt einerseits eine Chance, denn weltanschauliche Aussagen ermöglichen es Menschen, Kenntnisse über die Welt zu gewinnen und diese zu einer Einheit zusammen zu führen. Sprachlich realisieren sich weltanschauliche Aussagen in Sätzen, die in Form allgemeiner Prinzipien formuliert sind. Kennzeichnend sind nach Moxter solch normative Aussagen für Gesellschaftsmodelle, wie sie z.B. der Marxismus anstrebt; andererseits besteht die Gefahr von normativen Sätzen oder Bestimmungen jedoch darin, dass affirmative Aussagen sich in pejorative wandeln können und damit „Weltanschauung [zum] Produkt einer Verfallsgestalt philosophischer Theorie"[35] werden kann.

Eine zweite zentrale Dimension von Weltanschauung liegt nach Moxter darin, dass der Begriff Weltanschauung ein „geschlossenes wissenschaftliches System" oder Gefüge umschreiben kann, das vor allem in der Wissenschaftswelt anzusiedeln ist. In diesem Bedeutungsfeld geht es zwar auch darum, die Welt unter dem Gesichtspunkt ihrer *Einheit* zu erfassen, nun aber mit dem Schwerpunkt auf einer in sich geschlossenen „philosophischen Theorie", so wie sie in den Gesellschaftstheorien des Marxismus, des Leninismus oder des Monismus darstellt bzw. darstellte. Eine klare Unterscheidung der ersten von der zweiten Dimension lässt sich nicht treffen, es ließe sich eher davon sprechen, dass immer beide Dimensionen mitschwingen, jedoch unter unterschiedlicher Dominanz.

Eine dritte Dimension von Weltanschauung sieht den Begriff als Inbegriff von *Einstellungen, Haltungen, Überzeugung* oder *Lebensorientierungen*. Diese Dimension geht darauf ein, dass sich aus einer weltanschaulichen Haltung immer auch „Handlungsorientierungen" ergeben.[36]

---

[34] A.a.O., S. 545.
[35] A.a.O., S. 545f.

Der Begriff der Dimension ist für eine Definition von Weltanschauung besonders geeignet, da es – unter unterschiedlicher Dominanz – immer auch zu Überschneidungen in den Dimensionen und damit auf den Deutungsebenen kommt. In Anlehnung an die oben skizzierten Definitionen des Weltanschauungsbegriffs von Meier, Betz und Moxter lassen sich die Deutungen bzw. Dimensionen so oder in abgewandelter Form in den exemplarischen Studien im Sinne von Fallstudien aufzeigen.

3. Christliche Erziehung und Weltanschauung im Pluralismus aus Sicht von Praktischer Theologie und Religionspädagogik

Im Rahmen der bezugswissenschaftlichen Systematisierung soll das Verhältnis von christlicher Erziehung und Weltanschauung nun in den Kontext von Praktischer Theologie und Religionspädagogik gestellt werden. Die Entscheidung, die Weltanschauungsthematik nicht als *Thema der systematischen Theologie* auszuweiten, ist der Tatsache geschuldet, dass dies Gegenstand einer eigenen Untersuchung sein müsste.[37] Im Rahmen dieser Arbeit wird nur punktuell auf systematisch-theologische Entwürfe verwiesen, wenn diese unmittelbar für die einzelnen Fallstudien von Relevanz sind.

Die Disziplin der Religionspädagogik befasst sich seit mehr als zwanzig Jahren auf (bildungs-)theoretischer Ebene mit den Herausforderungen einer religiösen Erziehung im Pluralismus. Als Standardwerk kann aus religionspädagogischer Perspektive die Schrift „Bildung in einer pluralen Welt"[38] von Karl Ernst Nipkow gelten, die 1998 zweibändig erschien und durch ihre mehrperspektivische Herangehensweise besticht. Nipkow betont im Vorwort des zweiten Bandes, dass er nur den „religiösen Pluralismus" und nicht „verschiedene sog. ‚Weltanschauungen'"[39] untersucht.

---

[36] Ebda.

[37] Vor allem Vertreter der so genannten dialektischen Theologie, namentlich Rudolf Bultmann, Karl Barth, Emil Brunner und Friedrich Gogarten haben nach dem Ersten Weltkrieg zahlreiche Publikationen veröffentlicht, die die Weltanschauungsthematik verhandeln, vgl. Karl Barth: Die kirchliche Dogmatik Bd. 4 (KD Teil III/1), Zürich 1959. – Bultmann, Rudolf, Jesus Christus und die Mythologie, das Neue Testament im Licht der Bibelkritik, GuV IV, Hamburg 1964.

[38] Nipkow, Karl-Ernst, Bildung in einer pluralen Welt. Moralpädagogik im Pluralismus Bd. 1, Religionspädagogik im Pluralismus Bd. 2, Gütersloh 1998.

[39] Nipkow, Karl-Ernst, Bildung in einer pluralen Welt, Bd. 2, a.a.O., S. 14.

Diesem Werk vorausgegangen ist Nipkows Monographie „Bildung als Lebensbegleitung und Erneuerung"[40], in der die Bildungsmitverantwortung der Kirche in Schule und Gesellschaft entfaltet wird. Eine Untersuchung, die sich explizit mit den Chancen, aber auch Problemen religionspädagogischer Arbeit am Ende des 20. Jahrhunderts befasst, liegt in der 1997 erschienenen Habilitationsschrift „Pluralität als religionspädagogische Herausforderung" von Reinhard Wunderlich vor. Der Religionspädagoge konstatiert sowohl für die Theologie als auch für die Pädagogik *Pluralität als normativen Aspekt* und konkretisiert seine Ergebnisse dezidiert auf eine christlich-religiöse Erziehung und Bildung.[41] In Form von Rede und Gegenrede wird der Begriff der Pluralität in dem Sammelband „Welche Religionspädagogik ist pluralitätsfähig? Kontroversen um einen Leitbegriff" erörtert, der 2012 von Rudolf Englert, Ulrich Schwab, Friedrich Schweitzer und Hans-Georg Ziebertz herausgegeben wurde. In diesem Band wird vor allem die Notwendigkeit einer interdisziplinären Zusammenarbeit zwischen Religionspädagogik und Erziehungswissenschaft sichtbar, mit Schwerpunkt auf die spezifischen Beiträge von Religionspädagogik und -didaktik für die postmoderne Gesellschaft.[42] Die genannten religionspädagogischen Arbeiten spiegeln allesamt das Interesse wider, sich konstruktiv den Herausforderungen einer pluralen Gesellschaft zu stellen und hilfreiche Orientierungen für das eigene Handeln zu geben. Hier ließen sich noch weitere Untersuchungen einreihen, die nicht alle im Einzelnen aufgeführt werden können. Darüber hinaus sind Untersuchungen, die sich in der Religionspädagogik bisher mit der Weltanschauungsthematik auseinandergesetzt haben, eher im Umfeld der Fragestellung nach dem Verhältnis von Naturwissenschaft und Glaube zu verorten.[43]

---

[40] Nipkow, Karl-Ernst, Bildung als Lebensbegleitung und Erneuerung. Kirchliche Bildungsverantwortung in Gemeinde, Schule und Gesellschaft, Gütersloh 1990.

[41] Wunderlich, Reinhard, Pluralität als religionspädagogische Herausforderung, Göttingen 1997.

[42] Eine konkrete Realisierung der Pluralitätsthematik in Bezug auf den Umgang mit verschiedenen religiös-weltanschaulichen Haltungen findet sich u.a. im Bildungsplan für das Land Baden-Württemberg. Bildungspolitisch spiegelt sich darin das Interesse des Staates wider, eine Auseinandersetzung mit der je eigenen oder fremden Lebensorientierung Schülerinnen und Schülern zu ermöglichen. Unter der Rubrik „Religionen und Weltanschauungen" sind für die gymnasiale Oberstufe Kompetenzen formuliert, die eine bewusste Auseinandersetzung mit der Vielfalt religiöser und weltanschaulicher Orientierungen ermöglichen. So lautet eine Kompetenz für die zweistündige Kursstufe: „Die Schülerinnen und Schüler können unterschiedliche Auswirkungen religiös-weltanschaulicher Deutungen auf Leben und Handeln kritisch reflektieren." Ministerium für Kultus, Jugend und Sport Baden-Württemberg (Hg.), Bildungsplan für das Gymnasium der Normalform, Stuttgart 2004, hier S. 35.

[43] Vgl. hierzu auch Dieterich, Veit-Jakobus, Naturwissenschaftlich-technische Welt und Natur im Religionsunterricht. Eine Untersuchung von Materialien zum Religionsunterricht in der Weimarer Republik und in der Bundesrepublik Deutschland (1918-1985), 2. Bde., Frankfurt a.M. 1990. – Rothgangel, Martin, Naturwissenschaft und Theologie. Wissenschaftstheoretische Gesichtspunkte im Horizont religionspädagogischer Überlegungen, Göttingen 1999. – Fetz, Reto Luzius/Reich, Karl Helmut/Valentin, Peter, Weltbildentwicklung und Schöpfungsverständnis. Eine strukturgenetische Untersuchung bei Kindern und Jugendlichen, Stuttgart 2001.

Im Rahmen der bezugswissenschaftlichen Systematisierung des Themas christliche Erziehung und Weltanschauung aus Sicht der Praktischen Theologie soll nun das Aufbrechen des Weltanschauungsproblems um 1900 aus praktisch-theologischer Perspektive skizziert werden. Dieses ist eng mit dem Begriff *Kultur* verbunden, denn „sämtliche Lebensäußerungen der zeitgenössischen Kultur" haben sich zu dieser Zeit „in krisenhafter Umgestaltung"[44] befunden und so in der zeitgenössischen Wahrnehmung zu einer *Kulturkrise* geführt, die nicht nur in Deutschland, sondern in ganz Europa spürbar war.[45] Als „Kern der Krise" galt „der innere Zerfall und die äußere Relativierung traditionaler *canones* und Orientierungssysteme".[46] Volker Drehsen und Walter Sparn haben sich aus praktisch-theologischer und systematisch-theologischer Perspektive dem Thema „Vom Weltbildwandel zur Weltanschauungsanalyse. Krisenwahrnehmung und Krisenbewältigung um 1900" im Rahmen eines interdisziplinären Forschungsprojekts gestellt. Aus dieser religionssoziologischen Analyse lassen sich für die vorliegende Untersuchung einerseits Erkenntnisse darüber gewinnen, wie sich der zeitgeschichtliche Kontext darstellt, und wie man den Herausforderungen des religiös-weltanschaulichen Pluralismus zu begegnen versuchte; andererseits sind in diesen Ausführungen auch Möglichkeiten aufgezeigt, wie eine „Weltanschauungshomogenität" aussehen könnte, die eine Überwindung der Krise bedeuten würde.

Zunächst geben Drehsen und Sparn einen Überblick über die Umstände, denen sich sämtliche Kulturträger in ganz Europa am Ausgang des langen 19. Jahrhunderts gegenübergestellt sahen: Die bis dahin selbstverständliche „Bildungs- und Wissenschaftstradition" sowie die „Hegemonialkultur des Protestantismus" wurden in Frage gestellt. Die Situationsanalyse fällt für das späte 19. Jahrhundert kritisch aus, denn die anhaltende Krise habe gerade „in Gestalt des Dilemmas zwischen neutraler Wissenschaftlichkeit und weltanschaulicher Orientierung und – angesichts der vielen gesellschaftlichen Ansprüche auf entscheidungs- und handlungsleitende ‚Lebensanschauung' – in Gestalt der Teilnahme an der *Verweltanschaulichung* von Ergebnissen der Wissenschaft oder der *Verwissenschaftlichung* von politischen oder neureligiös emergenten Weltanschauungen" bestanden. „In dieser Zwangslage blieben nicht nur die monistischen Reduktionen von Wissenschaft etwa auf positivistischer oder evolutionstheoretischer Basis (z.B. Ernst Haeckel, der ‚Monistenbund', die ‚Gesellschaft für ethische Kultur' u.a.), sondern auch die Unterscheidung von

---

[44] Drehsen, Volker/Sparn, Walter (Hg.), Vom Weltbildwandel zur Weltanschauungsanalyse. Krisenwahrnehmung und Krisenbewältigung um 1900, Berlin 1996, S. 11.

[45] Vgl. hierzu ausführlicher Wehler, Hans-Ulrich, Deutsche Gesellschaftsgeschichte 1849-1914, Bd. 3, Bonn 2009. – Graf, Friedrich Wilhelm/Tanner, Klaus: Art. „Kultur II", in: TRE Bd. 20, Berlin/New York 1990, S. 187-209.

[46] Drehsen, Volker/Sparn, Walter (Hg.), Vom Weltbildwandel zur Weltanschauungsanalyse. Krisenwahrnehmung und Krisenbewältigung um 1900, a.a.O., S. 15.

‚erklärender' Naturwissenschaft und ‚verstehender' Geistes- oder Kulturwissenschaft (Wilhelm Dilthey, Heinrich Richert).“[47]

Den zentralen Grund für das ausgeprägte Krisenbewusstsein sehen die beiden Autoren darin, dass „im Kaiserreich nicht nur Religion die wichtigste ‚Deutungskultur' (Th. Nipperdey) darstellte, sondern Religion auch in der spezifischen Gestalt einer staatskirchlich verfaßten evangelischen *Kirche* verkörpert wurde“[48]. Dadurch habe der Protestantismus einer „forcierten Beanspruchung“ unterlegen, der er in einer „durch den Pluralismus der Lebensanschauungen und die Konkurrenz der Weltanschauungen fragmentierten Gesellschaft“ in zweifacher Weise standhalten musste; einerseits sei eine „rasche Entkirchlichung“ zu spüren gewesen, andererseits habe es zahlreiche Bestrebungen seitens einer nichtchristlichen Religiosität wie z.B. der Anthroposophie oder des Völkischen gegeben.[49] Auf allen gesellschaftlichen Ebenen habe eine Dekonstruktion der „Ordnungs- und Orientierungsmuster“ vorgelegen, und es sei somit unmöglich erschienen „noch eine einheitliche und für alle geltende Weltanschauung“[50] begründen zu können. Eine mögliche Überwindung der Krise deutet sich nach Meinung von Drehsen und Sparn in den Ausführungen zur Philosophie durch Ernst Troeltsch (1865-1923) an, der die Blickrichtung auf die Weltanschauungen dahingehend verändert, dass er nicht mehr auf „homogene Entwürfe und deren selbstverständlicher Dominanz“ achtet, sondern den Fokus auf die „Genese“ von Weltanschauungen richtet. Das Erkenntnisinteresse liegt für Troeltsch weniger auf den „Modalitäten neuer Orientierung und Gewißheit“ und „auf den Regeln ihrer Konstruktion“ als vielmehr auf den „Propositionen einer objektiven Metaphysik“[51]. Durch diesen Ansatz sei die Möglichkeit einer konstruktiven Überwindung der Krise eröffnet worden.[52] Die skizzenhaften religionssoziologischen Hinweise machen deutlich, dass sich die Theologie nicht nur auf die Rolle von Apologetik festlegen ließ, sondern bereits im frühen 20. Jahrhundert Antworten auf die pluralen Strukturen zu finden suchte.

---

[47] A.a.O., S. 17.
[48] A.a.O., S. 18.
[49] Vgl. a.a.O., S. 19.
[50] Ebda.
[51] A.a.O., S. 26.
[52] Vgl. hierzu ausführlicher Drehsen, Volker, Zeitgeistanalyse und Weltanschauungsdiagnostik in kulturpraktischer Absicht, in: Mitteilungen der Ernst Troeltsch-Gesellschaft, Bd. VIII, Augsburg 1994, S. 31.

4. Christliche Erziehung und Weltanschauung im Pluralismus aus Sicht der Erziehungswissenschaft

Die Disziplin der Religionspädagogik ist sowohl theologisch als auch pädagogisch zu verantworten, deshalb soll die Thematik der vorliegenden Untersuchung nun in den weiteren Kontext von Theologie und Pädagogik gestellt werden. Deren interdisziplinäres Verhältnis ist in historischer Perspektive nicht immer spannungsfrei verlaufen: So ließe sich die Entwicklung grob in einem Bogen beschreiben, der von der Verdrängung der Religion in der Pädagogik bis hin zu ihrer Wiederentdeckung reicht.[53] Die Differenzen der beiden Disziplinen spiegeln sich vor allem in der gegenseitigen Rezeption wider, so dass die Kommunikation „weitgehend zum Stillstand gekommen"[54] sei. Karl Ernst Nipkow spricht sogar davon, dass retrospektiv gesehen seit den 60er Jahren „die religiöse Frage der neueren Pädagogik immer mehr aus dem Blick entglitten"[55] sei.

Als (historische) Ursachen für die Entzweiung führt Nipkow drei Gründe an, die nicht unwesentlich auch von der Frage des Umgangs mit Weltanschauung beeinflusst sind: Einen ersten entscheidenden Grund „neben der allgemeinen *Säkularisierung*" sieht Nipkow in der „*Autoritäts- und Institutionenkritik* der 68er-Generation", die sich vor allem gegen die Institution der Kirche richtete. „Im Anschluß an Marx und Engels" sei „für den neomarxistischen Flügel der neuen emanzipatorischen Pädagogik Religion zum Absterben verurteilt"[56]; dieser Grund ist also eindeutig einer weltanschaulichen Grundhaltung geschuldet, die sich in Angst und folglich starker Abgrenzung äußert.

Ein zweiter Grund liegt in dem Paradigmenwechsel von der Erziehungswissenschaft hin zur Sozialwissenschaft, der vor allem durch das Selbstverständnis der geisteswissenschaftlichen Pädagogik eingeläutet worden sei. Die Schwächung der katholischen oder evangelischen Erziehung sei dadurch her-

---

[53] Die Formulierung ist entlehnt aus Nipkow, Karl Ernst, Bildung in einer pluralen Welt, Bd. 2, a.a.O., S. 96-108. – Vgl. weiter Ziebertz, Hans-Georg/Schmidt, Günter R./Englert, Rudolf, Religion in der Allgemeinen Pädagogik, Freiburg 2006. – Oelkers, Jürgen/Osterwalder, Fritz/Tenorth, Heinz-Elmar (Hg.), Das verdrängt Erbe. Pädagogik im Kontext von Religion und Theologie (Beiträge zur Theorie und Geschichte der Erziehungswissenschaft 25), Weinheim/Basel 2003. – Benner, Dietrich, Allgemeine Pädagogik. Eine systematisch-problemgeschichtliche Einführung in die Grundstruktur pädagogischen Denkens und Handelns, Weinheim/München ⁷2012. – Tenorth, Heinz-Elmar, Geschichte der Erziehung. Einführung in die Grundzüge ihrer neuzeitlichen Entwicklung, Weinheim/München ⁵2010. – Oelkers, Jürgen, Ist säkulare Pädagogik möglich?, in: EvErz 42 (1990), S. 23-31. – Ders., Religiöse Sprache in pädagogischen Theorien, in: Erziehungswissenschaft, Religion und Religionspädagogik, hg. von Gross, Engelbert (Forum Theologie und Pädagogik 7), Münster 2004, S. 93-124.

[54] Koerrenz, Ralf, Theologie und Pädagogik – Notizen an der Grenze, in: ZPT 50 (1998), S. 51-59, hier S. 51.

[55] Nipkow, Karl Ernst, Bildung in einer pluralen Welt, Bd. 2, a.a.O., S. 96-108, hier S. 97.

[56] A.a.O., S. 99.

vorgerufen worden, dass sich die geisteswissenschaftliche Pädagogik „von einer *normativen* Pädagogik" abgegrenzt und einer „*hermeneutischen*" zugewandt habe.[57] Durch diese Entwicklung sei es seit den 70er Jahren zumeist nur zu einer innerdisziplinären Rezeption gekommen. Pädagogische Literatur sei zumeist nur von Religionspädagogen wahrgenommen worden, aber nicht umgekehrt.

Einen dritten Grund für die asymmetrische Entwicklung vermutet Nipkow in einer unzureichenden Differenzierung zwischen „*Religion, Christentum und Kirche*". Zu dieser Entwicklung habe die Kirche selbst in der Weise beigetragen, dass sie durch ihre hegemonialen Ansprüche im Bereich der Schule und Pädagogik zur Diskreditierung der Religion beigetragen habe. Die Wiederentdeckung der Religion sei vor allem der Tatsache geschuldet, dass der Bildungsbegriff in Zusammenhang mit dem Interesse an einer „zeitgemäßen neuen Allgemeinbildung" ins Zentrum der Aufmerksamkeit rückte.[58]

Für eine Aufwertung der religiösen Fragen in der Pädagogik haben sich vor allem Dietrich Benner und Jürgen Oelkers eingesetzt. In Benners *anthropologisch-existentialanalytischem* Ansatz wird deutlich, dass Religion neben Arbeit, Kunst oder Bildung auch eine ursprüngliche Lebensäußerung ist und zur *conditio humana* gehört. Oelkers hingegen verfolgt einen *historisch-hermeneutischen* Ansatz, da für ihn die Denkformen der modernen Pädagogik bereits in den Denkformen der christlichen Theologie angelegt seien. Doch auch wenn sich vermehrt Anzeichen dafür zeigen, dass die Theologie für die Pädagogik an Bedeutung gewinnt, ist Henrik Simojoki darin zuzustimmen, dass „die theologische Gegenwartsforschung keine nennenswerte Rolle" in den erziehungswissenschaftlichen Veröffentlichungen spielt.[59] So weist Friedrich Schweitzer zudem daraufhin, dass es „zu den Signaturen des gegenwärtigen Selbstverständnisses der Erziehungswissenschaft sowie erziehungswissenschaftlicher Bildungstheorien [gehört], dass sie von weltanschaulichen Voraussetzungen frei sein wollen. Die lange Zeit in der (älteren) Pädagogik ausdrücklich gepflegten Verbindungen vor allem mit dem Christentum, zu bestimmten Zeiten aber auch mit Weltanschauungen etwa materialistischer oder monistischer Art, blieben im Prozess der Verwissenschaftlichung in der zweiten Hälfte des 20. Jahrhunderts zurück."[60]

---

[57] Ebda.

[58] A.a.O., S. 101.

[59] Simojoki, Henrik, Evangelische Erziehungsverantwortung, Tübingen 2008, S. 6-27, hier S. 13.

[60] Schweitzer, Friedrich, Bilanz im Blick auf die Zusammenarbeit mit der Erziehungswissenschaft: Zum bildungstheoretischen Horizont pluralitätsfähiger Religionspädagogik, in: Englert, Rudolf/Schwab, Ulrich/Ders./Ziebertz, Hans-Georg (Hg.), Welche Religionspädagogik ist pluralitätsfähig? Kontroversen um einen Leitbegriff, Freiburg/Basel/Wien 2012, S. 225-238.

5. Religion und Weltanschauung im Kontext der Rechtswissenschaft

Am Ende der bezugswissenschaftlichen Systematisierung steht die Rechtswissenschaft, da ihr aus juristischer Perspektive die Auslegung und Deutung obliegt, wie aus Sicht des Staates mit Religion und Weltanschauung umgegangen werden soll.[61] Die Notwendigkeit, das Verhältnis von Religion und Weltanschauung auch aus juristischer Perspektive anzugehen und nach Konkretionen für die Religionspädagogik zu fragen, wird durch folgende Tatsache unterstrichen: Trotz normativer Konstanz von Gesetzestexten kommt es nicht selten dazu, dass Rechtsbegriffe im Laufe der Zeit neu oder differenzierter definiert werden müssen. Durch gesellschaftliche und soziale Veränderungen können neue Konnotationen entstehen, die eine Überprüfung durch den Gesetzgeber von Zeit zu Zeit notwendig machen. Diese führen darüber hinaus dazu, dass äußerlich gleich gebliebene Normen von Wissenschaft und Praxis anders verstanden, d.h. interpretiert und angewandt werden. Dies lässt sich gegenwärtig an der Debatte um Artikel 6 Absatz 1 des Grundgesetzes (GG) für die Rechtsbegriffe *Ehe* und *Familie* deutlich ablesen, da die Frage, welchem Schutz gleichgeschlechtliche Partnerschaften im 21. Jahrhundert unterliegen können oder sollen, veränderte Argumentationsmuster in ihrer Beantwortung braucht. Häufig ergibt sich für die Rechtsprechung erst retrospektiv die Notwendigkeit einer exakten Definition von Rechtsbegriffen. Da Definitionen, die im Vorfeld gegeben werden, aus juristischer Perspektive eher fruchtlos und müßig sind, besteht mitunter auch Scheu davor, Rechtsbegriffe prospektiv festzulegen.[62]

In Artikel 4 Absatz 1 GG ist folgendes Grundrecht festgeschrieben: „Die Freiheit des Glaubens, des Gewissens und die Freiheit des religiösen und weltanschaulichen Bekenntnisses sind unverletzlich." Und Absatz 2 bestimmt: „Die ungestörte Religionsausübung wird gewährleistet." Damit ist nach Meinung des Bundesverfassungsgerichts ein einheitliches Grundrecht auf *Religionsfreiheit* mit einheitlichem Schutzbereich vom Staat vorgegeben. Der Schutzbereich gibt an, welcher Lebensbereich in den Anwendungsbereich eines Grund-

---

[61] Die folgenden Ausführungen verdanken sich u.a. einem Gespräch, das die Vf. mit dem Kirchenrechtler und Richter PD. Dr. jur. Christian Traulsen von der Juristischen Fakultät zu Tübingen führen durfte.

[62] Die Schwierigkeit von Definitionen wird u.A. an dem Begriff der „Kunst" oder der „Kunstfreiheit" deutlich, wenn es hier um den Schutzbereich oder um Schranken geht. Die Definition der Begriffe „Religion" und „Weltanschauung" ist gegenüber der Definition von „Kunst" ein Sonderfall. Der religiös-weltanschaulich neutrale Staat kann den Religions- und Weltanschauungsbegriff nur als säkularen, inhaltlich „leeren" Rahmenbegriff definieren. Bei der Kunstfreiheit besteht die Schwierigkeit darin, dass „die Kunst" jederzeit das, was sich ein Jurist als abstrakte Definition vorstellen und ausformulieren mag, überholen, umformen oder konterkarieren kann.

rechtes fällt, worauf es also angewandt werden kann. Mit der Religionsfreiheit ist ein Grundrecht normiert, das es dem Bürger erlaubt, sein gesamtes Leben nach religiösen Regeln auszurichten. Religionsfreiheit ist die umfassende staatliche Garantie für den Bürger, „sein Verhältnis zu allen religiösen Fragen nach Belieben gestalten, seiner religiösen, irreligiösen, antireligiösen Überzeugungen gemäß leben zu dürfen, alles tun zu dürfen, was diese Überzeugungen fordern, alles unterlassen zu dürfen, was sie verbieten, in allen diesen Beziehungen frei zu sein von staatlichem Zwang, – aber unter dem Vorbehalt des Gehorsams gegen die allgemeinen Staatsgesetze."[63]

Im Kontext der Fragestellung von christlicher Erziehung und Weltanschauung im Pluralismus soll nun Folgendes erwähnt werden: (1) Zunächst soll aus Sicht der Rechtswissenschaft der Begriff Weltanschauung aufgenommen werden. (2) Zudem ist zu fragen, wie der Begriff Weltanschauung gegenwärtig aus Sicht des Bundesverfassungsgerichts bzw. aus Sicht der Rechtswissenschaft von Juristen verstanden wird.

(1) Die Literatur, die seit Gründung der Bundesrepublik Deutschland zum Verhältnis von Religion und Weltanschauung im Kontext der Rechtswissenschaft erschienen ist, kann als eher überschaubar eingestuft werden. Auch wenn es sich bei der Fragestellung nach dem Umgang mit religiösweltanschaulichen Fragen im Pluralismus zunächst um ein Thema zu handeln scheint, das für Rechtsgelehrte den Status eines Appendix hat, so erfährt es im Rahmen eines weiter gefassten Kontextes, der die Religion- und Gewissensfreiheit mit einbezieht, aber doch erhöhte Aufmerksamkeit. Sowohl zu Fragestellungen der Religionsfreiheit[64] als auch zur Gewissensfreiheit[65] liegen einschlägige Untersuchungen vor, die nach wie vor als Grundlagentexte angesehen werden können. Rechtsfragen, die sich in diesen Kontexten bewegen, werden allerdings in der vorliegenden Untersuchung nicht näher erläutert, da sie aufgrund der Komplexität der Fragestellung Gegenstand einer eigenständigen juristischen Untersuchung sein müssten. In den letzten fünfundzwanzig Jahren sind zudem einige Beiträge erschienen, die sich explizit dem Verhältnis von Religion und Weltanschauung und der Auslegung von Artikel 4 Absatz 1 GG widmen.[66]

---

[63] Badura, Peter, Der Schutz von Religion und Weltanschauung durch das Grundgesetz, Tübingen 1989, S. 30. – Vgl. auch Anschütz, Gerhard/Thoma, Richard (Hg.), HStR Bd. 2, Tübingen 1932, S. 675.

[64] Vgl. ausführlich Heckel, Martin, Religionsfreiheit, in: Ders., Gesammelte Schriften Bd. IV, Tübingen 1997, S. 647ff. – Anschütz, Gerhard von, Die Religionsfreiheit, in: HStR II, S. 675ff.

[65] Böckenförde, Ernst-Wolfgang, Das Grundrecht der Gewissensfreiheit, VVDStRL 28, 1970, S. 33ff.

[66] Vgl. hierzu Kästner, Karl-Hermann, Das Grundrecht auf Religions- und Weltanschauungsfreiheit in der neueren höchstrichterlichen Rechtsprechung, AöR 123 (1998), S. 408. – Aus-

Werner Heun stellt klar, dass der Begriff Weltanschauung erst mit Abfassung der Weimarer Reichsverfassung 1918/1919 zum Gegenstand rechtswissenschaftlicher Forschung erhoben wurde und damit Einzug in die Disziplin gefunden hat.[67] Der Begriff *Religion*, so wie er im Bekenntnis der Kirchen und im Recht der Religionsgemeinschaften verstanden werde, sei nicht inhaltsidentisch mit dem Begriff, der im staatlichen Recht Verwendung finde.[68] Der Rechtsbegriff Religion sei „kein zweckfreier Begriff, der aus unbefangenem Erkenntnisinteresse gewonnen wird", er sei „vielmehr rechtlich immer im Hinblick auf den Kontext und seine Funktion" zu verstehen und zu interpretieren.[69] Das Gleiche kann auch über den Rechtsbegriff Weltanschauung behauptet werden, dessen Aufnahme in Artikel 137 VII in der Weimarer Reichsverfassung (WRV) „zunächst nur eine Ergänzungs-, keine Unterscheidungsfunktion"[70] bedeutete.

Die Weimarer Reichsverfassung (1918/1919) normiert erstmals den Begriff Weltanschauung, der nicht als Pendant zur Glaubensfreiheit, sondern ausschließlich mit Bezug auf die korporativen Rechte der Religionsgesellschaften erscheint. Für die WRV entstehen aus verfassungsrechtlicher Sicht folgende Kontinuitäten und Neuanfänge in Bezug auf den Religions- und Weltanschauungsbegriff: Durch den Wegfall der Staatskirchenhoheit ergeben sich für den Staat der Weimarer Republik zwei Neuerungen: Einerseits wird der Staat von der Kirche getrennt und säkularisiert, andererseits wird er „auf eine volle religiös-weltanschauliche Neutralität" festgelegt[71].

Peter Badura erläutert die religiös-weltanschauliche Neutralität als ein „Gebot des Nicht-Eingreifens, der Zurückhaltung und der Nichtdiskriminierung".[72] Der irrtümlichen Meinung, der Staat würde religiös-weltanschauliche Tatsachen ignorieren, begegnet er mit einer klaren Absage: „Der Staat ist beispielsweise in der Gestaltung des Schulwesens nicht gehalten, jeden religiösen oder weltanschaulichen Bezug zu vermeiden, und ist selbst bei der Gestaltung der öffentlichen Pflichtschule nicht gehindert, christliche Bezüge – ohne daß Verbindlichkeit für christliche Glaubensinhalte beansprucht werden dürfte – zur Geltung zu bringen."[73]

---

führlich auch Spieldiener, Bernhard, Weltanschauung und Weltanschauungsgemeinschaften im Recht der Bundesrepublik Deutschland, Diss. jur. Freiburg 1990, S. 65-71. – Badura, Peter, Der Schutz von Religion und Weltanschauung durch das Grundgesetz, Tübingen 1989.

[67] Heun, Werner, a.a.O., S. 364.

[68] Vgl. hierzu ausführlich Heckel, Martin, Religionsfreiheit, in: Ders., Gesammelte Schriften Bd. IV, Tübingen 1997, S. 647ff, hier S. 653.

[69] A.a.O., S. 364.

[70] Spieldiener, Bernhard, Weltanschauung und Weltanschauungsgemeinschaften im Recht der Bundesrepublik Deutschland, Freiburg 1990, S. 98-104.

[71] A.a.O., S. 349.

[72] Badura, Peter, Der Schutz von Religion und Weltanschauung durch das Grundgesetz, a.a.O., S. 81.

[73] A.a.O., S. 82.

(2) In der Rechtswissenschaft kommt es nicht selten zu unterschiedlichen Positionen in der Auslegung der Rechtstexte. So gibt es in Bezug auf Artikel 4 Absatz. 1 GG zwei Ansätze, wie mit Religion und Weltanschauung als Rechtsbegriffen theoretisch umgegangen werden soll, deshalb bedürfen sie einer genaueren Erläuterung.

(a) Im akademischen Diskurs wird der Ansatz vertreten, dass die Begriffe Religion und Weltanschauung extensiv zu fassen sind.[74] Verfassungsrechtlich bedeutet dies eine Öffnung beider Begriffe. Die Deutung, die aus dieser Position erwächst, legt nahe, dass der Begriff Weltanschauung als eine Art Platzhalter oder Stellvertreter für die Gemeinschaften fungiert, die nicht unter den Rechtsbegriff der Religion fallen. Der Staat stellt damit ein Angebot bereit, mit dem er es auch anderen weltanschaulichen Gruppierungen ermöglicht, sich unter den Schutz des GG zu stellen.[75]

(b) Ein weiterer Ansatz legt den Schwerpunkt auf eine klare Trennung von Religion und Weltanschauung. So erläutert Stefan Mückl im Bonner Kommentar zum Grundgesetz: „‚Glaube' und ‚Weltanschauung' sind gegensätzliche[!] Begriffe, keiner von ihnen umfaßt als Oberbegriff den jeweils anderen – ansonsten wäre der differenzierte Sprachgebrauch des Grundgesetzes nicht verständlich. Charakteristisch für eine Weltanschauung ist ein umfassendes gedankliches System, das eine Gesamtsicht der Welt beinhaltet und an das wertende Schlußfolgerungen geknüpft werden. Anders als beim Glauben erfolgt die Sinndeutung – unter Verzicht auf transzendente Bezugsgrößen – allein *weltimmanent*."[76] Dieser Definition, die stärker auf eine klare Unterscheidung der Begriffe zielt, liegt ein normatives Verständnis zugrunde, was theoretisch einen Zwiespalt der Begriffe anzeigt, sich auf die Praxis bezogen jedoch nicht auswirkt. Das wesentliche Unterscheidungskriterium für die Rechtswissenschaft ist folglich die Frage nach Transzendenz und Immanenz einer (religiösen) Vorstellung.[77]

---

[74] Statt anderer Campenhausen, Axel Freiherr von/Wall, Heinrich de, Staatskirchenrecht 4. Aufl., München 2006, S. 54f., 118f.

[75] Der *Humanistische Verband Deutschlands* (HVD) kann hier als ein Beispiel für eine Weltanschauungsgemeinschaft angeführt werden.

[76] Dolzer, Rudolf/Vogel, Klaus/Graßhof, Karin (Hg.), Bonner Kommentar zum Grundgesetz 2008, a.a.O., Artikel 4 Absatz 1 (Randnummer 77).

[77] „Die Abgrenzung zwischen Religion und Weltanschauung kann ebenfalls nicht ganz offengelassen werden, da die Verfassung die Differenzen trotz der weitgehenden Gleichstellung nicht völlig eingeebnet hat. Auch wenn der Gegensatz zwischen Transzendenz und Immanenz sich heute religionswissenschaftlich und philosophisch nicht mehr mit aller Schärfe aufrechterhalten läßt, ist eine juristische Abgrenzung nach diesen Kriterien weiter möglich und nötig. Jedenfalls ist kein anderes nachvollziehbares, plausibles Abgrenzungskriterium in Sicht", Heun, Werner, Die Begriffe Religion und Weltanschauung in ihrer verfassungshistorischen Entwicklung, a.a.O., S. 365.

Wie auf Seiten der Religionspädagogik herrscht auf Seiten der Rechtswissenschaft Einigkeit darüber, dass die Wendung „religiös-weltanschaulich", wie sie in der Formel „religiös-weltanschauliche Neutralität" geläufig ist, gegenwärtig als Standartschreibung gilt. Damit wird bekräftigt, dass dem Bekenntnis zu Religion *und* Weltanschauung, die beide in einem einheitlichen Grundrecht aufgehen, zugestimmt wird. Die inhaltliche Unterscheidung, wie sie der „Bonner Kommentar zum Grundgesetz" vornimmt, kann deshalb eher als Minderheitenmeinung angesehen werden. Wenn man die Funktion von Weltanschauung im Grundgesetz deuten möchte, dann ließe sich von einem Platzhalter oder einem Angebot an alle Bürger der Bundesrepublik sprechen.

6. Zielsetzung und Vorgehensweise

Die Verhältnisbestimmung von christlicher Erziehung und Weltanschauung im Pluralismus des 20. Jahrhunderts weist viele Facetten auf, wie der oben angeführte Abschnitt „Bezugswissenschaftliche Systematisierung und forschungsgeschichtlicher Hintergrund der Weltanschauungsthematik" zeigt. Aus diesem Grund sollen nun notwendige Einschränkungen und Begrenzungen aufgezeigt werden, um die systematische Vorgehensweise der Untersuchung zu plausibilisieren.

Eine *erste* grundlegende Entscheidung besteht darin, dass sich die Analyse der Weltanschauungsthematik auf exemplarische Fallstudien konzentriert. Die Auswahl der historisch-systematischen Fallstudien orientiert sich an der Prämisse, dass die Disziplin der Religionspädagogik sowohl theologisch als auch pädagogisch zu verantworten ist. Deshalb werden beispielhaft sowohl Theoriekonzepte aus der Erziehungswissenschaft als auch aus den Disziplinen der Religionspädagogik, der Systematischen Theologie und von Vertretern der Kirche aufgeführt. Mit der Methode, die Weltanschauungsthematik anhand von Fallstudien zu untersuchen, ist eine Eingrenzung der Thematik verbunden, die sich auch auf die Vorgehensweise auswirkt: Zunächst soll eine Fallstudie individuell als Konzept oder (Erziehungs-)Theorie vorgestellt werden und erst in einem zweiten Schritt auf epochenspezifische Herausforderungen im Umgang mit einem religiösen und/oder weltanschaulichen Pluralismus geschlossen werden.[78] Die Relevanz der Weltanschauungsthematik soll durch diese Herangehensweise auf breiter Basis sichtbar werden.

---

[78] Im Rahmen der *Einleitung* sollen nur die Namen der Fallstudien Erwähnung finden; eine ausführliche Begründung, warum die einzelnen Vertreter für diese Untersuchung ausgewählt wurden, findet sich jeweils zu Beginn der einzelnen Fallstudien.

Eine *zweite* grundlegende Entscheidung liegt darin, dass sich die Untersuchung nicht auf das gesamte 20. Jahrhundert erstreckt, sondern sich auf ausgewählte Zeitabschnitte konzentriert, in denen die Brisanz der vorliegenden Thematik besonders virulent erscheint. Ausgewählt wurden Zeitabschnitte, in denen verfassungsmäßig eine religiöse und weltanschauliche Pluralität garantiert ist (vgl. hierzu den Abschnitt Rechtswissenschaft). Dies ist auch der Grund dafür, warum die Zeit des Nationalsozialismus ausgespart wird: Auch wenn sich unter der Herrschaft der Nationalsozialisten zahlreiche Beobachtungen bezüglich der Einflussnahme und Auswirkung der so genannten nationalsozialistischen Weltanschauung auf Erziehungs- und Bildungsfragen aufzeigen ließen, so liegt in dieser Untersuchung der Fokus auf Konzepten, die plurale Strukturen von der Verfassung her ermöglichen.

Die Auswahl der Zeitabschnitte fällt auf drei Phasen: Der *erste Teil* steht unter der Überschrift „Evangelische Erziehung und die Herausforderungen der Weltanschauungen – Zum Aufbrechen der Weltanschauungsproblematik in der Weimarer Zeit". Das entscheidende Kriterium dafür, warum die Untersuchung in der Weimarer Zeit einsetzen soll, ist, dass die Ausübung vielfältiger religiös-weltanschaulicher Lebensführungen erst in dieser Epoche verfassungsrechtlich normiert ist. Der erste Zeitabschnitt endet mit der Ernennung Adolf Hitlers zum Reichskanzler im Januar 1933. Als Fallstudien für den *erziehungswissenschaftlichen Teil* (Erster Teil I.1.) werden folgende vier Vertreter der so genannten „geisteswissenschaftlichen Pädagogik" analysiert: Zuerst steht *Wilhelm Dilthey* als Begründer dieser einflussreichen pädagogischen Richtung im 20. Jahrhundert im Mittelpunkt. Von seinen Schülern sind *Max Frischeisen-Köhler* und *Herman Nohl* ausgewählt, die die Weltanschauungslehre ihres Ziehvaters unterschiedlich ausgeprägt weiterentwickeln. Im *religionspädagogischen und systematisch-theologischen Abschnitt* (Erster Teil II.3.) wird das Konzept von *Otto Dibelius* vorgestellt, einem der einflussreichsten Theologen nach 1945.

Der *zweite Teil* steht unter der Überschrift „‚Glaube statt Weltanschauung' – Begründung evangelischen Erziehungsdenkens als weltanschauungsfreie Haltung vor und nach 1945" und widmet sich den Herausforderungen der Weltanschauungsthematik in der Zeit unmittelbar vor nach dem Zweiten Weltkrieg. Diese Zeitspanne ist zunächst durch die Besetzung der Alliierten und ab 1949 durch die Herausforderungen, denen sich die junge Bundesrepublik in Westdeutschland stellen musste, gekennzeichnet. Auch wenn das „Grundgesetzt für die Bundesrepublik Deutschland" erst im Mai 1949 ausgefertigt wurde, so werden die Jahre nach Beendigung des Zweiten Weltkriegs ebenfalls zum Untersuchungsabschnitt mit hinzugenommen. Im *erziehungswissenschaftlichen Abschnitt* (Zweiter Teil I.2.) wird das Konzept von *Wilhelm Flitner* aufgenommen, in dessen Konzept die Schwierigkeiten, mit denen die Nachkriegspädagogik konfrontiert war, sichtbar werden. Für den Abschnitt zur Religionspädagogik und Theologie (Zweiter Teil II.2.) nach 1945 wird das Programm von *Oskar Hammelsbeck* dargelegt. Der Theologe hat nachhaltig die Geschicke der Kirche nach 1945 bestimmt und sich kritisch gegen eine christliche Weltanschauung ausgesprochen.

Der *dritte Teil* unter der Überschrift „Funktionale Äquivalenz zwischen Religion und Weltanschauung – Systematische Analyse im Rahmen der Pluralismusdiskussion" setzt Ende der 1970er bzw. Anfang der 1980er Jahre ein. In diesem bis in die Gegenwart reichenden Teil kann man von einer Art Rehabilitierung des *Welt-Anschauungsbegriffes* sprechen, da der Begriff selbst nach Inkrafttreten des Grundgesetzes der Bundesrepublik Deutschland nicht immer Gegenstand der Diskussion war, und wenn, dann war er zumeist negativ konnotiert. Für den erziehungswissenschaftlichen Abschnitt (Dritter Teil I.2.) ist als Fallstudie *Wolfgang Brezinka* ausgewählt, der ein Vertreter der so genannten „empirischen Erziehungswissenschaft" ist. Für den religionspädagogischen und systematisch-theologischen Abschnitt sind es zum einen *Karl Ernst Nipkow* (Dritter Teil II.2.), der den Begriff der Welt-Anschauung für die Religionspädagogik reformuliert, und zum anderen *Eilert Herms* (Dritter Teil II.3.), der den Weltanschauungsbegriff als zentralen Schlüsselbegriff für seine (sozial-)ethische Gesellschaftstheorie ausweist. Die Verhältnisbestimmung von christlicher Erziehung und Weltanschauung unterliegt in den einzelnen Fallstudien unterschiedlichen Begründungs- und Argumentationsmustern. Zur inneren Systematisierung der Fallbeispiele werden vier Zugangsweisen gewählt, die – mit unterschiedlicher Dominanz – vorkommen: So gibt es *anthropologische*, *theologische*, *pädagogische* oder *politische* Begründungen, die das Verhältnis von christlicher Erziehung und Weltanschauung bestimmen. Es ist für jede Fallstudie spezifisch zu begründen, welche der Argumentationsmuster in den einzelnen Fallstudien vorherrschen.

Die Einteilung in drei (Zeit-)Abschnitte darf jedoch nicht den Eindruck erwecken, dass sich scharfe oder exakte Trennungslinien in Bezug auf die Verhältnisbestimmung von christlicher Erziehung und Weltanschauung vornehmen ließen. Vielmehr ist in der Geschichte von fließenden Übergängen, Überlappungen oder dem Fortbestehen weltanschaulicher Haltungen auszugehen. Die Begründung der ausgewählten Zeitabschnitte zeigt, dass die Untersuchung keine komplette Rekonstruktion der Weltanschauungsthematik für das 20. Jahrhundert anstrebt, sondern Zeitabschnitte selektiert, in denen eine erhöhte Klärungs- und Begründungsrelevanz von religiösen und weltanschaulichen Haltungen notwendig erscheint.

Als Leitfragen über den Fallstudien in den Teilen I bis III stehen die folgenden, wobei deren Begründung erst in den nachfolgenden Kapiteln herausgearbeitet werden kann:

1. Umgang mit religiös-weltanschaulichen Fragen
Wie wird ein religiöser und/oder weltanschaulicher Pluralismus in den jeweiligen Fallstudien thematisiert? Sind Befangenheiten oder sogar Ängste im Hinblick auf religiöse und/oder weltanschauliche Haltungen erkennbar, die explizit oder implizit geäußert werden?

2. Argumentations- und Begründungsmuster im Umgang mit religiösweltanschaulichen Fragen
Welche theologischen oder pädagogischen Argumentationsmuster lassen sich in den jeweiligen Fallstudien im Umgang mit dem religiösen und/oder weltanschaulichen Pluralismus erkennen? Finden sich Begründungsmuster, die sich in historischer Perspektive in mehreren Fallstudien erkennen lassen?

3. Handlungsorientierung im Umgang mit religiös-weltanschaulichen Fragen
Welche Handlungsorientierungen in Bezug auf religiöse und/oder weltanschauliche Haltungen werden in den einzelnen Fallstudien erkennbar? Gibt es konkrete Anhaltspunkte, wie mit dem religiösen und/oder weltanschaulichen Pluralismus aus Sicht von Kirche, Schule oder Staat jeweils umgegangen werden soll?

In der Beschäftigung mit dem Weltanschauungsbegriff aus christlicher Perspektive werden die Abgrenzungen zu religiösen bzw. christentumskritischen Weltanschauungen immer auch mitschwingen, wenngleich es nicht primäres Ziel der vorliegenden Untersuchung sein kann, nach Abgrenzungen zu anderen Weltanschauungen zu suchen; vielmehr wird punktuell darauf verwiesen, wie sich in den einzelnen Konzepten aus religionspädagogischer, theologischer und erziehungswissenschaftlicher Perspektive das Verhältnis zwischen Christentum und anderen religiösen bzw. christentumskritischen Weltanschauungen darstellt. Der Fokus auf die Weltanschauungsthematik wird eher darauf gerichtet sein, wie im Zusammenhang von christlichen Zeugnissen der religiöse Pluralismus kommuniziert wird. Dazu gehört weiter auch die Frage, wie der religiöse Pluralismus dann in die einzelnen kirchlichen Handlungsfelder wie Schule und Bildung, Diakonie, Seelsorge, oder auch Homiletik Eingang findet und zu einer christlichen Identitätsbildung und damit christlichen Lebensorientierung beigetragen hat und beitragen kann.

Erster Teil

Evangelische Erziehung und die Herausforderungen der Weltanschauungen – Zum Aufbrechen der Weltanschauungsproblematik in der Weimarer Zeit

I. Revitalisierung des Weltanschauungsbegriffs in der geisteswissenschaftlichen Pädagogik

I.1. Einleitung

In die Epoche der Weimarer Zeit fällt die Konstitutionsphase der „geisteswissenschaftlichen Pädagogik"[1], die in Anlehnung an die Philosophie von Wilhelm Dilthey zu einer der prominentesten Strömungen in der deutschen Erziehungswissenschaft im 20. Jahrhundert wurde und eine regelrechte Erfolgsgeschichte erfuhr. Diese Richtung der Pädagogik prägte ab den 1920er Jahren bis 1933 und von 1945 bis in die 1960er Jahre hinein das Denken über Erziehung und Bildung. Der programmatische Name lässt erkennen, dass die Leitdisziplinen die Geisteswissenschaften sind, die „den Weltanschauungen und sozialen Bewegungen"[2] in der Weimarer Zeit eng verbunden waren. Als direkte Schüler von Dilthey können zu dieser Linie in der Pädagogik Max Frischeisen-Köhler, Herman Nohl, Theodor Litt und Eduard Spranger gezählt werden. In zweiter Generation kommen Wilhelm Flitner und Erich Weniger hinzu, um nur einige Vertreter zu nennen. Diese ambitionierte Gruppe von Pädagogen einte das gemeinsame Bestreben, das wissenschaftliche Denken über Pädagogik voranzutreiben und theoretisch zu reflektieren.[3]

Die Revitalisierung des Terminus „Weltanschauung" in den 20er und 30er Jahren des 20. Jahrhunderts ist eng verknüpft mit den enormen politischen, sozialen und damit auch gesellschaftlichen Umbrüchen nach dem Ersten Weltkrieg. Vor allem das Erziehungs- und Bildungswesen erhielt wesentliche Impulse für eine (wissenschaftliche) Beschäftigung mit der Weltanschauungsthematik aus den Modernisierungsprozessen, die sich Ende des 19. und Anfang des 20. Jahrhunderts in Deutschland vollzogen. Der Erfolg der geisteswissenschaftlichen Pädagogik als pädagogische Richtung ist nach dem Erziehungswissenschaftler Heinz-Elmar Tenorth von etlichen Faktoren abhängig, der sich vor allem nach 1918 in Deutschland für die Erziehungswis-

---

[1]   Neben der Bezeichnung „geisteswissenschaftliche Pädagogik", die u.a. von Heinz-Hermann Krüger oder Dietrich Benner verwendet wird (vgl. Krüger, Heinz-Hermann, Einführung in Theorien und Methoden der Erziehungswissenschaft, Opladen 2006, 17-36. – Benner, Dietrich, Hauptströmungen der Erziehungswissenschaft. Eine Systematik traditioneller und moderner Theorien, München ³1991, S. 199-224), taucht auch die Titulierung „Kulturphilosophische Pädagogik" auf, die Heinz-Elmar Tenorth vorschlägt (vgl. Tenorth, Heinz-Elmar, Pädagogisches Denken, in: Handbuch der deutschen Bildungsgeschichte, Bd. V 1918-1945. Die Weimarer Republik und die nationalsozialistische Diktatur, Langewiesche, Dieter/Ders. (Hg.), München 1989, S. 111-153, hier S. 120.

[2]   Tenorth, Heinz-Elmar, Pädagogisches Denken, in: Handbuch der deutschen Bildungsgeschichte, a.a.O., S. 113.

[3]   Matthes, Eva, Geisteswissenschaftliche Pädagogik, München 2011.

senschaft ergab.[4] Zu den historisch-kontingenten Ereignissen gehört für Tenorth, dass ab 1918 die Pädagogik parteiübergreifend als ein Instrument zur gesellschaftlichen Integration aber auch Indoktrination angesehen wurde. Zudem führte die Etablierung der Pädagogik in die gesamte Organisation der Universitäten und Wissenschaften dazu, dass andere Disziplinen entlastet wurden. Die „Philosophischen Fakultäten", an denen die Pädagogik angesiedelt war, erfuhren eine Aufwertung, da sie vom Renommee der Disziplin der Philosophie und einer philosophischen Pädagogik profitieren konnten.

Die folgenden Betrachtungen konzentrieren sich auf Vertreter der geisteswissenschaftlichen Pädagogik, die vor allem die Konstitutionsphase dieser einflussreichen pädagogischen Strömung mit geprägt haben.[5] Die Analyse erstreckt sich auf Wilhelm Dilthey und seine beiden direkten Schüler Max Frischeisen-Köhler und Herman Nohl. Ziel der Analyse ist es zunächst, die Grundzüge der Weltanschauungslehre von Dilthey zu skizzieren. Danach werden in den Theorieentwürfen von Max Frischeisen-Köhler und Herman Nohl die jeweiligen Tansformationsprozesse aufgezeigt, die die Diltheysche Weltanschauungslehre in den Konzepten seiner beiden Schüler erfahren haben. Zentrales Anliegen ist, die Begründungen und Deutungen aufzuzeigen, durch die die Vertreter der geisteswissenschaftlichen Pädagogik ihre philosophisch bzw. anthropologisch verorteten Weltanschauungslehren zu begründen suchen.

I.2. Zur „Typisierung der Weltanschauung" – Wilhelm Dilthey

Zu den „Klassikern der Pädagogik"[6] wird Wilhelm Ludwig Christian Dilthey gezählt, der am 19. November 1833 als calvinistischer Pfarrerssohn in Biebrich am Rhein geboren wurde.[7] Der Begründer der „geisteswissenschaftlichen Pädagogik" interessierte sich bereits als Schüler für philosophische Texte und hegte eine tiefe Leidenschaft zur Musik, insbesondere dem Klavierspiel. Mehr auf Wunsch seines Vaters als auf eigenes Bestreben hin schrieb Dilthey sich zum Sommersemester 1852 für ein Studium der Theologie in Heidelberg ein, was er nach nur drei Semestern an der Humboldt Universität zu Berlin fortsetzte. Neben dem Theologiestudium schlug sein Herz auch für Fragen der Philosophie. Wie Dilthey selbst in jungen Jahren in einem Tagebuch festhielt,

---

[4] Tenorth, Heinz-Elmar, Kulturphilosophie als Weltanschauungswissenschaft. Zur Theoretisierung des Denkens über Erziehung, Stuttgart 1989, S. 133-154, hier S. 141f.

[5] Vgl. auch Preul, Reiner, Evangelische Bildungstheorie, Leipzig 2013, S. 34-53.

[6] Herrmann, Ulrich, Wilhelm Dilthey, in: Scheuerl, Hans (Hg.), Klassiker der Pädagogik Bd. 2, München 1991, S. 72-84.

[7] Zur Biographie von Wilhelm Dilthey vergleiche die Angaben bei Kerckhoven, Guy van/Lessing, Hans-Ulrich/Ossenkop, Axel, Wilhelm Dilthey. Leben und Werk in Bildern, München 2008, S. 11-56. – Groothoff, Hans-Hermann/Herrmann, Ulrich, Wilhelm Dilthey – Persönlichkeit und Werk, in: Dies. (Hg.), Wilhelm Dilthey. Schriften zur Pädagogik, Paderborn 1971, S. 334-365. – Herrmann, Ulrich, Wilhelm Dilthey (1833-1911), a.a.O., S. 72-84.

galt sein Interesse der „Kirchen- und Dogmengeschichte zum Studium der christlichen Weltanschauungen im Abendlande"[8]. Nach dem theologischen Examen 1855 und einem philologischen Staatsexamen an der Universität zu Berlin unterrichtete er als Hilfslehrer am „Königlich Französischen Gymnasium" zu Berlin und ab 1857 am „Joachimsthalschen Gymnasium" ebenfalls zu Berlin, nun als ordentlicher Lehrer und Adjunkt.[9] Sein Schuldienst währte jedoch nicht lange, da er seine Aufmerksamkeit verstärkt auf wissenschaftliche Arbeiten legte. Auf Vermittlung durch Pfarrer Ludwig Jonas gelangte Dilthey an den Nachlass von Friedrich Daniel Ernst Schleiermacher. Die Beschäftigung mit dessen Schriften sollte von da an Diltheys weiteres Leben prägen. Nach der Promotion und Habilitation im Fach Philosophie folgte der Philosoph bereits im Dezember 1866 einem Ruf als ordentlicher Professor für Philosophie an die Universität Basel. Weitere Stationen führten ihn an die Universitäten Kiel und Breslau und schließlich wieder zurück nach Berlin.

Die Weltanschauungsthematik wird für Dilthey vor allem in seinem Spätwerk bedeutsam. Als Kernstück seiner Untersuchungen darf die Darstellung „Die Typen der Weltanschauung und ihre Ausbildung in den metaphysischen Systemen"[10] gelten, die der Philosoph 1911 in einem von seinem Schüler Max Frischeisen-Köhler herausgegebenen Sammelband erstmals veröffentlichte. Dieser „lehrhafte Extrakt"[11] erfuhr nicht nur durch Diltheys Schüler eine starke Akzeptanz, sondern wurde von vielen Fachdisziplinen breit rezipiert.[12] In der Typenbetrachtung der Weltanschauungen ist das Bestreben Diltheys zu erkennen, die historische Bewegung und die geschichtlichen Zusammenhänge zu erfassen. Dieses grundlegende Interesse zeigt Diltheys Ansatz, die geistiggeschichtliche Entwicklung *verstehen* und *deuten* zu wollen.[13] Sein Ziel ist es, die geschichtlichen Erscheinungen vom Leben selbst aus zu erfassen. Die Analyse der Weltanschauungslehre von Dilthey wird sich zunächst auf die Erstellung der Typologien in den Weltanschauungen und ihre Definitionen beziehen. Anschließend soll auf möglichen Bedenken und Anfragen, die sich aus der Zuschreibung ergeben, kritische Rückfragen gestellt werden.

---

[8] Misch, Clara (geb. Dilthey), Der junge Dilthey. Ein Lebensbild in Briefen und Tagebüchern 1852-1870, Leipzig 1933, S. 281.

[9] Vgl. die ausführliche Darstellung bei Kerckhoven, Guy van/Lessing, Hans-Ulrich/Ossenkop, Axel, a.a.O., S. 15.

[10] Dilthey, Wilhelm, Die Typen der Weltanschauung und ihre Ausbildung in den metaphysischen Systemen, in: Frischeisen-Köhler, Max (Hg.), Weltanschauung. Philosophie und Religion in Darstellungen von Wilhelm Dilthey u.a., Berlin 1911, S. 3-51.

[11] Kerckhoven, Guy van/Lessing, Hans-Ulrich/Ossenkop, Axel, a.a.O., S. 47.

[12] Nohl, Herman, Die Weltanschauungen der Malerei, Jena 1908. – Ders., Stil und Weltanschauungen, Jena 1920. – Jaspers, Karl, Psychologie der Weltanschauungen, Berlin 1919. – Scheler, Max, Weltanschauungslehre, Soziologie und Weltanschauungssetzungen, in: Ders., Schriften zur Soziologie und Weltanschauungslehre, Gesammelte Werke Bd. 6, Bern/München 1963, S. 13-26.

[13] Tessitore, Fulvio, Leben und Geschichte – von Dilthey her gesehen, in: D'Anna, Giuseppe/Johach, Helmut/Nelson, Eric S. (Hg.), Anthropologie und Geschichte. Studien zu Wilhelm Dilthey aus Anlass seines 100. Todestages, Würzburg 2013, S. 43-52.

I.2.1.   „Die letzte Wurzel der Weltanschauung ist das Leben" –
Zur Definition von Weltanschauung

In seiner „Philosophie der Philosophie"[14] entwickelt Wilhelm Dilthey eine
Weltanschauungslehre, die auf ganz bestimmten geschichtsphilosophischen
Grundüberzeugungen basiert. In der ersten Abhandlung unter der Überschrift
„Die Antinomie zwischen dem Anspruch jeder Lebens- und Weltansicht auf
Allgemeingültigkeit und dem geschichtlichen Bewusstsein"[15] geht der Philo-
soph auf die Schwierigkeiten ein, die sich für eine „objektive Gültigkeit" einer
Weltanschauung ergeben, da sich – wie die Geschichte gezeigt habe – alles im
Wandel vollziehe. Das Problem einer Darstellung der Weltanschauung liege
darin, dass eine objektive Erkenntnis über sie schwer möglich sei, da es eine
ständige „Variabilität der menschlichen Daseinsformen" gäbe, die auf die verschiedenen „Denkweisen, Religionssysteme, sittlichen Ideale und metaphysischen Systeme" [16] Bezug nehmen würden. Das „Wissen einer Zeit" und damit
auch die allgemeine Wissenschaft basierten stets auf einem „Lebensideal"
oder einer „Weltanschauung". Für die zurückliegende Zeit nimmt Dilthey als
herrschende Weltanschauung das Christentum an.[17] Für seine Zeit könne man
jedoch nicht mehr vom Christentum als allgemeiner Grundlage ausgehen. Diese Feststellung leitet den Philosophen zu der grundsätzlichen Frage, wie die
Antinomie zwischen objektiver Erkenntnis und der Gründung allen Wissens
auf bestimmten weltanschaulichen Grundüberzeugungen aufzulösen oder zu
überwinden sei. Die Antinomie, die sich im Wechselspiel zwischen den
geschichtlichen Veränderungen einerseits und dem sich dabei aber immer
gleich bleibenden Individuum andererseits ergibt, löste Dilthey bereits einige
Jahre zuvor in seiner „Abhandlung zur Grundlegung der Geisteswissenschaften" mit folgender Metapher auf: „Die allgemeine Menschennatur realisiert
gleichsam die Möglichkeiten eines Tonsystems und die Individualität einer in
ihm geschaffenen Melodie"[18]. Dass diese Antwort seinen späteren Schülern
nicht ausgereicht hat, darf einleuchten.

Diltheys Interesse besteht grundsätzlich darin, eine Position zu finden, von
der aus objektive Urteile über geschichtliche Ereignisse oder auch Urteile über
das menschliche Verhalten möglich sind. Eine Lösung dieses Grundproblems
will er durch eine metatheoretische Betrachtung der Weltanschauungen erreichen, indem er verschiedene Grundtypen der Weltanschauungen aus der Geschichte ableitet. Die Struktur einer „Weltanschauung" verortet er in der so

---

[14]   Dilthey, Wilhelm, Gesammelte Schriften Bd. VIII, Weltanschauungslehre. Abhandlungen zur
Philosophie der Philosophie, Leipzig/Berlin 1931, Zitat Überschrift S. 78.
[15]   Dilthey, Wilhelm, Gesammelte Schriften Bd. VIII, a.a.O., S. 3-71, hier 3-9.
[16]   A.a.O., S. 6.
[17]   A.a.O., S. 7.
[18]   Dilthey, Wilhelm, Gesammelte Schriften Bd. V, Die geistige Welt. Einleitung in die Philosophie des Lebens. Erste Hälfte: Abhandlungen zur Grundlegung der Geisteswissenschaften,
Stuttgart/Göttingen 1974, S. 425.

genannten „Menschennatur". Damit fundiert Dilthey die Weltanschauung – wie später auch seine Schüler Frischeisen-Köhler und Nohl – in der Anthropologie.[19] Obwohl Dilthey selber kein ausgearbeitetes Konzept einer Bildungstheorie im Sinne einer pädagogischen Ziellehre darlegt hat, gibt er doch Auskunft darüber, wie sich eine Weltanschauung im Menschen in seinem Selbst- und Weltverhältnis bildet.[20]

I.2.2. Zur Typisierung der Weltanschauung

Dilthey konzipierte in Analogie zu der Typisierung des Menschen, wie sie im Wissenschaftsdiskurs Anfang des 20. Jahrhunderts gebräuchlich ist, eine Klassifizierung verschiedener Erkenntnisorientierungen, die er als so genannte „Typen der Weltanschauung" beschreibt. Diese „Typen der Weltanschauung" finden sich ausführlich im achten Band der „Gesammelten Schriften".[21] Wie der österreichische Soziologe und Philosoph Karl Acham darlegt, waren im Wissenschaftsdiskurs Anfang des 20. Jahrhunderts solche anthropologischen Klassifizierungen, wie Dilthey sie in seiner Typisierung der Weltanschauungen vornimmt, durchaus nicht unüblich.[22] Er stellt heraus, dass eine Typisierung des Menschen vor allem für die Naturwissenschaften und im Besonderen

---

[19] Vgl. hierzu Acham, Karl, Denkformen und Lebensformen. Überlegungen zu Diltheys Weltanschauungslehre, a.a.O., S. 93-113.

[20] Dilthey stellt sich die Stufenentwicklung der Weltanschauung wie folgt vor: „Im Gefühle unserer selbst genießen wir den Wert unseres Daseins; wir schreiben Gegenständen und Personen um uns einen Wirkungswert zu, weil sie unser Dasein erhöhen und erweitern: nun bestimmen wir diese Werte nach den in den Gegenständen enthaltenen Möglichkeiten, uns zu nutzen oder zu schaden; wir schätzen sie ab, und wir suchen für diese Abschätzung einen unbedingten Maßstab. So erhalten Zustände, Personen und Dinge im Verhältnis zum Ganzen der Wirklichkeit eine Bedeutung, und dieses Ganze selbst erhält einen Sinn. Indem diese Stufen des Gefühlsverhaltens durchlaufen werden, *bildet sich gleichsam eine zweite Schicht der Struktur der Weltanschauung*; das Weltbild wird Grundlage der Lebenswürdigung und des Weltverständnisses. Und nach derselben Gesetzlichkeit des seelischen Lebens entsteht aus der Lebenswürdigung und dem Weltverständnis eine oberste Bewußtseinslage: die Ideale, das höchste Gut und die obersten Grundsätze, in denen die *Weltanschauung* erst ihre praktische Energie empfängt – gleichsam die Spitze, mit welcher sie sich einbohrt in das menschliche Leben, in die äußere Welt und in die Tiefen der Seele selbst. Die Weltanschauung wird nun *bildend, gestaltend, reformierend!* Und auch diese höchste Schicht der Weltanschauung entwickelt sich durch verschiedene Stufen hindurch. Aus der Intention, dem Streben, der Tendenz entwickeln sich die dauernden Zwecksetzungen, die auf die Realisation einer Vorstellung gerichtet sind, das Verhältnis von Zwecken und Mitteln, die Wahl zwischen den Zwecken, die Auslese der Mittel und schließlich die Zusammenfassung, der Zwecksetzungen in einer höchsten Ordnung unseres praktischen Verhaltens – einem umfassenden Lebensplan, einem höchsten Gut, obersten Normen des Handelns, einem Ideal der Gestaltung des persönlichen Lebens und der Gesellschaft." Dilthey, Wilhelm, Gesammelte Schriften Bd. VIII, S. 83f. (Hervorhebung SH).

[21] Dilthey, Wilhelm, Die Typen der Weltanschauung und ihre Ausbildung in den metaphysischen Systemen, in: Gesammelte Schriften Bd. VIII, a.a.O., S. 75-118, hier S. 100-118.

[22] Vgl. hierzu ausführlicher Acham, Karl, Überlegungen zu Diltheys Weltanschauungslehre, a.a.O., S. 94.

für die Biologie eine gängige Praxis war, die eine Unterteilung in einen Phänotyp und einen Genotyp vorsahen.[23]

In Analogie zu diesen Klassifizierungen unterscheidet Dilthey in seiner Weltanschauungslehre drei Grundformen von Weltanschauung. Diese ergeben sich durch je unterschiedliche Weltzugänge und Inhalte der Anschauungen. Um ein besseres Verständnis für diesen Ansatz zu gewinnen, führt er einzelne Vertreter aus der Geistesgeschichte an, die seiner Auffassung nach am besten den jeweiligen Typus repräsentieren. Nach Dilthey liegt *ein positivistischer Ansatz* im „Naturalismus" vor, der exemplarisch von Protagoras, Demokrit, Hobbes oder Comte vertreten und vor allem in den Naturwissenschaften praktiziert wird. Repräsentanten dieses Typus sind stark vom *Verstand* her bestimmt. Zum Typus des „Idealismus der Freiheit" rechnet Dilthey Geistesgrößen wie Platon, Decartes, Aristoteles, Kant oder auch Schiller, deren ethisches, juristisches und politisches Denken und Handeln vor allem durch den *Willen* beeinflusst ist. Zu den Vertretern des „Objektiven Idealismus" zählt Dilthey u.a. Heraklit, Leibniz, Hegel, Schleiermacher und Goethe, die eine Weltanschauung vertreten, welche vor allem durch einen kontemplativen, ästhetischen oder künstlerischen Ansatz und damit durch das *Gefühl* bestimmt ist. In diesem Grundtypus verortet Dilthey auch die Religion.[24] In der Gliederung der Weltanschauungstypen lässt sich der Versuch erkennen, vor allem nach den *Begründungen* zu fragen, die zu unterschiedlichen Ausprägungen von Weltanschauungen in der Geschichte geführt haben. Offenbar ist Dilthey daran gelegen, keine Hierarchie unter den verschiedenen Ansätzen herzustellen oder sie gegeneinander auszuspielen. Sein Interesse ist vielmehr darauf gerichtet, die verschiedenen Welterfahrungen als komplementär darzustellen und zu deuten.

I.2.3. Zur Deutung von Diltheys Weltanschauungslehre

Diltheys Weltanschauungslehre erfährt bis heute eine breite Rezeption, die mitunter recht kritisch ausfällt. So erhebt der Philosoph Karl Acham folgende Einwände gegen Diltheys Weltanschauungslehre: (1) Den ersten grundlegenden Einwand formuliert Acham als Frage, nämlich, ob Diltheys vorgeschlagenen Lösungsansatz zur Aufhebung der Antinomie wirklich gelungen sei, oder er nicht doch „gefangen in der Darstellung der ‚mannigfaltigen Spiegelungen in den verschiedensten Köpfen, die den verschiedensten Himmelsstrichen und Zeiten angehören'" bleibt.[25] (2) Zudem weist Acham auf die „Inkohärenzen"

---

[23] Unter den *Phänotyp* fallen die physiologischen und morphologischen Eigenschaften des Menschen, während unter den *Genotyp* die individuellen Anlagen und damit die genetischen Merkmale zu zählen sind.

[24] Vgl. hierzu ausführlich Dilthey, Wilhelm, Die Typen der Weltanschauung und ihre Ausbildung in den metaphysischen Systemen, a.a.O., S. 100-118.

[25] Acham, Karl, Denkformen und Lebensformen, a.a.O., S. 107.

hin, die nicht zwischen den Weltanschauungen bestehen, sondern unter den einzelnen Vertretern selbst, die Dilthey unter die jeweiligen Weltanschauungstypen subsumiert. Beispielhaft führt er hier die Gruppe der Naturalisten Demokrit, Hobbes und Comte auf, die nur schwer miteinander in Verbindung zu setzen seien. (3) Als Fazit stellt Acham heraus, dass sich in Diltheys Weltanschauungslehre „Harmonisierungstendenzen" ausmachen ließen, die in der Rezeptionsgeschichte vielfach auf Kritik gestoßen seien.[26] So unterliege Dilthey doch der Tendenz einer „harmonisierenden Weltbetrachtung", in der die Unterschiede zugunsten einer „kontemplativen Grundhaltung" aufgehoben würden.[27] Mit dieser Haltung rücke Dilthey unweigerlich in die Nähe des von ihm selbst so titulierten „objektiven Idealismus". Sein Bestreben, die Typen der Weltanschauung objektiv zu beurteilen, gelinge ihm nur bedingt. Helmut Meier führt die Tendenz zur Harmonisierung bei Dilthey auf ein Denken zurück, das gerade im literarischen Gestus der Romantik vielfach verbreitet gewesen wäre. Diltheys Idee von Weltanschauung ließe sich mit einem Aphorismus von Novalis adäquat widergeben: „Die Welt ist [...] Resultat eines unendlichen Einverständnisses, und unsere eigene innere Pluralität ist der Grund der Weltanschauung"[28].

Auch wenn die Kritik an der Typisierung der Weltanschauungslehre von Dilthey nicht gering ausfällt, so zeigt die Rezeptionsgeschichte eine enorme Aufnahme und Weiterentwicklung dieses Versuchs, unterschiedliche und damit auch plurale Denktraditionen zu begründen.

I.3. Sehnsucht nach „Abrundung und Geschlossenheit der Weltanschauung"[29] – Max Frischeisen-Köhler

Zum engen und persönlichen Schülerkreis von Wilhelm Dilthey gehört Max Frischeisen-Köhler, der am 19.7.1878 in Berlin unter dem Namen Max Köhler geboren wurde und 1905 durch Adoption den Doppelnamen Frischeisen-Köhler erhielt.[30] Im Alter von nur 45 Jahren verstarb der Philosoph, Psychologe und Pädagoge am 22.10.1923 in Halle an der Saale und hinterließ trotz seines jungen Alters ein umfangreiches Oeuvre.[31] Die Wurzeln seines wissenschaftlichen Studiums liegen zunächst nicht in der Pädagogik, sondern in der

---

[26] Marquard, Odo, Schwierigkeiten mit der Geschichtsphilosophie. Aufsätze, Frankfurt a.M. 1973, S. 73.

[27] Acham, Karl, Denkformen und Lebensformen, a.a.O., S. 108.

[28] Meier, Helmut G., Weltanschauung, a.a.O., S. 79.

[29] Unveröffentlichtes Heft „Selbstbekenntnisse" zitiert nach Lehmann, Rudolf, Max Frischeisen-Köhler, in: Blochmann, Elisabeth/Geißler, Georg/Weniger, Erich (Hg.), Philosophie und Pädagogik, Weinheim 1931, S. 10.

[30] Zu den biographischen Angaben vgl. Kautz, Heinrich, Art. „Frischeisen-Köhler, Max", in: NDB Bd. 5 (1961), S. 619f. [Onlinefassung].

[31] Vgl. Bibliographie in: Frischeisen-Köhler, Max, Philosophie und Pädagogik, Berlin/ Langensalza/Leipzig 1931 (Erstausgabe 1917), S. 171-173.

Beschäftigung mit der Mathematik und den Naturwissenschaften. Als junger Student zog es Frischeisen-Köhler zunächst nach Freiburg, wo er sich ab 1898 der Mathematik und Chemie widmete und später – angeregt durch den Zoologen August Weismann – zur Biologie gelangte. Ziel seiner ersten naturwissenschaftlichen Studien war es, seine Anschauung von Natur und Leben mit rationalen, exakten Mitteln beschreiben zu können. Bei seiner Rückkehr nach Berlin zog er vor allem durch sein naturwissenschaftliches Fachwissen rasch die Aufmerksamkeit Diltheys auf sich und wurde so als Fachmann für die Naturphilosophie Hegels und die Geschichte des Positivismus für den Philosophen interessant. Im Jahr 1902 wurde er dann in Berlin über das Thema „Hobbes in seinem Verhältnis zu der mechanischen Naturanschauung" promoviert und habilitierte sich 1909 mit der Schrift „Realitätswert der sinnlichen Qualitäten".

Die Neuausrichtung der wissenschaftlichen Pädagogik als eigenständige Disziplin, wie sie durch seinen Lehrer Dilthey in Form einer modernen Geisteswissenschaft angestoßen wurde, übte eine deutliche Anziehungskraft auf den jungen Frischeisen-Köhler aus. Die Früchte seines philosophischen Studiums lassen sich in Bezug auf die Weltanschauungsthematik vor allem in drei Schriften auffinden, die die Grundlage für die folgende Analyse bilden. Bereits 1911 gehörte Frischeisen-Köhler zu einer namhaften Gruppe von Autoren, die unter dem Titel „Weltanschauung, Philosophie und Religion"[32] einen umfangreichen Sammelband herausbrachten. Das Vorwort zu diesem Band stammt aus der Feder von Frischeisen-Köhler und lässt bereits im Herbst 1910 die Beschäftigung mit der Weltanschauungsthematik erkennen. 1917 erschien der Aufsatz „Philosophie und Pädagogik", der im gleichnamigen Aufsatzband herausgegeben wurde.[33] In seinem Spätwerk „Bildung und Weltanschauung. Eine Einführung in die pädagogischen Theorien" von 1921 liegt eine umfangreiche systematische Analyse der untereinander konkurrierenden Erziehungstheorien vor, die in Anlehnung an die Typisierung der Weltanschauungen bei Dilthey gegliedert ist.[34]

Bevor diese drei Schriften im Hinblick auf die Weltanschauungsthematik analysiert werden, sollen die philosophisch-pädagogischen Einflüsse, die die Welt- und Lebensanschauung von Frischeisen-Köhler maßgeblich geprägt haben, skizziert werden. Aufschluss über die Entwicklung gibt der Nachruf von Rudolf Lehmann, einem Freund und Weggefährten Frischeisen-Köhlers, der als eine Art Vorwort 1931 im Aufsatzband „Philosophie und Pädagogik" erschien. In diesem Nachruf versucht Lehmann die wissenschaftlichen Impul-

---

[32]　Frischeisen-Köhler, Max (Hg.), Weltanschauung, Philosophie und Religion, Berlin 1911.

[33]　Frischeisen-Köhler, Max, Philosophie und Pädagogik. Eingeleitet von Herman Nohl, in: Blochmann, Elisabeth/Geißler, Georg/Nohl, Herman/Weniger, Erich (Hg.), Kleine pädagogische Texte 20, Weinheim ²1962 (Erstausgabe 1917).

[34]　Herman Nohl hat in seinem Vorwort zur „Philosophie und Pädagogik" gerade die sprachliche „Klarheit und Einfachheit der Rationalität" Max Frischeisen-Köhlers gelobt, der durch seine Sprache etwas „Klassisches" habe (vgl. a.a.O., Vorwort 6).

se aufzuzeigen, die Frischeisen-Köhlers Werk beeinflusst haben.[35] Das Dokument belegt nicht nur die Bewunderung für den Freund, sondern enthält auch etliche Hinweise darauf, wie Frischeisen-Köhler dem Wunsch nach „Abrundung und Geschlossenheit der Weltanschauung" im Studium sukzessive näher zu kommen versuchte.[36] Aus entwicklungspsychologischer Sicht höchst interessant sind die Zitate aus den „Selbstbetrachtungen" des jungen Frischeisen-Köhler: Im Alter von 19 Jahren lässt sich aus seinen Beschreibungen der Zwiespalt zwischen „geschichtlicher Erkenntnis" und „individuellem Erlebnis" als Problem für sein eigenes Wirklichkeitsverständnis erkennen.[37] Die Lösung zur Aufhebung dieses inneren Grundkonflikts findet Frischeisen-Köhler später – wie noch zu zeigen ist – in Diltheys philosophischer Haltung der Pädagogik wieder. Entscheidende Impulse für sein Wirklichkeitsverständnis gewinnt Frischeisen-Köhler nach Lehmann ebenfalls durch das Studium der Schriften von Immanuel Kant.

Die zentrale Frage, wie Erkenntnis möglich sei, fand er bei Kant für die Naturwissenschaft beantwortet. Die Grundannahme Kants, dass die Inhalte der Erfahrung aus dem Bereich der Erkenntnis prinzipiell auszuschließen sind, sah Frischeisen-Köhler als erweiterungsbedürftig an. In Anknüpfung an seinen Lehrer Dilthey versuchte er in seinem Werk „Wissenschaft und Wirklichkeit"[38] von 1912 dem Grundgedanken, eine Synthese zwischen geisteswissenschaftlicher und naturwissenschaftlicher Erkenntnis herzustellen, systematisch nachzugehen.

I.3.1. Die Suche nach einer „einheitlichen Welt- und Lebensbetrachtung"

Die Suche nach einer einheitlichen Welt- und Lebensbetrachtung kommt als zentrales Problem von Frischeisen-Köhler bereits im Vorwort des 1911 erschienenen Sammelbands „Weltanschauung. Philosophie und Religion"[39] zum Ausdruck. In diesem Band sind die Positionen namhafter Philosophen, Theologen und Pädagogen gebündelt, die zu Beginn des 20. Jahrhunderts sich mit der Weltanschauungsproblematik befasst haben. Programmatisch eröffnet Frischeisen-Köhler die „Einleitung" mit folgenden Sätzen: „DIE [sic] in diesem Bande vereinigten Aufsätze wollen dem Bemühen unserer Zeit um

---

[35] Lehmann, Rudolf, Max Frischeisen-Köhler (1878-1923), Philosophie und Pädagogik, a.a.O., S. 8-19.

[36] A.a.O., S. 10.

[37] Frischeisen-Köhler beschreibt seinen inneren Zustand selbst als „chaotisch": „Bestimmtes und Festes, nach dem ich mich doch sehne, Abrundung und Geschlossenheit der Weltanschauung ist nirgends vorhanden. [...] Jedenfalls ist das metaphysische Bedürfnis außerordentlich gesteigert, nachdem ich gesehen, daß es so einfach wie ich dachte nicht zu befriedigen ist." Zitiert nach Rudolf Lehmann: Max Frischeisen-Köhler (1878-1923), a.a.O., S. 10.

[38] Frischeisen-Köhler, Max, Wissenschaft und Wirklichkeit, Leipzig/Berlin 1912.

[39] Frischeisen-Köhler, Max, Weltanschauung. Philosophie und Religion, Berlin 1911.

eine *einheitliche Welt- und Lebensbetrachtung* dienen. Nach einer langen Epoche bewußter Entsagung und Abwendung von metaphysischen und religiösen Problemen wagen wir uns wieder den Fragen, an denen nun einmal das Herz hängt, und die immer die Menschheit und ihren tiefsten Denker beschäftigt haben, zu nähern."[40] Die Schwierigkeit, die sich mit diesem Anspruch verbindet, räumt der Verfasser wenige Zeilen später ein. Da sich die positiven Wissenschaftssysteme von „ihrem gemeinsamen Mutterboden" getrennt hätten, sei das Bestreben, über die einzelnen Forschungsergebnisse hinaus eine religiöse oder metaphysische Weltanschauung zu finden, „von vornherein zur Hoffnungslosigkeit verurteilt"[41]. Für diese Entwicklung führt er zwei Begründungen an: Zum einen sei es das Charakteristikum positiver Wissenschaften vom Besonderen auf das Allgemeine fortzuschreiten. Dadurch hebe sich gerade die Einheit, die wesentliches Merkmal einer jeden Weltanschauung sei, selber auf, da alle Wissenschaft selektiv verfahre.[42] Durch die Unterscheidung der Wissenschaften bezüglich ihres Gegenstands, also in die Disziplin der naturwissenschaftlichen oder geisteswissenschaftlichen Forschung, oder durch ihre Methode, scheint ein Gegensatz formuliert zu sein, der unaufhebbar ist. Zum anderen seien die Einflüsse der Erkenntnistheorie deutlich spürbar, „denn die Entwicklung der nachkantischen Theologie beweist, wie wenig durch die Zurückführung des Glaubens auf moralische Postulate dem religiösen Leben Genüge geleistet"[43] würde.

Entschieden spricht sich Frischeisen-Köhler trotz dieser Einwände für die „Bildung einer neuen Weltanschauung"[44] aus, was er zunächst für die Metaphysik und dann für die Religion vornimmt.[45] Das Ringen um eine Verortung der Weltanschauung im Wirklichkeitsverständnis eines Menschen wird besonders anschaulich in den Ausführungen zur *religiösen Weltanschauung*: „Aber wie doch das religiöse Erlebnis in seiner Partikularität, in seinem sozusagen antinomisch zusammengesetzten Bewußtsein absoluter Freiheit und zu gleicher Zeit seliger Ergebung in einen transzendentalen Willen etwas erhält, das durch keine Formel der Wissenschaft faßbar oder aussprechbar ist, so bleibt in aller Religion, in aller Dogmenbildung etwas Spezifisches von dem religiösen Verkehr mit dem Göttlichen erhalten, das durch keine Begriffsarbeit ausdrückbar ist. In dem Fortwirken von Magie, Kultus, religiöser Symbolik, Mystik tritt dieses *überwissenschaftliche* Element, das das Lebenselement der Religionen ist, neben dem theologischen Denken immer wieder hervor. Das *Geheimnis des religiösen Lebens* kann psychologisch durch keine Kategorien des Lebens beschrieben werden, sein Gehalt entzieht sich jeder gegenständlichen Erfassung. Gleichwohl bestimmt er entscheidend die Formung des Welt-

---

[40] A.a.O. Einleitung, S. IX, (Hervorhebung durch SH).
[41] A.a.O. Einleitung, S. X.
[42] Ebda.
[43] A.a.O., S. XIIf.
[44] Ebda.
[45] A.a.O., S. XVI.

bildes, die Regelgebung und Wertsetzung für den Menschen in diesem. So weit auch die religiöse Weltanschauung danach strebt, sich in eine philosophische umzusetzen, [...] so wenig wird sie doch vollständig in eine solche übergehen."[46]

Aus diesen Zeilen wird deutlich erkennbar, dass es für Frischeisen-Köhler keine Aufhebung, Vermischung oder Superiorität einer religiösen oder philosophischen Weltanschauung gegenüber einer so genannten „wissenschaftlichen Weltanschauung" gibt. Auch lassen sich die religiöse oder philosophische Weltanschauung nicht absorbieren, sondern sie durchdringen das gesamte Leben und können nicht durch eine – wie er es nennt – „überwissenschaftliche" Weltanschauung" aufgehoben werden. Bezüglich der „grenzenlose[n] Mannigfaltigkeit von Richtungen"[47] der religiösen oder philosophischen Weltbetrachtung besteht große Unsicherheit im Umgang mit ihnen. Die zwar rhetorisch gestellte Frage, ob die geschichtliche Lösung dieses Problems die „Relativität aller Weltanschauung" bedeute, wird zunächst offen gelassen. Doch weist bereits der erste Satz der Einleitung darauf hin, dass sehr wohl der Wunsch nach einer alle Weltbetrachtungen einschließenden und bestimmenden Weltanschauung besteht. Die programmatische Einleitung von Frischeisen-Köhler, die den umfangreichen Sammelband eröffnet, endet mit Hegels Worten, dass es das Grundbedürfnis eines „gebildeten Volkes" sei, „sich der Besinnung über das Leben und die Welt unmittelbar hinzugeben, um in *das Geheimnis des Wirklichen*, in dem wir leben [...], einzudringen."[48]

I.3.2. „Bildung und Weltanschauung" – Transformation der Diltheyschen Weltanschauungslehre für die Pädagogik

Ausgehend von der Typisierung der Weltanschauungen bei Wilhelm Dilthey versucht Frischeisen-Köhler bereits 1917 in seinem Aufsatz „Philosophie und Pädagogik" eine Grundlegung der Erziehungstheorien zu entwerfen. Diese Ausführungen bilden die Basis für die Typisierung der Erziehungslehren nach weltanschaulichem Gehalt, die er 1921 in seiner Schrift „Bildung und Weltanschauung. Eine Einführung in die pädagogischen Theorien"[49] weiter verfolgt. Diese Schrift wird zu den „Hauptwerken der Pädagogik"[50] gezählt, da in ihr das Programm eines Bildungskonzepts entworfen wird, das eng mit den Weltanschauungen verbunden ist. Summarisch fasst dies der Einleitungssatz zusammen: „Bildungsfragen führen, wenn sie nur tief genug erfasst und

---

[46] A.a.O., S. XVII (Hervorhebung SH).
[47] A.a.O., S. XVIII.
[48] A.a.O., S. XVIII (Hervorhebung SH).
[49] Frischeisen-Köhler, Max, Bildung und Weltanschauung. Eine Einführung in die pädagogischen Theorien, Charlottenburg 1921.
[50] Böhm, Winfried/Fuchs, Birgitta/Seichter, Sabine (Hg.), Hauptwerke der Pädagogik, Paderborn 2009, S. 155-156.

durchdacht werden, unvermeidlich auf Fragen der Weltanschauung. Zeigt doch schon die Geschichte der Erziehung allenthalben den starken Einfluss der Weltanschauungen auf ihre Gestaltung."[51]

Die wechselseitige Bezug- und Einflussnahme von Bildung und Weltanschauung verortet Frischeisen-Köhler in der so genannten „Kulturpädagogik". Das Wesen der Kultur, welche das Individuum darzustellen, fortzuführen oder auch umzugestalten berufen sei, habe seinen Rückhalt im pädagogischen Denken. Die enge Verknüpfung von Bildung und Weltanschauung ergeben sich für den Philosophen nicht nur aus dem unmittelbaren Einfluss der Weltanschauung auf das Erziehungsleben, sondern der jeweils zugrunde gelegte Begriff der *Bildung* sei Indiz für die Abhängigkeit von philosophischen Deutungen des Lebens und des Weltganzen.[52] Bildung ist für Frischeisen-Köhler seinem ursprünglichen Sinn nach „bildende Tätigkeit", die auf das *Wozu* der Bildung abziele.[53] Der Bildungsbegriff muss, um nicht unbestimmt zu bleiben, eine klare Aussage über das Verhältnis von „Ideal und Leben, von Kultur und Natur, von Wert und Sein" geben.[54] In der Monographie „Bildung und Weltanschauung" erhebt Frischeisen-Köhler den Anspruch, den in den jeweiligen Erziehungstheorien zugrunde gelegten Bildungsbegriff auf dessen weltanschauliche Bestimmungen und allgemeingültige Voraussetzungen hin zu befragen. Das erklärte Ziel ist es, Erziehungstheorien auf eine „möglichst allgemeine Formel"[55] zu bringen. Um dieses Ziel zu erreichen, systematisiert Frischeisen-Köhler die Bildungslehren in drei Kategorien: (1) Zunächst beschreibt er die so genannte „Empirische Pädagogik", der ein naturalistisches Weltbild zugrunde liegt. (2) Danach wird die „Kritische Pädagogik", die sich auf den kritischen Idealismus gründet, dargelegt, und zuletzt wird (3) die „Spekulative Pädagogik", die sich dem spekulativen Idealismus verpflichtet fühlt, erläutert. Kriterium für die Unterscheidung der einzelnen Theorien ist neben der Methodik die Form der Anschauungen, die als sittliche und religiösmetaphysische Ideen ihre Wurzeln in der Philosophie und den Weltanschauungen haben.

(1) Unter die „Empirische Pädagogik" subsumiert Frischeisen-Köhler die Erziehungstheorien von Johann Amos Comenius und Jean-Jacques Rousseau, aber auch die psychologische, die biologisch-soziologische und die geschichtliche Pädagogik.[56] Der Mensch wird – so Frischeisen-Köhler – in diesen Theorien als Produkt der Natur und ihrer Gesetzmäßigkeit gesehen. Er sei dadurch bestimmt, was er als geschichtliches Wesen in seiner Kultur erschaffen habe. Sein Denken bleibt darauf behaftet, in gesetzmäßigen Stufen seine Intelligenz zu entwickeln. Jedoch wird er es nie vermögen – zu welchen Leistungen und

---

[51] Frischeisen-Köhler, Max, Bildung und Weltanschauung, a.a.O., S. 7.
[52] A.a.O., S. 8.
[53] A.a.O., S. 9.
[54] A.a.O., S. 10.
[55] A.a.O., S. 17.
[56] A.a.O., S. 18-64.

Schöpfungsakten sich der Mensch auch steigern wird –, sich der Bindung an die vom Leben selbst gesetzten Zwecke zu entziehen. Die Macht des Denkens ermöglicht ihm allerdings eine gewisse Vorherrschaft über andere Geschöpfe und den Aufbau einer Kulturwelt. Die *Erziehung* kann – so Frischeisen-Köhler – hier nur eine Art von *Technik* sein. Diese Technik soll es dem Einzelnen wie der gesamten Menschheit erleichtern, die ihm „von Natur aus" gesetzten Zwecke verwirklichen zu können.[57] Der *Bildung* kommt im naturalistischen Weltbild die Funktion zu, die freie Entwicklung und Entfaltung der natürlichen Triebe zu innerer Befriedigung des Individuums und zur Leistungsfähigkeit für das Gemeinschaftsleben und die Arbeit zu fördern. Durch diese Hilfe sei ein Fortschritt der Kultur möglich und zu sichern.

(2) Demgegenüber vertrete der Ansatz der „kritischen Pädagogik"[58] die Auffassung von einer „dualistischen Betrachtung" des Menschen. Der kritische Idealismus wird nach Frischeisen-Köhler von Philosophen wie Platon, Fichte, Herbart, Natorp und Jonas Cohn vertreten, die in ihren (Erziehungs-) Theorien den Menschen als einen „Bürger zweier Welten"[59] entworfen hätten. Das, was diese Theorieansätze vom Naturalismus trennt, ist die Entschiedenheit mit der die Kultur als dem Naturprozess überlegen angesehen wird. Die Kultur schließt den Bezug auf ein Ideal mit ein. Das Ideal ist dabei nicht variabel, sondern als regulative Idee schließt es ein Übersinnliches, ein Ewiges und ein Ideelles mit ein, mittels dessen sich der Mensch über das reine naturhafte Streben hinauszuheben vermag. Hier existiert ein „Geistesleben", das als ein Leben in Freiheit, das nach Gesetzen aufgebaut ist, wirkt. Die „Krönung" des „Geisteslebens" liegt daher in der schöpferisch sittlichen Tat. Zusammenfassend beschreiben ließe sich diese Kategorie mit dem Satz „[D]ie Idee des Guten ist die Idee aller Ideen und der praktischen Vernunft gebührt das Primat auch über die theoretische"[60]. Die Funktion von *Bildung* wird im „kritischen Idealismus" also niemals nur Entwicklung der natürlichen Anlagen und Funktionen des gegebenen psychophysischen Individuums und seiner Organisation sein. Ihre leitenden Grundsätze muss die Bildung aus den Prinzipien entnehmen, die den Aufbau des autonomen Geisteslebens bestimmen. Für Frischeisen-Köhler ist es gleichgültig, „wie das Reich der Freiheit oder des Geistes"[61] bestimmt und entwickelt wird. Zentral für ihn ist, dass „ein solches Reich anerkannt und die Einbildung dieses in den natürlichen Menschen oder die Bildung dieses zu ihm hinauf als das eigentliche Geschäft der Bildung"[62] angesehen wird. Diese Art der Anschauung der Welt weist auf religiöse Wurzeln zurück, die sich zuerst in einer Ahnung einer übersinnlichen Welt erhoben hätten und schließlich das Bewusstsein des Durchbruchs einer zweiten

---

[57] Vgl. a.a.O., S. 36.
[58] A.a.O., S. 64-122; vgl. auch den Schluss S. 184-187.
[59] A.a.O., S. 184.
[60] A.a.O., S. 185.
[61] Ebda.
[62] Ebda.

höheren Wirklichkeit inmitten des irdischen Daseins schulten. Echte Bildung liege also in der Überwindung der sinnlichen Natur, einer – wenn man es theologisch formulieren möchte – „Erlösung von der Erbsünde"[63]. Die Bildungsidee sei aber keineswegs ausschließlich der „religiösen Welt- und Lebensansicht" nach Frischeisen-Köhler eigen. Vielmehr sei das „Primat der praktischen Vernunft" der „Kern der autonomen Bildungslehre"[64]

(3) Die „spekulative Pädagogik"[65], die sich inhaltlich dem spekulativen Idealismus verpflichtet fühlt, nimmt nach Frischeisen-Köhler eine vermittelnde Position zwischen den beiden anderen Theorien ein. Als Vertreter für diese Richtung führt er Leibniz, Shaftesbury, Herder, Goethe und Humboldt sowie Schleiermacher an. Zentral für diesen Ansatz der „spekulativen Pädagogik" ist die Sehnsucht danach, innere Zwiespälte und Gegensätze in Bezug auf Welt und Seele oder Natur und Geist zu überwinden. Der spekulative Idealismus hat einen „gewissermaßen mehr hypothetischen Charakter"[66]. Frischeisen-Köhler sieht im Bildungsgedanken dieser pädagogischen Richtung die Möglichkeit, die in den beiden anderen Theorieentwürfen geschilderten Gegensätze zu überwinden. Kennzeichnend für die Bildungslehre dieser Form sind dreierlei Gesichtspunkte: „Der eine ist die Tendenz auf einen aristokratischen Individualismus, der andere die Tendenz, die absichtlichen erziehlichen Einflüsse gegenüber der organischen Selbstbildung zurücktreten zu lassen, und der dritte die Tendenz, diese Selbstbildung in einer Aneignung des geistigen Gehaltes der Welt zu begründen"[67].

Frischeisen-Köhler zieht aus der Typisierung der Erziehungslehren drei Schlüsse. *Erstens*: Trotz der zahlreichen Aufgaben und Fragestellungen, mit denen sich die Pädagogik befassen müsse, dürfe es nicht zu einer Ansammlung von disparaten Aufgaben kommen oder zu einem „methodologischen Monismus"[68]. Ziel müsse es sein, die „Wirklichkeitstotalität" in ihrer Komplexität auch auf theoretischer Ebene zu berücksichtigen. Eine Gesamtsicht auf die Pädagogik sei nur zu erreichen, wenn sie als „Wechselwirkung von Sein und Wert, von Leben und Ideal" verstanden werde.[69] *Zweitens*: Die Darstellung der einzelnen pädagogischen Theorien hat für Frischeisen-Köhler gezeigt, dass sie alle auch historische Voraussetzungen haben, die geprägt durch sittliche und religiöse Ideen in der Philosophie oder Religion verortet sind. *Drittens*: Die Frage, ob die Typisierung der Erziehungslehren in der dargebotenen Form ausreiche, lässt Frischeisen-Köhler offen und verweist darauf,

---

[63] A.a.O., S. 186.
[64] Ebda.
[65] A.a.O., S. 123-177, vgl. auch S. 187-189.
[66] A.a.O., S. 188.
[67] A.a.O., S. 191.
[68] A.a.O., S. 177.
[69] A.a.O., S. 181.

dass die „historische Induktion" zur ihrer Beantwortung nicht ausreiche.[70] Er sieht die große Aufgabe für die Pädagogik darin, eine Versöhnung und einen Ausgleich zwischen den Weltanschauungen zu finden. Als philosophischen Entwurf weist er auf die „Weltanschauungslehre" Diltheys hin, der versucht habe, die scheinbar unbeschränkte Mannigfaltigkeit philosophischer Weltanschauungen, die nicht als bloße Erzeugnisse des Denkens, sondern als Ausdruck des gesamten Lebensverhaltens und der Lebenserfahrung zu verstehen sind, in Gruppen zu systematisieren.

I.3.3. Ideal einer „einheitlichen Welt- und Lebensdeutung"

Als Fazit aus seinen Überlegungen hält Frischeisen-Köhler fest, dass es möglicherweise das Schicksal der Geistes- oder Kulturwissenschaften sei, sofern sie zu einer Systematik strebten, in einer „mittleren Region verbleiben zu müssen, welche zwar auch zu überindividueller Bedeutung sich erheben vermag [sic], aber doch darum nicht zu jener schlechthinnigen Gültigkeit aufsteigen kann, welche zugleich auch Allgemeingültigkeit beansprucht"[71]. An der sprachlich eher zurückhaltenden Formulierung lässt sich erkennen, dass Frischeisen-Köhler mit der streng logischen Form der Argumentation, wie sie für die Naturwissenschaften üblich ist, doch hadert. Seine Lösung des Problems versucht der Philosoph durch ein neues Verständnis von Objektivität zu erlangen.[72] Trotz der „letzten unüberbrückbaren Differenzen", die auch der junge Frischeisen-Köhler in seiner Klassifizierung der Weltanschauung nach Erziehungstheorien sieht, hält er doch an dem Wunsch fest, dass eine „Pädagogik", die eine allgemeine Formel der Welt- und Lebensanschauung als Grundlage hat, „noch nicht geschrieben" sei.[73]

---

[70] A.a.O., S. 193.
[71] A.a.O., S. 196.
[72] „Der Begriff der Objektivität könnte daher für die Geisteswissenschaften ein anderer als für die Naturwissenschaften sein, ohne dass doch die wissenschaftliche Strenge der Durchführung einer nur relativ objektiven Anschauung dadurch schon Einbusse[!] erlitte. Die Frage nach der Möglichkeit einer allgemeingültigen pädagogischen Wissenschaft ist daher insofern nicht richtig gestellt, als vielmehr das wichtigere ist, die Grenzen der relativen Gültigkeit der pädagogischen Theorien zu bestimmen und die Beweglichkeit ihrer immer im Fluss bleibenden Ausgestaltungen einzusehen." A.a.O., S. 197.
[73] A.a.O., S. 198.

I.4. Kunst als Möglichkeit einer menschlichen „Objektivation"[74] – Herman Nohl

Zu den einflussreichen Repräsentanten der geisteswissenschaftlichen Pädagogik darf auch Herman Nohl gezählt werden, der am 7. Oktober 1879 in Berlin geboren wurde und am 27. September 1960 in Göttingen starb.[75] Sein Studium der Geschichte, Deutschen Literatur und Philosophie absolvierte er bei Friedrich Paulsen und Wilhelm Dilthey, bei dem er 1904 mit einer Arbeit über „Sokrates und die Ethik" promoviert wurde. 1908 habilitierte er sich mit dem Werk „Die Weltanschauungen der Malerei"[76], das die Grundlage für seine weiteren anthropologischen Studien schuf. Bedingt durch die Erfahrungen im Ersten Weltkrieg verlagerte sich sein Interesse von der Philosophie und Ästhetik auf die Pädagogik, in der er die Quelle zur Aufhebung von Missständen sah, die seine Zeit bestimmten.[77] Das wachsende Bildungsbedürfnis in der Bevölkerung veranlasste Nohl dazu, zusammen mit Heinrich Weinel und Reinhard Buchwald Anfang 1919 die „Jenaer Volkshochschule" zu gründen, die binnen kurzer Zeit Modellcharakter erlangte. Anfang 1920 erhielt er den außerordentlichen Lehrstuhl für „Praktische Philosophie mit besonderer Berücksichtigung der Pädagogik" in Göttingen und wurde 1922 auf das dort neugeschaffene Ordinariat für Pädagogik berufen. Die politische Wende im Januar 1933 beurteilte Nohl anfangs positiv; er wurde jedoch 1937 zwangspensioniert und 1943 als einziger Göttinger Professor zur Fabrikarbeit eingezogen. Erst nach Kriegsende konnte er auf seinen Lehrstuhl zurückkehren, von dem er dann 1947 entpflichtet wurde.

In der folgenden Analyse der Weltanschauungsthematik im Werk von Herman Nohl werden zwei Schwerpunktsetzungen vorgenommen, die der Chronologie entsprechen, in der auch Nohl selbst sich dem Thema zugewandt hat. In einem ersten Schritt soll auf die Schriften eingegangen werden, die sich explizit mit der Weltanschauungsthematik als Phänomen der *„Ästhetischen Wirklichkeit"*[78] und damit der *Kunst* und den *Kunststilen* befassen.[79] Zu diesen

---

[74] Vgl. Dilthey, Wilhelm, Gesammelte Schriften Bd. VII, a.a.O., S. 146ff.

[75] Geißler, Georg, Herman Nohl (1879-1960), in: Scheuerl, Hans, Klassiker der Pädagogik Bd. 2, München 1991, S. 225-240.

[76] Nohl, Herman, Die Weltanschauungen der Malerei, Jena 1908.

[77] Bartels, Klaus, Die Pädagogik Herman Nohls in ihrem Verhältnis zum Werk Wilhelm Diltheys und zur heutigen Erziehungswissenschaft, Weinheim/Berlin 1968, besonders S. 24-30.

[78] Dieser Frage ist Klaus Bartels in seiner Analyse zur Pädagogik Nohls ausführlich nachgegangen. Bartels konstatiert über die „Ästhetische Wirklichkeit" bei Nohl, dass dieser nicht nur praktische Entwürfe wie Bilder oder Skulpturen, sondern auch die theoretischen Abhandlungen über die Kunst dazuzähle. Für Nohl seien Bartels zufolge vier Grundeinsichten über die Kunst und den rechten Umgang wichtig: (1) Zunächst schreibe Nohl jedem Kunstwerk eine „Eigengesetzlichkeit" zu, die sich in drei Momenten äußerst: (a) in dem künstlerischen Moment an sich, das auf die Form des Objekts gerichtet ist, (b) in einem psychologisch-analytischen Moment, das von der Rezeption des Werkes durch den Betrachter ausgehe, und (c) von einem historisch-genetischen Moment, das vom Schaffensprozess selber ausgeht. (2)

Schriften zählt die Habilitationsschrift „Die Weltanschauungen der Malerei",
in der Nohl in Anlehnung an die Typisierung der Weltanschauungen bei
Dilthey auch eine Klassifizierung der Weltanschauungen für die Kunst nachzuweisen sucht. Diesen Ansatz weitete er 1915 in seinem Aufsatz „Typische
Kunststile in Dichtung und Musik" weiter aus.[80] Beide Arbeiten liegen in un-
gekürzter Form seinem Hauptwerk „Stil und Weltanschauung" zugrunde, das
1920 in Jena erschien.[81]

In Nohls späteren Schriften wird die Weltanschauungsthematik zunehmend
auch im Kontext der *Pädagogik* verhandelt. Als Programm einer weltanschaulich und historisch bedingten Pädagogik darf der Aufsatz über „Die Theorie
der Bildung" angesehen werden, der das damals weithin ausstrahlende „Handbuch der Pädagogik" eröffnet.[82] Dieses Handbuch, das Nohl zusammen mit
Ludwig Pallat ab 1929 herausgegeben hat, erfuhr eine hohe Anzahl an
Neuauflagen, in denen die Ausführungen sprachlich etwas bereinigt, inhaltlich
aber unverändert unter dem Titel „Die pädagogische Bewegung in Deutschland und ihre Theorie" bis in die 11. Auflage abgedruckt wurden. Wie die
hohe Auflagenzahl zeigt, handelt es sich dabei um ein Standardwerk der
Pädagogik.[83] Zudem spielt die Weltanschauungsthematik auch in der Diskussion um die *Autonomie der Pädagogik*, die zu den zentralen Topoi der geisteswissenschaftlichen Pädagogik gehört, eine entscheidende Rolle. Diese
Fragestellung wird ebenfalls im zweiten Abschnitt behandelt.

Ebenfalls spricht Nohl jedem Kunstwerk eine mehrseitige „Funktion" zu. Diese kann entweder ein Ausdruck eines bestimmten Gefühls sein oder eine Form der Interpretation der Wirklichkeit oder schließlich auch eine reine Verschönerung oder Vollendung darstellen. (3) Die
dritte grundlegende Einsicht für Nohl ist, dass „jede Kunst ihre ganz eigene Aufgabe im System des Lebens" inne habe. (4) Die letzte Grundeinsicht ist zentral für die vorliegende Untersuchung: Nohl stellt die These auf, dass jede Kunst und damit jeder Künstler von einer bestimmten „Weltanschauung" beeinflusst sei, vgl. a.a.O., S. 24-25.

[79] Vgl. hierzu Bartels, Klaus, Die Pädagogik Herman Nohls, a.a.O., S. 238 (Anmerkung 69 zu
den „Titeln des ästhetischen Hauptwerkes Nohls").

[80] Vgl. Nohl, Herman, Typische Kunststile in Dichtung und Musik, Jena 1915.

[81] Im Folgenden wird auf den Band „Stil und Weltanschauung" als Textgrundlage zur Zitation
zurückgegriffen, Nohl, Herman, Stil und Weltanschauung, Jena 1920.

[82] Nohl, Herman/Pallat, Ludwig (Hg.), Handbuch der Pädagogik. Die pädagogische Bewegung
in Deutschland Bd. 1, Langensalza 1933.

[83] Einer der ersten Abschnitte mit der Überschrift „1. Die weltanschauliche und historische Be-
dingtheit des Bildungsziels", A.a.O., S. 1-7.

I.4.1. Der Zusammenhang zwischen „seelischer Struktur"
und Weltanschauung

In Anlehnung an die Klassifizierung der Weltanschauungen bei Dilthey vertritt Nohl in seiner Habilitationsschrift „Die Weltanschauungen der Malerei"
die These, dass sich die Weltanschauungen nicht nur auf philosophische Richtungen oder Schulen zurückführen ließen, sondern auch in verschiedenen
Kunstrichtungen und Stilen nachzuweisen seien. „Weltanschauung" ist für ihn
– wie er im ersten Satz seiner Habilitationsschrift klar herausstellt – eine „Seite der Malerei"[84]. Ausgehend von dieser Annahme stellt er die Frage, „ob nicht
auch die *Kunststile* in ihrem unaufhebbaren Gegeneinander aus solchen
weltanschaulich bedingten letzten Weltstellungen der Künstler abzuleiten"[85]
seien. Nohl will prüfen, inwiefern unterschiedliche Stile, die Künstler in ihren
Werken zum Ausdruck bringen oder in Traktaten (implizit oder explizit)
darlegen, sich auf unterschiedliche weltanschauliche Grundeinstellungen zurückführen lassen.

Zu fragen ist deshalb, wie sich Nohl ein Herauskristallisieren oder Ableiten
einzelner Weltanschauungen aus der Kunst vorstellt. Dazu gibt er in seiner
Habilitationsschrift folgende Antwort: „Die Aufgabe einer Weltanschauungslehre ist nun, dieser Organisation des Lebens durch jene *Urerlebnisse*[86] nachzugehen, zu zeigen, wie die verschiedenen, ja entgegengesetzten Bildungen
gleicher Formen auf entgegengesetzten Grundstellungen des Menschen zur
Welt fußen, und so die Möglichkeit des Gegensatzes von Kunst und Kunst,
Erkenntnis und Erkenntnis, Religion und Religion zu verstehen, schließlich
die Anzahl solcher Grundstellungen festzustellen und soweit es geht zu
begründen."[87] Dieser Vorgehensweise entspricht der Wunsch, „Weltanschauung" auf einen jeweils eigenen *Ursprung* oder eben ein *Urerlebnis* zurückzuführen, das im Menschen selbst seine Wurzel hätte. In einem Kunstwerk – so
Nohls These – ließen sich diese verschiedenen Urerlebnisse wieder auffinden
und einzelnen Weltanschauungen zuordnen.[88]

Eine Klassifizierung der Weltanschauungen nach Kunststilen versucht Nohl
damit zu erreichen, indem er den drei von Dilthey vorgenommenen Funktio-

---

[84] A.a.O., S. 5.

[85] A.a.O., S. 92 (Hervorhebung durch SH).

[86] Den Begriff „Urerlebnisse" leitet Nohl von Goethes Gebrauch der so genannten „Urphäno-
mene" ab. Nohl definiert „Urerlebnisse" wie folgt: „Was dem Menschen auch begegnet oder
aus ihm geschieht, es hat immer zur Voraussetzung die innere Einheit solcher ursprünglichen
– natürlich nicht zeitlich-primären – Erfahrungen, in denen die Welt, sein Eigenleben und das
Verhältnis der beiden zueinander in Leiden und Tun enthalten ist und deren Sinn alle seine
Leistungen bestimmt, so daß man, wie Cuvier aus dem Knochen das Tier rekonstruieren wollte, so hier von innen aus einem Splitter seiner Wirklichkeit den Lebenszusammenhang, aus
dem er stammt, ablesen können muß. Er [der Knochen] enthält und vertritt ein Bekenntnis
vom Ganzen'", Nohl, Herman, Stil und Weltanschauung, a.a.O., S. 13.

[87] Nohl, Herman, Stil und Weltanschauung, a.a.O., S. 15, (Hervorhebung SH).

[88] Ebda.

nen verschiedener Weltanschauungen – wie sie bereits im ersten Kapitel dieses Teils vorgestellt wurden – den Weltanschauungen zuordnet. So ordnet er (1) dem „realistischen Positivismus" das „Erkennen und Wahrnehmen" eines Menschen zu, (2) dem „objektiven Idealismus" das „Fühlen und Wollen" und schließlich (3) dem „objektiven Idealismus der Freiheit" das „Wollen und Handeln"[89]. Diese skizzenhafte Zuordnung der einzelnen Weltanschauungen aus der Geschichte soll genügen, denn von Interesse sind im vorliegenden Zusammenhang weniger die Ergebnisse der Analyse als vielmehr die Frage, welche *Grundintention* hinter dieser Form der Klassifizierung von Weltanschauung im Bereich der Kunst steht.

In Abgrenzung zu seinem Lehrer Dilthey möchte Nohl nicht bei einer Klassifizierung der Weltanschauungsstile stehenbleiben, sondern nach *Gründen* für die Entstehung unterschiedlicher Richtungen suchen. Mit diesem Schritt geht Nohl hinter die reine Klassifizierung von Weltanschauungen zurück und versucht, verstärkt nach den *inneren* Begründungszusammenhängen zu forschen. In Analogie zu den „Schichten", die sein Lehrer Dilthey für die Entstehung der „Typen der Weltanschauung" etabliert, leitet Nohl aus der „seelischen Struktur"[90] eines Menschen die „Weltanschauung" ab.[91] Damit fundiert Nohl – wie Dilthey – die Weltanschauungslehre ebenfalls in der Anthropologie.[92] Klaus Bartels stellt im Rahmen seiner Untersuchung zur Pädagogik Nohls die These auf, dass für diesen die letztendliche Fundierung der Weltanschauungslehre in der „Menschenkunde" begründet sei. Er sieht in Nohls Auseinandersetzung mit der Weltanschauungslehre von Dilthey eine Wende. Die Weltanschauungslehre sei in Nohls Theorie zunächst als ein „philosophisch-ästhetischen Problem" behandelt worden und habe sich dann zu einem eher „pädagogisch-menschenkundlichen Denken" umgewandelt.[93] Um dieser These

---

[89] Vgl. Nohl, Herman/Pallat, Ludwig, Handbuch der Pädagogik Bd 2, a.a.O., S. 73.

[90] A.a.O., S. 16.

[91] Dieser Ansatz lässt sich bereits auch bei Dilthey finden, indem er aufzuzeigen versucht, dass jede Weltanschauung ein komplexes und stufenweise aufgebautes Gebilde ist, das sich aus „Wirklichkeitserkenntnis", „Lebenswürdigung" und „praktischer Energie" zusammensetzt. Vgl. Dilthey, Wilhelm, Gesammelte Schriften Bd. VIII, a.a.O., S. 82f.

[92] Hierzu heißt es: „Ihre letzte Fundierung für uns bekommen sie aus der Analyse des Tatbestandes unserer seelischen Struktur, in welcher Erlebnis einer Außenwelt, die nur von außen erkannt werden kann, Erlebnis unserer Existenz als eines sinnvollen Ganzen im Gefühl, und Erlebnis der Willenshandlung [...] unableitbar auseinander verknüpft sind." Nohl, Herman, Stil und Weltanschauung, a.a.O., S. 16f.

[93] „Überblickt man noch einmal den Weg, den Nohls ästhetische Untersuchungen, soweit sie von Diltheys philosophischer Weltanschauungslehre ausgehen, nehmen, so kann man festhalten: Von Anfang an bringen sich in Nohls Ästhetik die anthropologische und (dann) die charakterologische Fragestellung zur Geltung. Das zeigt sich zunächst darin, daß er die von Dilthey herausgearbeiteten Strukturen der philosophischen Systeme auf letzte Einstellungen des Menschen zur Welt zurückzuführen sucht, die wiederum in einer jeweils charakteristischen Ausprägung (Beschaffenheit) der seelischen Struktur gründen. [...] Immer stärker rückt das ‚grundlegende Aufbaugesetz der menschlichen Existenz', der Schichtenaufbau der Seele, in den Vordergrund – zunächst so, daß er als anthropologisch-charakterologisches Grundprinzip der philosophischen Weltanschauungstypologie Diltheys ihre letzte Fundierung und Integ-

weiter nachzugehen, soll nun der Blick auf die Weltanschauungsthematik im Kontext der Grundgedanken der geisteswissenschaftlichen Pädagogik, nämlich der Frage nach der *Autonomie der Pädagogik* ausgeweitet werden.[94]

I.4.2. Postulat einer „Autonomie der Pädagogik"

Die Weltanschauungsthematik wird von Nohl nicht nur im Kontext von anthropologischen Fragestellungen thematisch verhandelt, sondern spielt vor allem in der bildungstheoretischen Diskussion der 20er und frühen 30er Jahre des 20. Jahrhunderts eine entscheidende Rolle. Bereits 1928 reagierte Nohl als Mitherausgeber der Zeitschrift „Die Erziehung" mit einem programmatischen Beitrag zum „Reichsschulgesetzentwurf" energisch auf eine mögliche Normierung des Volksschulwesens.[95] Nohl fühlt sich zu diesem Beitrag veranlasst, da er eine weltanschauliche Vereinnahmung der Schule befürchtete. Er appelliert entschieden an Erziehungswissenschaftler und Lehrer seiner Zeit, in einen gemeinsamen „Kampf für die Autonomie der Pädagogik"[96] einzutreten. Konkret entzündet sich die Debatte um die *Autonomie der Pädagogik* an der Grundthese des geisteswissenschaftlichen Pädagogen, dass dem Freiheitsrecht des Kindes nur nachgekommen werden könne, wenn dies in einer angemessenen Schulform wie der Gemeinschaftsschule als Aufgabe des gesamten Volkes wahrgenommen werde. Hinter diesem Anspruch stehe die Grundidee einer „Neutralität der Pädagogik", die ein Anrecht auf Allgemeingültigkeit habe.[97]

Dieser Ansatz wird dann vier Jahre später in dem programmatischen Beitrag „Die Theorie der Bildung" aufgegriffen, in dem Nohl das grundlegende Problem einer weltanschaulich und historisch bedingten Bildung und Erziehung erörtert. Eröffnet wird der Aufsatz mit der These, dass die *Pädagogik eine Kunst* sei. Sogleich wird diese These problematisiert, indem rhetorisch gefragt wird, was überhaupt die Theorie dieser Kunst sei.[98] Nohl zeigt auf, dass diese Frage bereits historisch ganz unterschiedlich in der Weise beantwortet worden sei, dass man die Pädagogik entweder aus den Naturwissenschaften oder der

---

rierung gibt, dann so, daß er diese Typologie von innen her sprengt, indem sich vom Anthropologisch-Charakterologischen her zeigt, daß die ‚metaphysische Struktur' des Menschen so reich an Möglichkeiten und Formen sein kann wie seine charakterologische Verfassung.", vgl. Bartels, Klaus, Die Pädagogik Herman Nohls in ihrem Verhältnis zum Werk Wilhelm Diltheys und zur heutigen Erziehungswissenschaft, a.a.O., S. 29f.

[94] Vgl. hierzu ausführlich Bartels, Klaus, Die Pädagogik Herman Nohls, a.a.O., S. 33-67.

[95] Nohl, Herman, Der Reichsschulgesetzentwurf, in: Die Erziehung 3 (1928), S. 40-49. – Vgl. Schiess, Gertrud, Die Diskussion um die Autonomie der Pädagogik, Weinheim/Basel 1973, S. 15-22. – Simojoki, Henrik, Evangelische Erziehungsverantwortung, a.a.O., S. 66-77.

[96] Nohl, Herman, Das Reichsschulgesetzentwurf, a.a.O., S. 40.

[97] Vgl. a.a.O., S. 47-49.

[98] Nohl, Herman, Die pädagogische Bewegung in Deutschland und ihre Theorie, Frankfurt a.M. ²1935.

Ethik abzuleiten versuchte. Nohl selber führt die unterschiedlichen Ausprägungen und Richtungen in der Pädagogik auf verschiedene „weltanschauliche Gegensätze" zurück, die sich im Verhalten des Erziehers gegenüber seinem Zögling zeigten.[99] Er leitet die verschiedenen pädagogischen Richtungen aus der Art ab, „wie ein Mensch überhaupt im und zum Leben steht"[100].

Nohl sieht in der *Autonomie der Pädagogik* eine „Emanzipationsbewegung", in der sich jede „Kulturfunktion […] aus den Bildungen von Kirche, Staat und Stand" befreit hätte.[101] Für ihn zeigt sich die „Autonomie der Pädagogik" in der „Daseins- und Funktionsweise" der „Erziehungswirklichkeit", in der sich die Grundantinomie des pädagogischen Lebens abbilde. Diese besteht für Nohl in dem Konflikt zwischen individuellen Erwartungen und gesellschaftlichen Zwängen. Nur die „Erziehungswirklichkeit" könne diese Grundantinomie des Lebens aufheben, wenn man sie – so Nohl – als „Ausgangspunkt für eine allgemeingültige Theorie der Bildung"[102] wählt. Er definiert sein Verständnis von Erziehungswirklichkeit wie folgt:

„Aus dem Leben erwachsend, aus seinen Bedürfnissen und Idealen, ist sie [die Erziehungswirklichkeit] da als ein Zusammenhang von Leistungen, durch die Geschichte hindurchgehend, sich aufbauend in Einrichtungen, Organen und Gesetzen – zugleich sich besinnend auf ihr Verfahren, ihre Ziele und Mittel, Ideale und Methoden in den Theorien – eine große objektive Wirklichkeit, wie Kunst und Wirtschaft, Recht und Wissenschaft ein relativ selbständiges Kultursystem, unabhängig von den einzelnen Subjekten, die in ihm tätig sind, und von einer eigenen Idee regiert, die in jedem echt erzieherischen Akt wirksam ist und doch wieder nur faßlich wird in ihrer geschichtlichen Entfaltung"[103].

Zusammenfassend lässt sich festhalten, dass Nohl der so genannten „Erziehungswirklichkeit" eine autonome Funktion zuspricht, die mit einer eigenen Gesetzlichkeit agiert. Ziel der Pädagogik müsse es sein, einen Ort zu finden, an dem die Pädagogik „*in gewissem Sinne* unabhängig" von den „Kämpfen" der Weltanschauungen und staatlichen oder parteilichen Beeinflussungen sei.[104] Der Erziehungswissenschaftler Heinz-Elmar Tenorth sieht in diesem Anspruch den Ansatz, dass die Vertreter der geisteswissenschaftlichen Pädagogik – jedenfalls bis 1933 – davon ausgingen, der Staat könne als „Kulturstaat" Garant für diese Autonomie „jenseits der ‚Weltanschauungen'" sein.

---

[99] „Der Erzieher steht seiner Aufgabe jedesmal ganz anders gegenüber, ob er als Positivist oder als ethischer Idealist oder als künstlerisch-schauender Pantheist lebt, und die andere Lebenshaltung mit ihrer tief greifenden kategorialen Verschiedenheit wird auch zu typisch verschiedenen pädagogischen Leistungen führen", in: Nohl, Herman, Die pädagogische Bewegung in Deutschland und ihre Theorie, a.a.O., S. 135.

[100] Ebda.

[101] A.a.O., S. 156.

[102] A.a.O., S. 150.

[103] A.a.O., S. 150f.

[104] A.a.O., S. 156.

Die Aufgabe der Pädagogen sei es, das „je begrenzte Recht der Weltanschauungen – d.h. der Erziehungsideologien und -ansprüche z.B. der Kirchen oder der sozialen Lager und Parteien – für den Erziehungsprozeß zu prüfen"[105].

Bevor nun die Linie der geisteswissenschaftlichen Pädagogik weiter verfolgt wird, soll zunächst die religionspädagogische und theologische Perspektive in der Weimarer Republik untersucht werden.

---

[105] Tenorth, Heinz-Elmar, Kulturphilosophie als Weltanschauungswissenschaft, a.a.O., S. 146.

II. Zur weltanschaulich geschlossenen Erziehung – Theologisch-pädagogische Herausforderungen

II.1. Einleitung

Mit dem Inkrafttreten der Weimarer Reichsverfassung (WRV) am 11. August 1919 wurde die Staatskirche aufgehoben, da gemäß Artikel 137 Absatz 1 das landesherrliche Kirchenregiment in Preußen wegfiel. Diese grundlegende verfassungspolitische Neuerung zog nicht nur gesellschaftspolitische Veränderungen mit sich, sondern stellte auch die Kirche und die evangelische Schulpolitik vor bis dato nicht beantwortete theologische und pädagogische Aufgaben. Weitreichende Konsequenzen ergaben sich vor allem durch die in der WRV festgeschriebene „weltanschauliche Neutralität" des Staats, denn durch die Klausel verlor die evangelische Kirche ihre Rolle als Aufsichtsinstanz für die öffentliche Erziehung (vgl. Einleitung). Die konfessionellen Schulen wie auch der Religionsunterricht sahen sich von da an in die Pflicht genommen, ihre Legitimität zu beweisen. Das Christentum, das vormals als einheitsstiftende Größe in religiösen und weltanschaulichen Fragen gedient hatte, wurde nun erstmals in der deutschen Schulgeschichte mit der Frage konfrontiert, was an die Stelle des Christentums treten sollte oder könnte. Durch die neue rechtliche Situation eröffnete sich ein weit gefächertes Spannungsfeld, das die verschiedenen religiösen und weltanschaulichen Positionierungen offen zutage legte. Ein Ort, an dem diese Spannungen besonders deutlich wurden, war die Schule, in der staatliche und kirchliche Interessen divergierten.

Bevor nun das Konzept einer „weltanschaulich geschlossenen Schule" von Otto Dibelius vorgestellt wird, soll zunächst auf den Schulkampf in der Weimarer Zeit eingegangen werden. Ebenfalls soll eine erste terminologische Annäherung an den Weltanschauungsbegriff über die Begriffe „Sittlichkeit" und „Gesinnung" versucht werden. Erst danach soll Dibelius' Erziehungskonzept auf der Grundlage einer „bestimmten geschlossenen Lebensgesinnung" vorgestellt werden.

II.2. Zum Schulkampf in der Weimarer Zeit – Plädoyer für eine „geschlossene Glaubens-Welt- und Lebensanschauung"

In den Jahren nach 1919 lässt sich trotz der politisch und gesellschaftlich gravierenden Umwälzungen eine gemeinsame Stoßrichtung ausmachen, die den Protestantismus in Deutschland eint. Ein Dokument, das das „Gesamtbewusstsein des deutschen Protestantismus" widerspiegelt,[1] liegt mit der Verfassung des „Deutschen Evangelischen Kirchenbunds"[2] (DEKB) vor. In der Verfassung des Kirchenbundes wird in §1 der Bundeszweck bestimmt, der vorsieht, „zur Wahrung und Vertretung der gemeinsamen Interessen der deutschen evangelischen Landeskirchen einen engen und dauernden Zusammenschluß derselben herbeizuführen, das Gesamtbewußtsein des deutschen Protestantismus zu pflegen und für die *religiös-sittliche Weltanschauung* der deutschen Reformation die zusammengefaßten Kräfte der deutschen Reformationskirchen einzusetzen – dies alles unter Vorbehalt der vollen Selbständigkeit der verbündeten Kirchen in Bekenntnis, Verfassung und Verwaltung"[3]. Das programmatische Bekenntnis im ersten Paragraph unterstreicht, dass der DEKB sich sowohl nach innen als auch nach außen auf eine religiös-sittliche Weltanschauung beruft, die alle deutschen Protestanten in ihrem Glauben einen soll. Als eine „reale empirische Größe" wird „ein *Gesamtbewußtsein des deutschen Protestantismus*" ausgerufen, das seine Wurzeln bereits in der „deutschen Reformation" habe. Von diesem Gesamtbewusstsein solle – so die weitere Erläuterung – eine „schöpferische Wirkung" ausgehen, die nicht nur zur „Schaffung eines gemeinen deutschen evangelischen Kirchenrechts und zahlreicher, untereinander übereinstimmender kirchlicher Gebräuche und Sitten" führe, sondern „auch in einer einheitlichen evangelischen deutschen religiös-sittlichen Weltanschauung ihren Ausdruck"[4] finden solle.

Die anzustrebende gemeinsame Aufgabe des DEKB lag im Eintreten für die religiös-sittliche Weltanschauung der deutschen Reformation. Unter dieser Zielsetzung sollten sich alle Richtungen des Protestantismus in Deutschland wiederfinden und trotz intratheologischer Differenzen zu einem einheitlichen

---

[1] Vgl. ausführlich Boberach, Heinz/Nicolaisen, Carsten/Pabst, Ruth, Handbuch der deutschen evangelischen Kirchen 1918 bis 1949. Organe – Ämter – Verbände – Personen, Göttingen 2010, hier S. 15-65.

[2] Der DEKB wurde am 25. Mai 1922 in Wittenberg gegründet. Er schloss zwar als Bundeszweck eine Reichskirche aus, stellte aber durch seine drei Organe eine feste Größe dar. Ein Organ war der Kirchentag mit 210 Mitgliedern, ein weiteres der Kirchenbundesrat, der die 28 Landeskirchen vertrat und schließlich der Kirchenausschuss, der das eigentlich leitende Organ war und durch seine 36 Mitglieder, die je zur Hälfte vom Kirchentag und vom Kirchenbundesrat gewählt wurden, vertreten war. Vgl. auch Müller-Rolli, Sebastian, Evangelische Schulpolitik in Deutschland 1918-1958. Dokumente und Darstellung, Göttingen 1998, S. 29f.

[3] Verhandlungen des Zweiten Deutschen Evangelischen Kirchentages 1921, Stuttgart 11.-15.09.1921, Berlin o.J. [1922], S. 30, (Hervorhebung SH).

[4] Ebda. S. 202 (Hervorhebung im Original).

und damit kräftebündelnden Gesamtbewusstsein führen. Wie der Terminus „Weltanschauung" in der Verfassung des DEKB konnotiert ist, findet in diesem Dokument keine explizite Erwähnung.[5] Rückschlüsse und Deutungsansätze ergeben sich jedoch aus zwei für die theologische Ethik zentralen Begriffen, die vorherrschend in direktem Zusammenhang mit Weltanschauung genannt werden: *Sitte* und *Sittlichkeit.*

II.2.1. Terminologische Annäherungen an den Weltanschauungsbegriff

Als erste terminologische Annäherungen an den Weltanschauungsbegriff sollen als Erklärungshilfen die Termini „Sittlichkeit" und „Gesinnung" Aufschluss geben. Auch wenn im Kontext der Verfassung des DEKB nicht explizit ein ethischer Entwurf benannt wird, so darf Wilhelm Herrmann[6] als einer der einflussreichsten Systematiker um die Jahrhundertwende gelten, der in seiner Ethik den Begriff der *Sittlichkeit* klar als Handlungsaufforderung begreift und mit Nachdruck das Sollen des Menschen ins Zentrum stellt.[7] Herrmann – der freilich nur für eine Position in der Dogmatik steht – vollzieht seine Überlegungen unter Ausschluss von Religion. So definiert er: „Unter der Sittlichkeit verstehen wir ein Verhalten, worin das menschliche Leben über seine von der Natur gegebene Art hinaus kommen und eine andere Art des Lebens durch seine eigene Tätigkeit gewinnen soll."[8] Sittlichkeit ist seiner Definition zufolge eine anzustrebende Tugend, die in der Zukunft liegt und die

---

[5] Klaus Scholder kommentiert diesen Passus in den 70er Jahren mit den Worten: „Das uns heute fremd gewordene Pathos dieses Begriffs [Weltanschauung] sollte doch nicht übersehen lassen, daß er damals einen lebendigen Anspruch darstellte, dessen Wahrheit und Ernsthaftigkeit außer allem Zweifel steht. Den Kern dieser gemeinprotestantischen Weltanschauung bildete der Zusammenhang von Religion und Sittlichkeit. Man war überzeugt, daß der Sinn des einzelnen Menschenlebens wie der Menschheit überhaupt in der Entwicklung einer immer höheren, immer vollkommeneren Sittlichkeit liege, und daß die christliche Religion sowohl Zweck wie Mittel dieser Entwicklung sei. Ihrer protestantischen Ausprägung fiel dabei insofern eine besondere Aufgabe zu, als sie nach protestantischer Überzeugung im Gegensatz zum dogmatisch gebundenen und autoritären Katholizismus die Freiheit als sittliches Postulat auf ihre Fahnen geschrieben hatte." Scholder, Klaus, Die Kirche und das Dritte Reich Bd. 1, Vorgeschichte und Zeit der Illusion 1918-1934, Frankfurt a.M./Berlin/Wien 1977, S. 46.

[6] Vgl. hierzu Herrmann, Wilhelm, Ethik, Tübingen [5]1913.

[7] Zum einen ist es Eilert Herms, der Wilhelm Herrmann als zentralen Systematiker benennt. Herrmanns Definition von Weltanschauung sei von Albrecht Ritschl in kaum veränderter Fassung übernommen worden. Zu den Herrmann Schülern zählen zudem Karl Barth und Rudolf Bultmann, die ihren Lehrer jedoch kritisieren. Vgl. hierzu ausführlich Herms, Eilert, „Weltanschauung" bei Friedrich Schleiermacher und Albrecht Ritschl, in: Ders., Theorie für die Praxis – Beiträge zur Theologie, München 1982, S. 121-143, hier Fußnote 11. – Zur Bedeutung von Sittlichkeit bei Herrmann vgl. auch Rohls, Jan, Protestantische Theologie der Neuzeit II. Das 20. Jahrhundert, Tübingen 1997, S. 88-93, hier S. 90f. – Vgl. auch die Ausführungen von Scholder, Klaus, Die Kirche und das Dritte Reich Bd. 1, a.a.O., S. 46f.

[8] Herrmann, Wilhelm, Ethik, a.a.O., S. 12.

nicht nach Individualität oder Selbstverwirklichung strebt, sondern in der „Selbstverleugnung" ihr Ziel finde. Die volle Entfaltung der Möglichkeiten des Menschseins ist Herrmann zufolge jedoch dann erst möglich, wenn zu der sittlichen Lebenshaltung der Glaube an die Macht der Liebe Gottes hinzukomme. Das, was dem Menschen unmöglich sei, vermöge die Kraft Gottes: „Sobald wir Gottes als der persönlichen Macht des Guten so gewiß werden, wie die Kraft der Person Jesu es in uns wirkt, und wir erfahren, daß er uns vergibt, vollzieht sich in uns die Umwandlung, in der die Frage, wie wir uns selbst verleugnen können, gelöst wird. [...] In seinem religiösen Erlebnis erreicht also der Christ die Lösung des sittlichen Problems, das auf der Menschheit liegt."[9] Jan Rohls geht in seiner Zusammenfassung der Ethik Herrmanns auf die Rolle Jesu ein, der eine sittliche Aporie des Menschen löse.[10] Rohls zufolge sei für Herrmann zentral, dass „die sittliche Erkenntnis jedem ernsthaft wollenden Menschen bewiesen werden kann, so daß sie etwas durchaus Selbständiges gegenüber Religion und Wissenschaft darstellt."[11] Entscheidend für Herrmann sei, dass die Gebote Jesu nicht nur als überlieferte Worte gelten, sondern aus ihnen eine Gesinnung erwächst, die das ganze Leben bestimmt: „Denn Jesu folgen wir in seinen [Herrmanns] Augen nur dann, wenn wir gesinnt sind wie er, und aus dieser Gesinnung heraus, ebenso selbständig wie er, von unserer Stelle aus die Richtung auf das ewige Ziel suchen."[12]

Der Gesinnungsbegriff wird als „ein fundamentalethischer Grundbegriff" definiert, der „einer der Schlüsselbegriffe einer konkreten Theorie der Sittlichkeit" ist. Sprachgeschichtlich tauche er bereits „seit dem letzten Drittel des 18. Jahrhunderts" auf und belege „die stetige und beharrliche Ausrichtung des entweder emotiv oder voluntativ verstandenen Sinnes auf ein vorschwebendes Gutes"[13].

---

[9]   Ebda.
[10] Herrmann erklärt in seiner Ethik, „daß Jesus nur dann unser Erlöser sein könne, wenn seine Person in ihrer erlösenden Kraft eine Tatsache sei, von der uns nicht bloß andere berichten, sondern die wir auch selber erleben. Die Tatsache oder das Faktum der Person Jesu ist nämlich das Bild eines Menschen, der in der Klarheit seiner sittlichen Erkenntnis und in der Kraft seines Wollens unvergleichlich ist. Und zugleich bemerken wir an diesem Bilde Jesu eine so gewaltige Überzeugung von der auf ihn gerichteten Liebe Gottes, daß er sich selber als das Ziel der Schöpfung oder als Messias zu verstehen genötigt ist, durch den das Reich Gottes kommt." Rohls, Jan, Protestantische Theologie der Neuzeit II, a.a.O., S. 90.
[11] Ebda.
[12] A.a.O., S. 91.
[13] Stock, Konrad, Art.: „Gesinnung" in: RGG Bd. 3, Tübingen [4]2000, Sp. 869-871, hier Sp. 870f.

II.2.2. Forderung nach einer geschlossenen Glaubens-, Welt- und Lebensanschauung in der Schule

In der Simultanschule erschien der Evangelischen Kirche ein bestimmtes Ideal von Erziehung hoch gefährdet, ein Ideal, das Erziehung als weltanschaulich geschlossene Prägung verstand. Die Ängste, die sich vor allem auf den Deutsch- aber auch Geschichtsunterrichts bezogen, werden in der „Erklärung des Deutschen Evangelischen Kirchenausschusses am 10. Februar 1921"[14] festgehalten. Darin heißt es im Auszug: „Insgesamt fehlt der Simultanschule die einheitliche und *geschlossene Glaubens-, Welt- und Lebensanschauung*, die für die Erziehung so außerordentlich wichtig ist. Darum treten wir mit Nachdruck für die Erhaltung der evangelischen Schule ein und fordern die Glaubensgenossen zu gleicher Stellungnahme auf. Schon das ist bedeutsam, daß Schüler und Lehrer demselben Bekenntnis angehören. Noch wichtiger ist es, daß die *evangelisch-protestantische Welt- und Lebensauffassung* das ganze Schulleben bestimmt und auch in den Lehrbüchern zum Ausdruck kommt. Auch bietet die evangelische Schule die Gewähr, daß evangelische Eltern nicht gezwungen sind, ihre Kinder andersgläubigen oder gar den Glauben des Elternhauses bekämpfenden Erziehern und Lehrern anzuvertrauen."[15]

Eine Erziehung mit dem Paradigma einer weltanschaulichen (Gesamt-) Erziehung bedurfte einer entsprechend durchgeformten Schule. Eine mögliche Verwirklichung sah man in der evangelischen Schule als Bekenntnisschule. Eine Simultanschule, in der evangelische und katholische Kinder gemeinsam nach konfessionsübergreifenden christlichen Grundsätzen unterrichtet werden sollten und einen nach Konfessionen getrennten Religionsunterricht erhalten sollten, reichte nach Meinung der Evangelischen Kirche nicht aus. Die Schule sollte nach wie vor ein Ort sein, an dem „eine innerlich begründete ‚Einheitskultur'"[16] ermöglicht werden konnte.

---

[14] Müller-Rolli, Sebastian, Evangelische Schulpolitik in Deutschland 1918-1958, Dokument 6 Der Deutsche Evangelische Kirchenausschuß: Forderung zur Schule, Göttingen 1999, S. 80-82.

[15] A.a.O., S. 81, (Hervorhebung SH).

[16] A.a.O., S. 81.

II.3. Erziehung auf der Grundlage einer „bestimmten geschlossenen Lebensgesinnung"[17] – Otto Dibelius

Friedrich Karl Otto Dibelius darf zu einem der einflussreichsten und wirkungsvollsten Männer seiner Zeit gezählt werden. Er wurde am 15. Mai 1880 in Berlin geboren und verstarb am 31. Januar 1967 ebenfalls in Berlin.[18] An seiner religiös-kirchlichen wie politischen Sozialisation hatten neben seinen Eltern auch weitere Wegbegleiter Einfluss. Zu diesen zählten der spätere Magdeburger Generalsuperintendent Max Stolte sowie Willibald Beyschlag. Letzterer war es vor allem, der Dibelius zum Theologiestudium ermutigte. Adolf v. Harnack, in dessen Seminar Dibelius als Senior fungierte, spielte ebenfalls eine bestimmende Rolle in seinem Werdegang. Schaut man auf die Lebensdaten Dibelius', so wird rasch klar, dass er die drei politischen und damit auch kirchlichen Wendepunkte, die die deutsche Geschichte in der ersten Hälfte des 20. Jahrhunderts markierten, nicht nur als Zeitgenosse, sondern als „Kirchenmann in verantwortlichen Positionen" erlebte. Hartmut Fritz weist in seiner Einleitung daraufhin, dass Dibelius alle „Krisen- und Wendepunkte", die das neue Jahrhundert prägten, miterlebte, nämlich die Jahre nach der Revolution 1918/1919, die Zeit nach der Machtergreifung der Nationalsozialisten im Januar 1933 und die Zeit nach der Befreiung von der nationalsozialistischen Herrschaft und dem Zusammenbruch des Deutschen Reiches im Jahr 1945, als Mann „im Umbruch der Zeiten"[19].

Wie viele Ämter und Funktionen Dibelius im Laufe seines Lebens bekleiden durfte, wird aus dem „Handbuch der deutschen evangelischen Kirchen 1918 bis 1949"[20] ersichtlich. Zu den hervorzuhebenden Ämtern gehört das des Geschäftsführers im so genannten „Vertrauensrat", der vom Berliner Evangelischen Oberkirchenrat (EOK) ins Leben gerufen wurde und sich mit den Problemen der kirchlichen Neuordnung nach der Revolution von 1918 befasste. Als Generalsuperintendent der Kurmark erlebte Dibelius das Jahr der Machtergreifung durch die Nationalsozialisten in der Form, dass man ihn zwangsweise und vorzeitig in den Ruhestand versetzte. Zudem war er Mitverfasser der „Freiburger Denkschrift" vom Januar 1943[21] und wirkte auch an der

---

[17] Dibelius, Otto (hg. in Verbindung mit Peter Adams und Hans Richert), Die evangelische Erziehungsschule. Ideal und Praxis, Hamburg o.J. (1920/1921), S. 23.

[18] Vgl. hierzu Fritz, Hartmut, Otto Dibelius. Ein Kirchenmann in der Zeit zwischen Monarchie und Diktatur, Göttingen 1998. – Stupperich, Robert, Otto Dibelius. Ein evangelischer Bischof im Umbruch der Zeiten, Göttingen 1989.

[19] Fritz, Hartmut, Otto Dibelius, a.a.O., S. 11.

[20] Boberach, Heinz/Nicolaisen, Carsten/Pabst, Ruth, Handbuch der deutschen evangelischen Kirchen 1918 bis 1949. Organe – Ämter – Verbände – Personen, Bd. 1 Überregionale Einrichtungen, (AKZG B 18), Göttingen 2010.

[21] Vgl. Thierfelder, Jörg, Das Kirchliche Einigungswerk des württembergischen Landesbischofs Theophil Wurm (AKZG B 1), Göttingen 1975, S. 221.

„Stuttgarter Schulderklärung" im Oktober 1945 mit.[22] Im Jahr 1945 stellte er als Bischof von Berlin und als Mitglied im zwölfköpfigen Rat der Evangelischen Kirche in Deutschland sein Engagement erneut in den Dienst der Kirche.[23] Er galt seit Beginn der Weimarer Zeit in der Schulfrage als entscheidender Protagonist der altpreußischen Union. Maßgebend für seine Position in Bezug auf schulpolitische Fragen und Entscheidungen ist ein Begriff von Erziehung, der auf der „*Grundlage einer bestimmten, geschlossenen Lebensgesinnung*"[24] basiert, der von einer gleichgesinnten oder „gesinnungseinigen"[25] Eltern-, Lehrer- und Schülerschaft" ausgeht.

Für die vorliegende Untersuchung zum Verhältnis von christlicher Erziehung und Weltanschauung ist Dibelius von Interesse, da sein Ansatz bezüglich einer evangelischen Schulpolitik und sein Verständnis von Schule allgemein auch nach dem Zweiten Weltkrieg konzeptionell und inhaltlich weitergewirkt haben. Des Weiteren ist die Position von Dibelius in Bezug auf eine evangelische Schulpolitik von Bedeutung, da sein Programm eines „gesinnungseinigen" erziehenden Unterrichts dem Prinzip des katholischen Schulideals inhaltlich nahe kommt, wie es Pius XI in der Enzyklika „Divini illius magistri" aus dem Jahr 1929 formuliert hat, und deshalb mit der katholischen Weltanschauung Äquivalenzen aufweist, die als abgeschlossenes System zu denken ist.[26]

II.3.1. Weltanschauung und die Frage der Schule als geschlossenes Ideal

Der Wunsch nach Einheit und Geschlossenheit in der Gesellschaft bildet sich auch in der Forderung nach einer „Evangelischen Erziehungsschule" ab. Die weltanschaulichen und parteipolitischen Auseinandersetzungen nach der Revolution verlangen – so Dibelius – auch nach einem Schulkonzept, das einem jungen Menschen es erlaube, sich in der Welt orientieren zu können. In dem programmatischen Band „Die evangelische Erziehungsschule. Ideal und Praxis", der in Verbindung mit Peter Adams und Hans Richert 1920/1921 herausgebracht wurde, legt Dibelius die Herausforderungen und Schwierigkeiten offen, die durch die in der WRV normierte Neutralität des Staates entstanden sind. Als weitere Quelle soll die Zeitschrift „Die Evangelische Pädagogik" herangezogen werden, zu deren Mitbegründern Dibelius gehörte. Zudem

---

[22] Vgl. Das Schuldbekenntnis von Stuttgart, Vortrag im Süddeutschen Rundfunk, Herbst 1965 (EZA Berlin, 603/NL Dibelius, A 5).

[23] Vgl. auch Fritz, Hartmut, Otto Dibelius. Ein Kirchenmann in der Zeit zwischen Monarchie und Diktatur, Göttingen 1998, S. 145-312.

[24] Dibelius, Otto, Die evangelische Erziehungsschule, a.a.O., S. 23.

[25] A.a.O., S. 43.

[26] Vgl. hierzu auch die Ausführungen von Nipkow, Karl Ernst, Die gefährdete Freiheit der Schule und Kirche – ein Nachwort, in: Müller-Rolli, Sebastian, Evangelische Schulpolitik in Deutschland 1918-1958, Göttingen 1999, S. 720-733, hier S. 724.

werden weitere Artikel aus Verbandszeitschriften als Quellengrundlage dienen, die sich im Besonderen mit der Schulfrage befassen.

Zu den Anliegen, die Dibelius in den Jahren zwischen 1919 bis 1925 couragiert verfolgte, gehört die Schulfrage, in deren Mittelpunkt die Einrichtung einer „Evangelischen Erziehungsschule" steht.[27] Den Anlass und den Ansatz für das religionspädagogische und schulpolitische Engagement der Kirche sah Dibelius in dem Ereignis der November-Revolution von 1918: „Da kam der 9. November 1918. Königskronen rollten in den Staub. Alte Ideale gingen in Trümmer. Auch das Ideal der Staatsschule brach zusammen. Denn der neue Staat, in dem wir nun leben, hat seine Legitimation zur Erziehung der Jugend verloren."[28] Für den Verlust an Legitimität führt Dibelius zwei Gründe an: Zum einen habe der aus der Revolution hervorgegangene Staat seinen damals christlichen Grundcharakter aufgegeben und so in all seinen Behörden Autorität und Glaubwürdigkeit eingebüßt. Zum anderen finde jetzt auch die Politik Eingang in die Schule; damit sei die „innere Geschlossenheit des alten staatlichen Schulwesens [...] dahin"[29].

Dibelius wollte weder zur alten Staatskirche noch zur Staatsschule der vergangenen Zeit zurückkehren. Das, was er aber über die epochale Zäsur der Revolution in die neue Zeit hinüberretten wollte, war ein konsens- und integrationsfähiges Schulideal auf der Basis eines fächerübergreifenden, den Geist der ganzen Schule bestimmenden Fundamentes: Eine einheitliche „Weltanschauung" auf der Grundlage des Christentums. Seine schulpolitische Konzeption liegt in der Monographie „Die evangelische Erziehungsschule" vor. In dieser Schrift geht er auf grundlegende erziehungstheoretische Voraussetzungen ein; seiner Auffassung nach ist Erziehung *„nur möglich auf der Grundlage einer bestimmten, geschlossenen Lebensgesinnung"*. Zur Begründung für diese Position zeichnet er die historischen Linien nach, die das Christentum zu Beginn des 20. Jahrhunderts vollzogen hat: „Die Revolution hat dem Staat seinen christlichen Charakter genommen. Gewissensfreiheit ist proklamiert. *Weltanschauung ist Privatsache.* Ob die Wirklichkeit diesem Grundsatz jemals entsprechen wird, ob nicht ein Staat, der Rechtsprechung übt und sich soziale Ziele setzt, immer von einer bestimmten Sittlichkeit ausgehen muß und von der christlichen Sittlichkeit nie wieder loskommen wird – das mag hier unerörtert bleiben. Genug: der Grundsatz ist proklamiert! Und damit ist die Legitimation des Staates zur Erziehung der Jugend dahin. Denn Jugend bilden wollen, ohne dabei von einer bestimmten Weltanschauung auszugehen, heißt an die Stelle wirklicher Erziehung eine äußerliche Ausbildung in einzelnen Fertigkeiten setzen. Eine Staatsschule ohne bestimmtes Menschheitsideal, für das sie erziehen will, wäre eine Lernschule in der schlimmsten Potenz und

---

[27] Vgl. hierzu die Ausführungen zur Massenpetition „Für die christliche Schule" von Fritz, Hartmut, Otto Dibelius, a.a.O., S. 71-78.

[28] Dibelius, Otto, Die evangelische Erziehungsschule, a.a.O., S. 22.

[29] Ebda.

ginge an inneren Widersprüchen zugrunde. Gewiß kam es auch im alten Deutschland vor, daß neben Lehrern, die im Geist des Christentums wirkten, andere standen, die ihren Schülern den Materialismus der Monisten oder das Uebermenschentum Nietzsches als Evangelium verkündigten. Aber wo es geschah, da geschah es als Ausnahme, da wurde es empfunden als eine Verkündigung gegen den Geist der Schule."[30]

In diesen Zeilen kommt deutlich die Enttäuschung von Dibelius darüber zum Ausdruck, dass Weltanschauung nicht mehr in Form des Christentums als einer Einheit stiftenden Größe vom Staat angestrebt würde, sondern dass Weltanschauung nun als rein private und damit individuelle Angelegenheit verstanden wird. Dibelius beklagt diese Entwicklung, denn mit ihr sei jede Legitimation des Staats für eine Erziehung von Kindern und Jugendlichen genommen worden. Das Fehlen einer einheitlichen Weltanschauung in Erziehungsfragen wird – so seine Prognose – an inneren Widerständen scheitern. Dibelius versteht Weltanschauung als eine „geschlossene *Lebensgesinnung*", auf die Erziehung hin ausgerichtet werden soll. Damit setzt er den Begriff der Weltanschauung mit dem Begriff der „Gesinnung" gleich. Wie bereits in der Einleitung zu diesem Kapitel angeführt, lässt sich eine terminologische Annäherung des Weltanschauungsbegriffs über *Sittlichkeit* und über *Gesinnung* herstellen.

II.3.2. Dibelius' Forderung nach einer „evangelischen Erziehungsschule" und die Folgen

Die Erziehung in der Schule soll Kinder und Jugendliche dazu befähigen, sich in der Welt orientieren zu können. Welche Theorie der Sittlichkeit dahinter steht, macht Dibelius unmissverständlich klar: Eine christliche Sittlichkeit. Er räumt jedoch ein, dass dieser Idealzustand nicht den gegenwärtigen Verhältnissen entsprechen würde, da ein Wettstreit der Weltanschauungen sich im Schulunterricht abzeichnen würde: „Im neuen Deutschland soll, was im alten Ausnahme und Verkündigung war, im Namen der Gewissensfreiheit das Normale sein[sic.]. Neben dem Religionslehrer, der das fromme Leben des christlichen Evangeliums den Schülern darstellt, soll etwa ein Lehrer des Deutschen treten, der eine neu-germanische Religion verkündet. Ein naturwissenschaftlicher Lehrer wird Haeckels ‚Welträtsel' als die Bibel der Zukunft empfehlen, und ein Zeichenlehrer wird einen neuen Aesthetizismus anpreisen als die wahre Weltanschauung des modernen Europäers."[31] Sollten sich Eltern dagegen wehren, müsse man – so kommentiert Dibelius ironisch – eine Lernschule in ihrer „völligen Nacktheit"[32] entwickeln.

---

[30] A.a.O. 23f. (Hervorhebung SH).
[31] Dibelius, Otto, Die evangelische Erziehungsschule, a.a.O., S. 24.
[32] Ebda.

Mit der Forderung nach einem geschlossenen Schulsystem setzte sich Dibelius auch mit der Konzeption einer Gemeinschafts- oder Simultanschule auseinander.[33] Garant eines solchen geschlossenen Schulideals kann nun nicht mehr der religiöse Staat, sondern nur noch die von diesem Staat getrennte evangelische Kirche sein. Nur sie könne sachgerecht und zeitgemäß das Erbe des versunkenen Staates antreten, denn nur sie bilde und vermittle die „Gesinnungseinheit evangelischen Glaubens"[34]. Daraus folgert er konsequent, dass – in paritätischer Anerkennung der katholischen Schule – die Schule konfessionell, also in einheitlichem Geist ausgerichtet und von einer geschlossenen „Weltanschauung" geprägt sei.

In der Zeitschrift „Die evangelische Pädagogik" formuliert Dibelius ein Erziehungsprogramm, das sich mit seinen Zielen, Idealen und Maßstäben dem Schulideal von Johann Heinrich Pestalozzi, Johann Friedrich Herbart, Friedrich Wilhelm Dörpfeld und Friedrich Paulsen verpflichtet sieht und auf Geschlossenheit ausgerichtet ist. Maßgebend für das diesem Programm zugrunde liegende Menschenbild ist der biblische Jesus: „Wehe dem Erzieher, der kein höheres Ziel kennt als das, ein Kind nach seinem eigenen Bilde zu gestalten. [...] In der Gestalt Jesu sehen wir das Leitbild, das dem Erzieher vor Augen stehen muß – ein Leitbild, das für die von Gott gegebene Eigenart jedes einzelnen jungen Menschen vollen Spielraum läßt und doch bestimmt genug ist, um der Erziehungsarbeit feste Geschlossenheit zu geben. In den Kräften des christlichen Glaubens sehen wir Mittel und Wege, den werdenden Menschen diesem Bilde näher zu bringen. Die Gnade Gottes, die das Evangelium verbürgt, gibt unserer Erziehungsarbeit die sieghafte Zuversicht, ohne welche Erziehung nicht fruchtbar sein kann."[35]

Als einzige wirkliche Konkurrenz zu seinem Schulmodell akzeptierte Dibelius das der Sozialdemokraten, das ebenfalls Kennzeichen der Geschlossenheit aufweisen würde.[36] Dieses Programm sei jedoch einer Erziehung verhaftet, die

---

[33] „Hier ist der Punkt, an dem die Simultanschule, die Schule der Toleranz, ihre innere Unzulänglichkeit enthüllt. Eine Schule, an der alle Weltanschauungen gleichberechtigt sind, kann keine Erziehungsschule sein!" Dibelius, Otto, Die evangelische Erziehungsschule, a.a.O., S. 55.

[34] A.a.O., S. 31.

[35] Dibelius, Otto, Zum Geleit, in: EvPäd (1926), S. 1f.

[36] Dass ein übertriebenes Nationalgefühl das Schulwesen beherrschen könne, hielt Dibelius für unwahrscheinlich, denn gerade einem solchen Nationalgefühl schiebe die Religion in der Schule einen Riegel vor: „Nationalsozialismus ohne die Vertiefung durch eine Weltanschauung von sittlichem Ernst wird zum Chauvinismus. Und für den Chauvinismus ist kein Platz im deutschen Geistesleben. Wir wollen für uns und unsere Kinder Weltanschauung, die das tiefste Leben erfaßt, die unser Bedürfnis nach Ewigkeit befriedigt. Wir wollen Religion." Trotzdem konnte Dibelius ein Jahr vor der Machtergreifung der Nationalsozialisten propagieren: „Erziehungsziel ist der christliche Mensch deutscher Art" (Sonntagsspiegel vom 31.1.1932).

die Kinder der Familie und dem Elternhaus entfremden würde, einzig und allein den Materialismus lehre, den Einzelnen der Masse zu opfern und ihn den Interessen einer partikularen Klasse auszuliefern. Als Ausweg aus diesem Dilemma sah Dibelius nur die Möglichkeit, eine „Schulgemeinde" zu gründen, zu deren Mitgliedern sowohl Lehrende und Lernende, als auch Eltern gehören sollen. Von einer christlich gesonnenen Elternschaft verspricht sich Dibelius ein antisozialistisches Resistenz- und Mobilisierungspotenzial – freilich unter der fiktiven Voraussetzung, dass die Eltern in ihrer überwiegenden Mehrheit auf einen christlichen Erziehungskonsens ansprechbar seien. Deshalb verlangt er die Stärkung des Elternrechts in den schulischen Angelegenheiten und ein entsprechendes Engagement der Gemeindeglieder bei den Elternbeiratswahlen. Diese Bestrebungstendenzen sind auch der Grund dafür, warum Dibelius einer Gleichberechtigung oder gar Vorrangstellung einer „weltlichen" Schule den Kampf angesagt hatte. Als Steuerungsmechanismen wolle er die Ausbildung und Fortbildung von Lehrern und Pfarrern in Pädagogische Akademien legen, die unter der Regie der Kirche geführt werden sollten. Als Trägerin einer solchen Akademie könne sich die Kirche einen dreifachen Vorteil versprechen: Zum einen hätte sie die Entscheidung über Zulassung oder Ablehnung der nach anwachsenden Zahl von Studienbewerbern in ihre Hand gelegt; ebenfalls hätte sie auch bei der Berufung der Professoren mitsprechen können; vor allem aber hätte sie Lehrern und Pfarrern eine berufsständische, also eine effektivere und praxisbezogene Ausbildung vermitteln können.[37]
Die schulpolitische Konzeption hat bei Dibelius das Ziel, dass Kirche und Schule zwar ineinander verzahnt sind, dass aber doch die Kirche mit ihrer geschlossenen, christlichen „Weltanschauung" der Schule übergeordnet bleibt und die kirchlich ausgebildeten Lehrer sogar durch eine Verkündigungsaufgabe kirchlich gebunden und in den Dienst und in die Pflicht der Kirche gestellt werden. Das Gegenüber von Staat und Kirche führt demnach zu einer Aufgabenteilung: Der Staat soll seiner funktionalen Aufgabe nachkommen und die entsprechenden äußeren Rahmenbedingungen und die Fachkompetenz für den Schulbetrieb schaffen, während die Kirche die Verantwortung für das pädagogische Gesamtziel aller Erziehung und Bildung an der Schule zu tragen habe. Dem Staat, der sich durch die Revolution auch auf dem Bildungssektor delegitimiert habe, dürfe die Schule nicht überlassen werden. Nicht die Schule sei die Schule der Nation, sondern die Kirche sei die Schule der Nation.

---

[37] „Die Verkündigung des Evangeliums kann nicht länger das Monopol des ordinierten Pfarrers sein. Evangelischer Religionsunterricht ist unter den neuen Verhältnissen in ganz anderem Sinn Verkündigung des Evangeliums, als er es früher war. Die Grenze zwischen der Verkündigung an die Jugend und an die Gemeinde der Erwachsenen ist fließend. Die Schranken müssen gelockert werden, die heute den evangelischen Religionslehrer einengen. Unmöglich kann der Lehrer und Organist einer Landgemeinde, der durch die Pädagogische Akademie gegangen ist, darauf beschränkt werden, gelegentlich in Vertretung des Pfarrers eine gedruckte Predigt vorzulesen. Ihm müssen neue Vollmachten für die Verkündigung gegeben werden." in: Das Evangelische Deutschland. Kirchliche Rundschau für das Gesamtgebiet des Deutschen Evangelischen Kirchenbundes (E), v. 30.3.1930, S. 108.

Dibelius sah seit der Revolution von 1918 in der Schulfrage die ganz entscheidende Frage nach dem Verhältnis von Kirche und Staat, als Nahtstelle, an der sich die Kultur und Charakterformung, Erziehung und Bildung treffen müssen.

II.3.3. Zum Wettstreit unter den Weltanschauungen – Zusammenfassung

Dibelius Bild der Familie und der Religionsgemeinschaften ist eng verbunden mit der Vorstellung eines „einheitlichen Geistes", das dazu führe, Kinder und Jugendliche zu „wahrem Menschentum" zu erziehen.[38] Betrachtet man diesen Wunsch isoliert, so mag er vor dem Hintergrund der gesellschaftlichen und politischen Verhältnisse als restaurativ und überholt gelten. Deshalb wundert es nicht, wenn er retrospektiv so gedeutet wird, dass bei Dibelius „Erziehung […] nicht auf der Grundlage eines liberalen Rechtsstaates und einer parlamentarischen Demokratie gestellt [wird], sondern an einer lutherischen Staatsethik orientiert [ist], die den parlamentarisch-demokratischen Pluralismus ‚überwinden' soll"[39]. In kritischer Distanzierung deutet Nipkow die von Dibelius geforderte „*geschlossene Lebensgesinnung*" als vormoderne Lebensform, indem er festhält: „Die evangelische Schulpolitik jener Zeit ist völlig außerstande, den Sinn von Demokratie als Lebensform zu begreifen. Unter dem beherrschenden Einfluß deutschnationalen Denkens wird der neue Parlamentarismus als wesensfremde westlich-aufklärerische Entwicklung abgelehnt. Man setzt auf ‚Erziehung' und ‚Gemeinschaft' im Sinne bergender sozialer Ordnung, die möglichst religiös verwurzelt sein soll und die in der Lage ist, der Nation ihr nationales Bewußtsein wiederzugeben."[40]

Es ist sicher richtig, dass das Erbe der evangelischen Schulpolitiker wie Dibelius – oder Oskar Hammelsbeck nach 1945 – schwierig zu verwalten war und es nötig gemacht hat, über das Verhältnis von Glaube und Bildung neu nachzudenken. Trotzdem sollte deutlich geworden sein, dass der *sittlich* orientierte Weltanschauungsbegriff bei Dibelius daraufhin zielt, sich in Auseinandersetzung mit anderen weltanschaulichen Konzeptionen zu behaupten. Es wurde erkennbar, dass es für Dibelius eine weltanschaulich neutrale Form der Erziehung, das bedeutet, eine Erziehung ohne einen weltanschaulichen Hintergrund, nicht geben kann, denn diese Form der „völligen Nacktheit", würde – so Dibelius – zu einer „Verödung unseres Schulwesens" führen und einem „Bankerott[!]" gleichkommen. Mit kämpferischen Parolen wettert er gegen solche Vorstellungen, indem er androht „bis zum äußersten" für eine weltan-

---

[38] Dibelius, Otto, Die Evangelische Erziehungsschule, a.a.O., S. 27.
[39] Nipkow, Karl Ernst, Bildung als Lebensbegleitung und Erneuerung, a.a.O., S. 44.
[40] Ebda.

schaulich – also christlich – geführte Schule zu kämpfen.[41] Auch wurde deutlich, dass ein Pluralismus von Weltanschauungen im Unterricht begrüßenswerter sei als der Versuch, einen „neutralen" Unterricht im Sinne einer reinen Lernschule abzuhalten. Die z.T. nationalistisch anmutenden Äußerungen zu einem „neu-deutschen" Unterricht können aus der historischen Distanz heraus leicht als politisches Bekenntnis gewertet werden; Dibelius selber jedoch relativiert diesen Nationalismus, indem er darauf hinweist, dass „sehr geringe Aussicht besteht, daß in Deutschland jemals ein Nationalgefühl im Sinne des französischen das Schulwesen beherrschen wird"[42].

In den Entwicklungen nach der Revolution sieht Dibelius eine drohende „Gefahr" heraufkommen, die zur „inneren Zerrüttung des deutschen Volkes" führen könne. Ihm steht jedoch vor Augen, dass es keine Alternative zu diesen Entwicklungen geben würde und ihm schlussendlich „keine Wahl" bleibe, den Ist-Zustand zu verleugnen oder zu ignorieren. So ringt er mit der Konsequenz, die aus den bestehenden pluralen Verhältnissen erfolgen: „Besser, daß getrennt nach Weltanschauungen erzogen wird, als daß in einer charakterlosen Staatsschule auf wirkliche Erziehung überhaupt verzichtet wird! Mag dann jede Weltanschauung zeigen, was sie an erziehenden Kräften besitzt!"[43]

---

[41] Dibelius, Otto, Die evangelische Erziehungsschule, a.a.O., S. 24.
[42] A.a.O., S. 25.
[43] Ebda.

ZWEITER TEIL

GLAUBE STATT WELTANSCHAUUNG –
BEGRÜNDUNG EVANGELISCHEN ERZIEHUNGSDENKENS ALS
WELTANSCHAUUNGSFREIE HALTUNG
VOR UND NACH DEM ZWEITEN WELTKRIEG

I. Zur Kritik an einer „christlichen Weltanschauung" in der Erziehungswissenschaft

I.1. Einleitung

Die Grundintention vieler Pädagogen nach dem Zweiten Weltkrieg bestand darin, sowohl theoretisch als auch praktisch an die Diskurse anzuknüpfen, die vor 1933 in der Erziehungswissenschaft geführt wurden.[1] Im Mittelpunkt der wissenschaftlichen Diskussionen stand weniger die Frage nach der „Mitschuld oder Kollaboration mit dem Regime"[2] der Nationalsozialisten, als vielmehr die Suche nach einem richtungsweisenden Neubeginn. Bezeichnend ist, dass zu den Vertretern der Universitätspädagogik, die nach 1948 an westdeutschen Hochschulen tätig waren, neben Theodor Litt, Herman Nohl, Eduard Spranger auch Wilhelm Flitner und Erich Weniger gehörten, allesamt Vertreter der geisteswissenschaftlichen Pädagogik, die bereits vor 1933 entscheidenden Einfluss auf die Erziehungswissenschaft ausgeübt hatten.[3] Es wurde also ganz bewusst auf eine personelle Kontinuität Wert gelegt. Zu den zentralen Themen, die von den führenden Vertretern aus der Erziehungswissenschaft diskutiert wurden, gehörte auch die Frage, wie Erziehung unter religiösen und/oder weltanschaulichen Gesichtspunkten geschehen kann und soll.[4] Einer der einflussreichsten Pädagogen, der sich insbesondere auch mit einer religiösen Erziehung auseinandergesetzt hat, war Wilhelm Flitner.

I.2. Das Ringen der Weltanschauungen vor 1945 – Wilhelm Flitner

Am 20. August 1889 wurde Wilhelm August Flitner in Berka als Sohn eines Eisenbahnbeamten geboren und verstarb am 21. Januar 1990 in Tübingen.[5] Auch wenn er nicht zu den Gründungsvätern der geisteswissenschaftlichen Pädagogik zählt, so steht er als Schüler von Herman Nohl ebenfalls in der Traditionslinie dieser einflussreichen pädagogischen Richtung des 20. Jahr-

---

[1]   Vgl. ausführlich Oelkers, Jürgen, Pädagogische Reform und Wandel der Erziehungswissenschaft, in: Führ, Christoph/Furck, Carl-Ludwig (Hg.), Handbuch der deutschen Bildungsgeschichte Bd. VI, München 1998, S. 217-243, besonders S. 217-223.

[2]   A.a.O., S. 220.

[3]   Vgl. Matthes, Eva, Geisteswissenschaftliche Pädagogik. Ein Lehrbuch, München 2011.

[4]   Vgl. Tenorth, Heins-Elmar, Erziehungswissenschaftliche Forschung im 20. Jahrhundert und ihre Methoden, in: Ders./Benner, Dietrich, Bildungsprozesse und Erziehungsverhältnisse im 20. Jahrhundert. Praktische Entwicklungen und Formen der Reflexion im historischen Kontext (ZP B 42), Weinheim/Basel 2000, S. 264-293.

[5]   Vgl. Scheuerl, Hans, Wilhelm Flitner, in: Ders. (Hg.), Klassiker der Pädagogik Bd. 2, München 1991, S. 277-289. – Vgl. auch ausführlich das Beiheft zur ZP: Peukert, Helmut/Scheuerl, Hans (Hg.), Wilhelm Flitner und die Frage nach einer allgemeinen Erziehungswissenschaft im 20. Jahrhundert, Weinheim/Basel 1991.

hunderts.[6] Im Alter von 20 Jahren begann Wilhelm Flitner sein Studium der Germanistik, Anglistik, Geschichte und Philosophie zunächst in München. Nach nur einem Semester wechselte er an der Universität Jena, an der er bis zu seiner Promotion im Wintersemester 1912/1913 blieb. Angeregt durch Herman Nohl machte er sich mit der Philosophie und Geschichtsbetrachtung von Wilhelm Dilthey vertraut. Nach einer Arbeit über „August Ludwig Hülsen und den Bund der Freien Männer", die als Promotion anerkannt wurde, entschied sich Flitner für ein Jahr nach Berlin zu gehen. Im Jahr 1923 habilitierte er sich in Jena.

Flitner hatte 1933 auch den nationalsozialistischen Staat begrüßt[7] und wich rückblickend in seinen Erinnerungen Fragen bezüglich seiner Person nicht aus. Er selbst wurde zwar nicht sofort zwangsemeritiert – wie seine jüdischen Kollegen William Stern und Ernst Cassirer –, aber seine Frau Elisabeth musste bereits 1933 ihre Tätigkeit in der Hamburger Erwachsenenbildung einstellen. Wegen ihres jüdischen Vaters schwebte über der ganzen Familie ständig eine elementare Bedrohung, die allgegenwärtig zu spüren war.[8] Umso intensiver wurde Flitner in den Jahren nach 1945 von öffentlichen Aufgaben in Beschlag genommen: Die Hamburger Lehrerbildung wurde wieder in die Universität eingegliedert und für die schulpraktischen und didaktischen Ausbildungsbelange mit einem eigenen pädagogischen Institut ausgestattet, dessen Aufbau und Direktion für die ersten Jahre bei Flitner lag. Ebenfalls wurde er zum pädagogischen Berater und Mitinitiator zunächst der Nordwestdeutschen Rektorenkonferenz in der britischen Besatzungszone, später der Westdeutschen Rektorenkonferenz, zu der sich 1949, zwei Monate vor Gründung der Bundesrepublik Deutschland, die Universitäten und Technischen Hochschulen des Bundesgebietes und West-Berlins zusammengeschlossen hatten. Er leitete ungefähr zehn Jahre lang deren Schulausschuss. Nicht ohne Grund wird er rückblickend als einer der meist beachteten pädagogischen Gesprächspartner sowohl der Kultusministerkonferenz als auch anderer schul- und hochschulpolitischer Gremien genannt.[9] Zu den hervorzuhebenden Ereignissen in seiner wissenschaftlichen Biographie gehört die Gründung der Zeitschrift „Die Erziehung. Monatsschrift für den Zusammenhang von Kultur und Erziehung". Diese pädagogische Zeitschrift verstand sich als ein Diskussionsforum für die im Entstehen begriffene wissenschaftliche Pädagogik. Zu den Mitherausgebern dieses einflussreichen Organs zählten auch Theodor Litt, Herman Nohl und Eduard Spranger sowie Aloys Fischer. Die Arbeit mit den Kollegen brachte Flitner als ersten Schriftleiter dazu, mit nahezu allen wichtigen (päda-

---

[6] Flitner, Wilhelm, Wilhelm Flitner, in: Pongratz, Ludwig J. (Hg.), Pädagogik in Selbstdarstellungen II, Hamburg 1976, S. 146-197.

[7] Vgl. Flitner, Wilhelm, Erinnerungen 1889-1945, in: Ders., Gesammelte Schriften Bd. 11, Paderborn 1986.

[8] A.a.O., S. 366, S. 379f.

[9] Vgl. Scheuerl, Hans, Wilhelm Flitner, a.a.O., S. 283.

gogischen) Autoren seiner Zeit in Kontakt zu treten, die in der Diskussion um die Rolle der Schule und Erziehung bemüht waren.

Im Jahr 1926 erhielt Wilhelm Flitner schließlich einen Ruf an die Pädagogische Akademie in Kiel, einer Einrichtung, die im Zuge der Akademisierung der Lehrerbildung vom preußischen Ministers Carl Heinrich Becker neu gegründet worden war. Es folgte 1929 die Berufung an die Universität Hamburg, an der bereits die Lehrerbildung als Studium innerhalb der Universität eingerichtet war. Während seiner Lehrtätigkeit an der Universität Hamburg baute er in einem Zyklus von Hauptvorlesungen, die sich mit reformpädagogischen Bestrebungen der Gegenwart und mit der Geschichte der Erziehung und des Bildungswesens befassten, nun sukzessive einen pädagogischen *Grundgedankengang* auf, dessen Struktur er erstmals in der „Systematischen Pädagogik"[10] im Jahr 1933 konzentriert darstellte.[11] Aufschlussreich für die Weltanschauungsthematik ist – ausgehend von der Dilthey'schen Analyse der Weltanschauungen – seine Darstellung eines Weltanschauungsgefüges für die Erziehungswissenschaft aufgrund anthropologischer Bestimmungen. In der folgenden Analyse werden zunächst zwei Beiträge von Flitner analysiert, die auf die Diskussionen vor 1945 Bezug nehmen: So wird zunächst auf den Vortrag „Das Bildungsproblem als Problem der Weltanschauung"[12] und auf die offen ausgetragene Diskussion um die „begrenzte pädagogische Autonomie" – die Flitner mit Friedrich Delekat führte – verhandelt. „Die Phänomene der Erziehung" sind ein Kernstück der „Allgemeinen Pädagogik" und werden auf die Anthropologie Flitners Bezug nehmen. Abschließend werden zwei Vorträge aufgenommen, die die normative Vereinnahmung der Erziehung durch Weltanschauung thematisieren.

I.2.1. Zum Konstrukt eines „Volksbildungsgedanken"

Zu einem der frühesten Dokumente, in denen sich Flitner mit der Weltanschauungsthematik auseinandersetzt, gehört der Vortrag „Das Bildungsproblem als Problem der Weltanschauung"[13], den er 1928 auf der Tagung des

---

[10] Flitner, Wilhelm, Systematische Pädagogik. Versuch eines Grundrisses zur Allgemeinen Erziehungswissenschaft, in: Ders., Gesammelte Schriften Bd. 2, Paderborn/München/Wien/Zürich 1983, S. 10-122.

[11] Vgl. Herrmann, Ulrich, „Es gibt einen pädagogischen Grundgedankengang". Das Systematische und die Systematik in Wilhelm Flitners Entwurf und Begründung der Erziehungswissenschaft, in: ZPT (26), Weinheim/Basel 1991, S. 31-46.

[12] Flitner, Wilhelm, Das Bildungsproblem als Problem der Weltanschauung, in: Ders., Gesammelte Schriften Bd. 3, Paderborn 1989, S. 29-37 (Als Manuskript erstmals abgedruckt in Tagungsberichte des Hohenrodter Bundes, 2. Bd., 6. Hohenrodter Woche 1928, Stuttgart 1929, S. 9-14, Diskussionsbericht von E. Blum S. 14-17).

[13] Flitner, Wilhelm, Das Bildungsproblem als Problem der Weltanschauung, in: Ders., Gesammelte Schriften Bd. 3, Paderborn u.a. 1989, S. 29-37; (Als Manuskript erstmals abgedruckt in

Hohenrodter Bundes hielt. Trotz der Kürze des Vortrags wird die grundlegende Problematik, die Flitner im Verhältnis von Bildung und Weltanschauung sieht, anhand des so genannten „Volksbildungsgedankens" deutlich, der im Folgenden näher erläutert werden soll. Im Rahmen seines Vortrags definiert er Weltanschauung zunächst wie folgt: „Weltanschauung – ein unschönes Wort, aber Terminus der wissenschaftlichen Sprache – bedeutet einmal Weltanschauung im *religionsfreien Sinne des Wortes* und zugleich *die religiöse Überzeugung*, den Glauben. Neben persönlicher Weltanschauung finden wir die großen kollektiv getragenen Weltanschauungen, die sprachformend und kulturformend wirken."[14] Die Unterscheidung der Weltanschauung in eine „religionsfreie" und eine „religiöse" Überzeugung deutet bereits den Konflikt an, den Flitner für sein Verständnis von Erziehung später weiter ausformuliert.[15]

Zunächst nennt Flitner die für ihn einflussreichen Weltanschauungen seiner Gegenwart; zu denen zählt er die Katholische Kirche, die Protestantische Kirche, den humanistischen Idealismus, der eine säkularisierte Form des Protestantismus sei, und den Positivismus, für den die Wissenschaft als letzte Instanz fungiere. Diese vier Weltanschauungsgruppen seien auf einen gemeinsamen Stammbaum zurückzuführen, der seine geschichtlichen Wurzeln in der Antike und im Christentum habe. Das Zusammenspiel der Weltanschauungen ließe unterschiedliche Gewichtungen erkennen, die nicht von einem gleichgewichtigen Wettstreit der Weltanschauungen untereinander ausgingen, sondern Schwerpunktsetzungen vornähmen. So würde der Katholizismus zahlreiche Lebensformen festlegen wie etwa die der Ehe. Der Positivismus hingegen spiele bei der Ausbildung von Lebens- und Volksformen eine doch geringe Rolle. Da die Lebensformen nun in ihren weltanschaulichen Begründungen mehrdeutig wären, können sie – auch wenn eine Lebensform aus einem bestimmten Bekenntnis heraus geschaffen sei – in andere weltanschauliche Systeme eingehen. Das Eindringen von weltanschaulichen Systemen in bestimmte Lebensbereiche wird von Flitner auch für die Pädagogik aufgezeigt. Hier bestehe jedoch ein Problem: Erziehung selber könne Flitner zufolge nicht von einer vollständigen weltanschaulichen Bestimmtheit ausgehen, da jede Bildungsgemeinschaft nur als Episode in einem Bildungsleben anzusehen sei. Aus dieser Grundannahme erwächst für ihn die Erkenntnis, dass sich ein Erzieher oder Pädagoge nur als „Episode" im Leben eines anderen sehen dürfe, nicht aber mehr als „Prophet"[16]. Dies führt zu der Frage, wie sich Flitner in Bezug auf die Weltanschauungen und ihr Zusammenspiel im gesellschaftli-

---

Tagungsberichte des Hohenrodter Bundes, 2. Bd., 6. Hohenrodter Woche 1928, Stuttgart 1929, S. 9-14, Diskussionsbericht von E. Blum, S. 14-17).

[14] Flitner, Wilhelm, Systematische Pädagogik, a.a.O., S. 30 (Hervorhebung SH); in der anschließenden Aussprache zum Vortrag wird durch die verschiedenen Stimmen deutlich, dass es sehr wohl Diskussionsbedarf darüber gibt, was unter Weltanschauung verstanden wird.

[15] Flitner, Wilhelm, Das Bildungsproblem als Problem der Weltanschauung, a.a.O., S. 29.

[16] A.a.O., S. 30.

chen Gefüge das Verhältnis zwischen dem Pädagogen und dem zu Erziehenden denkt.

Das Ringen der verschiedenen Weltanschauungen untereinander führe dazu, dass von einer *pädagogischen Sondergesetzlichkeit* auszugehen sei, von der keine Weltanschauung abgeleitet werden dürfe. Diese Feststellung hebe jedoch die Tatsache nicht auf, dass grundsätzlich „die pädagogische Arbeit aus einer Gebundenheit des Erziehers"[17] entstehe.

Im weiteren Verlauf seines Vortrags vollzieht Flitner – ohne dies explizit zu erwähnen – eine Ersetzung des Weltanschauungsbegriffs durch den Begriff „Bekenntnisse". Diese Ersetzung ist insofern beachtenswert, als er im Folgenden die These vertritt, dass eine Zusammenarbeit von Erziehern mitunter leichter wäre, wenn sie nicht denselben, sondern unterschiedlichen Bekenntnissen angehörten. Viel entscheidender als ein gemeinsames Bekenntnis sei vielmehr der „Volksbildungsgedanke"[18], der – wie Flitner festhält – nicht formuliert werden könne. Um doch eine Vorstellung davon zu geben, was unter dem „Volksbildungsgedanken" verstanden werden kann, führt er verschiedene Beispiele an, wie die „Ablehnung des Intellektualismus, Demut der oberen Schichten gegen die unteren, die ihrerseits die echten Rangverhältnisse der Menschen (Rang der Frau, der Mutter, der größeren geistigen Reife und der größeren Verantwortung) anerkennen"[19]. Ebenfalls sei die Ausbildung einer so genannten „weltmännischen Form" von Bedeutung, unter der Flitner eine Haltung der Menschen versteht, die sich – jenseits des Parteilebens – für eine gerechte und verantwortbare Arbeitswelt einsetzen.[20] Da das Bildungsideal eines „Volksbildungsgedankens" überall anzutreffen sei, könne es über unterschiedliche „weltanschauliche Gruppen" in die Gesellschaft hineinwirken.

I.2.2. Die Freiheit des Menschen als Grenze – Diskussionen vor 1945

An der Diskussion um die *pädagogische Autonomie*, wie sie im ersten Teil dieser Untersuchung bereits angeführt wurde, ist maßgeblich auch Wilhelm Flitner beteiligt, der sich in den 30er Jahren nicht nur mit normativen und ethischen Aspekten der Pädagogik, sondern auch mit theoretischen Studien befasste. Im Mittelpunkt der Diskussion stand auch vor Beginn der Machtergreifung durch die Nationalsozialisten die Frage nach der *Autonomie der Pädagogik*, die Flitner – gerade in Auseinandersetzung mit Friedrich Delekat – zu klaren weltanschaulichen Positionierungen bewegte. Um die Kontinuitäten in der Diskussion um die pädagogische Autonomie klar herauszustellen,

---

[17] Ebda.
[18] A.a.O., 33.
[19] Ebda.
[20] Ebda.

soll zunächst auf Flitners „Bemerkungen zu Friedrich Delekats Aufsatz über das Reichsschulgesetz"[21] von 1928 eingegangen werden.[22]

Die Ausführungen thematisieren vordergründig die Theorie der Gemeinschaftsschule, implizieren jedoch klare Bekenntnisse über die weltanschauliche Ausrichtung der Erziehung und die Aufgabe des Erziehers gegenüber den so genannten „Erziehungsmächten" und seinem Zögling. Zunächst versucht Flitner in seinen Bemerkungen klarzustellen, dass die pädagogische Theorie nicht von einer absoluten Autonomie – wie Delekat ihr unterstellt – ausgehen könne, sondern nur von der „begrenzten Autonomie"[23]. Die erzieherische Arbeit sei von „Idealsetzungen" mitbestimmt, in denen die Erzieher nicht „Sondermenschen" seien, die sich wie in einem Elfenbeinturm die Ideale ersinnen würden; vielmehr seien die Erzieher selbst „von gesellschaftlichen Kräften oder Mächten ihres Volkes, von politischer Parteinahme, Zugehörigkeit zu sozialen Schichten und von ihrer wirtschaftlichen Stellung" abhängig; die Abhängigkeit der Erzieher von „Prägungen" fasst Flitner wie folgt zusammen: „In ihrer Weltanschauung mögen die Erzieher ganz individuell sein – sie sind doch immer Individualität [sic] innerhalb eines umfassenden Gebildes, Systems, einer Geistesrichtung, einer kollektiv geformten ‚Weltanschauung‘"[24].

Flitner zufolge nehme die Pädagogik schon seit längerem aufmerksam dieses Abhängigkeiten und Verflechtungen in weltanschauliche Gegebenheiten wahr. Klar stellt er heraus, dass jede erzieherische Entscheidung oder Handlung sich „zugleich als politisch, wirtschaftlich, also gesellschaftlich festgelegt und folgenreich" erweist und „so inmitten einer Weltanschauung und im (säkularisierten Sinne) eines Glaubens"[25] steht. Dies sei das Erbe der Kulturkritik, die – in apologetischer Frontstellung zu positivistischen Überzeugungen – auf die geisteswissenschaftliche Denkweise aufmerksam gemacht habe. Kennzeichen der europäischen Kultur sei die kulturphilosophische Betrachtung der modernen Pädagogik. Der moderne Mensch würde – so Flitners Erklärung über das Zusammenwirken der Kulturgebiete – beides erfahren: „Abhängigkeit, Sondergesetzlichkeit der einzelnen Kulturarbeiten, und zuletzt das Ganze der Kultur"[26]. Flitner fragt weiter, worin der Erzieher selbst in seiner bildenden Tätigkeit erfahre, dass „er einen relativ autonomen Raum freien Schaffens"[27] habe. Diese Aufgabe versucht er durch die Beschreibung des Verhältnisses des Erziehers zu seinem Zögling zu ermitteln.

---

[21] Flitner, Wilhelm, Zum Begriff der pädagogischen Autonomie. Bemerkungen zu Friedrich Delekats Aufsatz über das Reichsschulgesetz, in: Ders., Gesammelte Schriften Bd. 3, S. 237-252.

[22] Vgl. hierzu ausführlich Simojoki, Henrik, Evangelische Erziehungsverantwortung. Eine religionspädagogische Untersuchung zum Werk Friedrich Delekats, Tübingen 2008, S. 70-77.

[23] A.a.O., S. 238.

[24] A.a.O., S. 239f. (Hervorhebung SH).

[25] A.a.O., S. 240.

[26] A.a.O., S. 242.

[27] A.a.O., S. 243.

Entscheidend für das Verhältnis zwischen Erzieher und Zögling ist für Flitner die Frage, worin der Erzieher in seiner konkreten Arbeit erfährt, dass er einen relativ autonomen Raum beanspruchen darf. Die Antwort lautet: Durch die „Eigengesetzlichkeit der Kulturmächte"[28], die zunächst politische, gesellschaftliche, wirtschaftliche oder auch kirchliche Mächte sind. Der Erzieher selbst vermöge nur in den Inhalten zu wirken, die diese Mächte ihm geben, er selber wirke aus ihnen heraus, indem er selbst sich ihnen eingliedert.[29] Religiös konnotiert drückt Flitner das mit der Wendung aus: „der Erzieher wird *in erzieherischem Geiste* auf diese Gliedschaft hinwirken." In metaphorischer Sprache umschreibt er das Verhältnis so, dass der Erzieher seinen Zögling davor bewahre, in „unritterlicher, humorloser, unfreier Weise Glied jener Mächte zu werden, ihr Sklave [...] statt ihr Kind"[30]. Im „*Notfall*"[31] – also im Falle, dass Streit zwischen den Mächten entstünde – müsse der Erzieher „Anwalt des Kindes" werden, was zugleich bedeuten würde, dass er „Anwalt der einen Macht gegen die andere" werde. Dahinter steht bei Flitner die einende Idee, dass es hinter allem eine höhere Macht gebe, die alles eine: *„einer dem letzten Wissen vom Menschen gemäßen Gemeinschaft, die heute und hier anerkannt werden soll: einem wirklichen Volke".*[32]

Zusammenfassend lässt sich festhalten, dass – auch wenn Flitner sich noch so sehr bemüht – die *begrenzte Autonomie* des Erziehers gegenüber den Mächten zu beschreiben, letztlich die Abhängigkeit des Erziehers in den gesellschaftlich-kirchlichen Bindungen bestehen bleibt. Der Konflikt zwischen Delekat und Flitner verdeutlicht die Grundproblematik, dass Erziehung nicht kultur- und weltanschaulich neutral gedacht werden kann, da sie unumgänglich an den bestehenden ökonomischen Zwängen, gesellschaftlichen Konflikten und weltanschaulichen Spannungen teil hat. Für Flitner wird der „den geschichtlich-gesellschaftlichen Bindungen gegenüber freie, obwohl gleichzeitig in ihnen gebundene erzieherische Wille [...] offenkundig in den Konflikten der erziehenden Mächte"[33].

---

[28] Ebda.
[29] Ebda.
[30] Ebda.
[31] A.a.O., S. 244.
[32] Ebda.
[33] A.a.O., S. 247.

I.3. Über die „Phänomene der Erziehung"

Zu den „Hauptwerken der Pädagogik"[34] darf Wilhelm Flitners Schrift „Systematische Pädagogik" gezählt werden, die im Jahr 1933 – also zu Beginn der nationalsozialistischen Ära – in ihrer Erstauflage erschien. Nach dem Zweiten Weltkrieg wurde sie ab 1950 unter dem Titel „Allgemeine Pädagogik" als erweiterte Auflage gedruckt und erfuhr insgesamt vierzehn Auflagen. Die Wirkungsgeschichte der umgearbeiteten Neuauflage behält zwar die systematische Struktur bei, bietet aber zugleich etliche Ergänzungen und Umarbeitungen.[35] In der Vorbemerkung zur „Systematischen Pädagogik" formuliert Flitner einen nicht marginalen Anspruch: Er möchte nichts Geringeres als „eine neue Behandlungsart seiner Wissenschaft"[36] – der Pädagogik. Diese Äußerung lässt erkennen, dass er in seiner Schrift grundlegend die Konstitution der Pädagogik im Blick hat, wie sie in den 20er und 30er Jahren des 20. Jahrhunderts von den führenden Vertretern des Faches praktiziert wurde. Die zweite Auflage Flitners zentraler Erziehungsschrift wurde im Ganzen gründlich überarbeitet und nicht unwesentlich erweitert. Vor allem ist sie in diesem Kapitel für die Analyse von Interesse, da sie nach 1950 eine breite Rezeption erfuhr.

Der Fokus liegt nun vor allem auf dem „Phänomen der Erziehung"[37], wie sie in beiden Fassungen – vor und nach dem zweiten Weltkrieg – thematisiert wird. Wie bei Dilthey, Frischeisen-Köhler und Nohl lässt sich auch bei Flitner der Wunsch erkennen, die Phänomene der Erziehung unter bestimmten Sichtweisen oder Betrachtungen des Menschen allgemein zu subsummieren und zu klassifizieren. Jede dieser Betrachtungsweisen soll gesondert vorgestellt werden.[38] Zu den Betrachtungsweisen rechnet Flitner eine humanbiologische, eine geschichtlich-gesellschaftliche, eine geistige Erweckung und eine personale.

(1) Durch die *humanbiologische* Betrachtung, die die anthropologische Sichtweise des Menschen im Blick hat, lässt sich das erzieherische Phänomen beschreiben als „Prozeß *des Wachsens und Reifens der Jungen, verbunden mit den gesamten Vorgängen, durch welche die Erwachsenen jenen Prozeß schützen und unterstützen*"[39]. In einer sehr weit getriebenen Abstraktion lässt sich

---

[34] Matthes, Eva, Wilhelm Flitner. Allgemeine Pädagogik, in: Böhm, Winfried/Fuchs, Birgitta/Seichter, Sabine, Hauptwerke der Pädagogik, Paderborn 2009, S. 137-139.

[35] Flitner, Wilhelm, Systematische Pädagogik, in: Ders., Gesammelte Schriften Bd. 2, Paderborn/München/Wien/Zürich 1983, S. 9-122. – Flitner, Wilhelm, Allgemeine Pädagogik, in: Ders., Gesammelte Schriften Bd. 2, Paderborn/München/Wien/Zürich 1983, S. 123-297.

[36] Flitner, Wilhelm, Systematische Pädagogik, a.a.O., S. 9.

[37] Vgl. hierzu die Überschriften des jeweils „Erstens Abschnitts" in der „Systematischen Pädagogik" und in der „Allgemeinen Pädagogik", Flitner, Wilhelm, Systematische Pädagogik, in: Ders., Gesammelte Schriften Bd. 2, a.a.O., S. 26-53. – Flitner, Wilhelm, Allgemeine Pädagogik, in: Ders., Gesammelte Schriften Bd. 2, a.a.O., S. 137-179.

[38] A.a.O., S. 170.

[39] A.a.O., S. 142.

Flitner zufolge der Mensch zunächst als Exemplar seiner Gattung betrachten und mit anderen Lebewesen vergleichen: Als höherer Säuger, der in besonderem Maße auf Lernanreize und spielerische Stimulationen zum Aufbau seines Verhaltensrepertoires angewiesen sei. Seine Verwandtschaften wie seine Sonderstellung im Tierreich ließen sich im Blick auf seinen Erziehungs- und Entwicklungsgang herausarbeiten. In dieser Abstraktion erscheint Erziehung als Inbegriff aller Hilfen, die die Erwachsenen den Aufwachsenden gewähren sollten, um deren Reifungs- und Lernprozesse zu schützen und zu unterstützen.

(2) Die zweite, *geschichtlich-gesellschaftliche* Betrachtungsweise der Erziehung, sei ergänzend zu verstehen, da sie den *„Tatbestand der Tradition und des Eingliederungsbestrebens"*[40] im Blick habe. Der Mensch sei nicht nur zoologischer Organismus, sondern auch „zoon politikon", ein Wesen, das zur Verwirklichung seiner Natur auf die Kultur angewiesen sei. Kulturen aber seien jeweils historisch gegeben, ihre Lebensordnungen hätten Geschichte und seien nicht überall gleich. Diese *geschichtlich-gesellschaftliche* Betrachtung zeigt Flitner zufolge, dass Kulturen wie Subkulturen für den Menschen zu einer zweiten Natur geworden seien: Ihre Sitten und Sprachen, ihr Sehen und Denken, ihr Wissen und Können machten den realen Inhalt für die jeweilige Erziehung der jüngeren Generation aus, gäben ihr die historische Substanz, wo die Natur den Menschen offen und unfertig gelassen habe. Erziehung bestehe so verstanden in dem doppelseitigen Prozess, in dem die historischen Ordnungen sich durch Überlieferung regenerieren, während gleichzeitig die Aufwachsenden der je neuen Generation in diese Ordnungen soweit eingegliedert würden, dass sie darin ihre Rollen übernehmen könnten und zur Mitsprache fähig würden.

(3) Die dritte Betrachtungsweise, die Erziehung nun als *geistige Erweckung* sieht, ist für die vorliegende Fragestellung nach dem Verhältnis von Weltanschauung und Erziehung zentral: Hier geht es primär um „[d]ie Erweckung zum rechten Geiste, [...] das Erwachen zur Wertsicht und das Ergriffenwerden von dem Sinn einer guten Sache"[41]. Folgt man den Ausführungen Flitners, so lässt sich Folgendes finden: „Wenn ein Erzieher seinem Jünger den rechten Geist übertragen will, so muß er das produktive Ich des anderen zu befreien suchen; dieses muß sich dann in der ganzen Person von innen her durchsetzen. In solcher Perspektive läuft alle ‚Fremderziehung' auf ‚Selbsterziehung' hinaus und muß versuchen, sich selbst allmählich überflüssig zu machen. Das Erziehungsverhältnis entsteht daher im *geistigen Verkehr zwischen den lebendigen Trägern der Tradition und denen, die in denselben Traditionen zwar mitleben, aber dem Sinngehalt ihrer Ordnungen und Werke nicht voll aufgeschlossen sind.* Der erzieherische Prozeß besteht dann darin, den Sinn zu wecken für den Geist, der jene Ordnungen oder Werke eigentlich erschaffen

---

[40] A.a.O., S. 150.
[41] A.a.O., S. 158.

hat und beseelt, und dieser Geist wird auf seinen ideellen Punkt zu beziehen sein. Die Erziehung hat deshalb die Funktion, *die kulturelle Überlieferung* nicht nur mechanisch-vital fortzusetzen, sondern sie *geistig zu verlebendigen.*"[42]

(4) Die vierte, die so genannte *personale* Betrachtungsweise, zielt auf die Personalität des Menschen und den „Personbegriff"[43]. Hier ringt Flitner damit, einer christlichen Sichtweise der Person die nun aufkommenden „außerchristlichen" und „außerbiblischen" Positionen gegenüberzustellen. Er favorisiert klar den am christlichen Glauben orientierten Personenbegriff, da nur in ihm sich das „Ich in seinen Zuständen […] identisch setzt, daß es auch den anderen Menschen als eine solche Person ansieht, daß es sich dem anderen verantwortlich weiß und daß es diese Verantwortung einem transzendenten, göttlichen Anspruch gegenüber trägt."[44] Die Unsicherheit darüber, inwieweit der Personalitätsbegriff auf der Grundlage anderer Religionen aufrechtzuerhalten sei, lässt sich seiner Meinung nach „aus der heutigen Auseinandersetzung zwischen dem Abendland und dem buddhistischen, konfuzianischen und hinduistischen Osten noch kaum übersehen"[45].

Mit dieser Aussage spricht Flitner genau die Verwirrung darüber an, wie das Aufeinandertreffen unterschiedlicher Weltsichten in Bezug auf Erziehungsfragen unbeantwortet sei: „In den Bestrebungen nach pädagogischer Kooperation zwischen den Weltvölkern wird es [eine Positionierung bezüglich der Weltanschauungen] von entscheidender Bedeutung sein. Vor allem werden die christlichen Missionen und die jungen christlichen Kirchen in der östlichen Welt auf diese Frage als auf eine pädagogisch zentrale stoßen."[46] Flitner sieht den gegenwärtigen Nihilismus und Materialismus, die zwar noch eine Form des Humanismus aufrechterhalten wollten, de facto aber den Menschen in seinem Standpunkt des Verzweifelten nur bestätigen würden, als Grund für die „Entwurzelung" des Menschen. In dieser vierten Betrachtungsweise lässt sich eine erklärte Haltung gegen die Weltanschauung der Nihilisten, Materialisten und Humanisten finden. Die Frage, ob und in welcher Form sich ein christlicher Personalitätsbegriff durchsetzen könne, wird von Flitner nicht thematisiert.

---

[42] A.a.O., S. 158.
[43] A.a.O., S. 161.
[44] Ebda.
[45] A.a.O., S. 163.
[46] Ebda.

I.4. Normativen Vereinnahmung von Erziehung durch konfessionelle und weltanschauliche Perspektiven

Für Flitner stellt sich die Rolle der Kirche in Deutschland nach dem Zweiten Weltkrieg völlig verändert dar. Als zentrale Aufgabe für die Pädagogik weist er das Problem einer normativen Vereinnahmung von Erziehung durch konfessionelle und weltanschauliche Perspektiven aus. Sein erklärtes Ziel ist es, Fragen der Erziehung ganz neu zu durchdenken und Lösungsansätze aufzuzeigen. Im Rahmen seiner vielfältigen schul- und hochschulpolitischen Verpflichtungen hält er mehrere Vorträge, die sich mit der Frage nach religiösen und weltanschaulichen Implikationen nicht nur in Schule und Unterricht, sondern in allen Lebensbezügen auseinandersetzen. Zum zentralen Gegenstand wird die Weltanschauungsthematik in seinem Vortrag „Erziehungswissenschaft und kirchliche Pädagogik" von 1951 und in seinem Vortrag „Pädagogisches Problem der Erziehung in den Demokratien"[47] von 1955, den er in Bad Homburg hielt.

I.4.1. Zum Verhältnis von Erziehungswissenschaft und kirchlicher Pädagogik

Die Verhältnisbestimmung von Religion und Pädagogik beginnt Flitner in seinem 1951 gehaltenen Vortrag zum Thema „Erziehungswissenschaft und kirchliche Pädagogik"[48] in historischem Rekurs auf die weltanschaulichen Auseinandersetzungen seit 1900: So habe sich durch die Übersetzung von Kierkegaards Schriften und dem Erscheinen zentraler Werke wie „Ich und Du" von Ferdinand Ebner oder Eberhard Grisebachs „Gegenwart" ein Umbruch abgezeichnet, der in einen „allgemeinen Kampf gegen den Platonismus, gegen die idealistische Metaphysik und Anthropologie [mündete]; schließlich enthielt er eine Spitze gegen den europäischen Humanismus. Während sich bisher nur das naturalistische und linkshegelianische Lager im Gegensatz zum Idealismus und Humanismus befunden hatte, löste sich nun auch das gläubige Christentum von diesen Strömungen los, die im Erziehungswesen lange den Ton bestimmt hatten."[49]

Die neue politische wie gesellschaftliche Situation nach 1945 wirft für Flitner die Frage auf, inwiefern die Kirche ihre Abseitsstellung verlassen müsse, um sich erneut Fragen der „weltlichen Gesittung" zuzuwenden.[50] Die erzie-

---

[47] Flitner, Wilhelm, Pädagogisches Problem der Erziehung in den Demokratien, in: Ders., Gesammelte Schriften Bd. 3., a.a.O., S. 85-94 (Vortrag gehalten auf: Hessische Hochschulwochen für staatswissenschaftliche Fortbildung, 19.-29. Februar 1956 in Bad Wildungen.

[48] Flitner, Wilhelm, Erziehungswissenschaft und kirchliche Pädagogik, in: Ders., Gesammelte Schriften Bd. 3., a.a.O., S. 38-55.

[49] A.a.O., S. 38.

[50] A.a.O., S. 41.

hende Kraft der Kirche müsse eine dreifache Blickrichtung haben: (1) In Bezug auf Fragen der allgemeinen Erziehungspraktiken und (2) in Bezug auf eine „evangelische Pädagogik", die nicht nur im Rahmen einer Erziehungslehre für den Religionsunterricht stehen könne. (3) Schließlich solle die Kirche auch die wissenschaftliche Pädagogik reflektiert wahrnehmen.

Um das Gespräch zwischen der Erziehungswissenschaft und der kirchlichen Pädagogik vor Missverständnissen zu bewahren, legt Flitner in drei sich zum Teil ergänzenden oder konkretisierenden Argumentationslinien dar, wie er die Verhältnisbestimmung zwischen Erziehungswissenschaft und Theologie versteht. Die erste grundlegende Betrachtungsweise, die an die Auseinandersetzung in den 20er Jahren anknüpft, legt den Zuhörern nahe, dass man sich „von der *Existenz und Funktion einer pädagogischen Theorie*"[51] überzeuge und diese nicht mit einer konfessionellen Wissenschaft oder mit einer evangelischen Erziehungslehre verwechseln dürfe. Erst im Zusammenspiel von Kirche, Staat und Gesellschaft könne eine „wesensmäßig einheitliche Aufgabe der Erziehung und Bildung" geleistet werden. Interessanterweise greift Flitner hier nicht nationale Interessen, sondern internationale auf: „Wir Europäer leiden heute daran, daß alle diese erziehenden Potenzen [Kirche, Staat und Gesellschaft] auseinanderstreben, während nur ihr Zusammenwirken die ‚Einheit des Erziehungsgeschäfts'"[52] gewährleisten könne.

Die zweite Vorbetrachtung ist von besonderem Interesse, da sie nun den „‚weltanschaulichen' philosophischen und glaubensmäßigen Inhalt der Erziehungswissenschaft"[53] betrifft. Die Chancen und Grenzen, sieht Flitner wie folgt: „Glaubensmäßige Voraussetzungen des Forschenden und Studierenden sind demnach so wenig wie ethische Bewertungen und philosophische Konzeptionen aus der strengen und kritischen Wissenschaft auszuschalten. Sie bilden vielmehr ihren tragenden Grund. Andererseits sind aber ihre Resultate keineswegs aus diesen Voraussetzungen zu deduzieren. Die pädagogischen Phänomene sind vielmehr ihrerseits eine Quelle, aus denen philosophisch-theologische Konzeptionen gespeist werden, wie Frischeisen-Köhler überzeugend dargetan hat. Sie sind ein selbständiges Feld der Lebensorientierung, der Erfahrung und der Betrachtung."[54] Flitner wünscht sich explizit eine Kommunikation und Kooperation der (Erziehungs-) Wissenschaft über alle Glaubenspositionen und philosophischen Schulen hinweg und sieht darin eine Chance.

---

[51] A.a.O., S. 42.
[52] A.a.O., S. 44.
[53] A.a.O., S. 45.
[54] A.a.O., S. 46. In Bezug auf die Arbeit von Wissenschaftlern hält Flitner weiter fest: „Wir wünschen uns darum gläubige Christen in der Forschung, weil sie Tatbestände aufhellen, die sich im Licht des christlichen Lebensverständnisses richtiger und umfassender zeigen als von anderen Positionen her; wir brauchen aber auch das *sic et non* der Andersdenkenden in ihr, will sie uns vor Kurzschlüssen und vor der Gefahr des Ghettos bewahren." A.a.O., S. 46f.

Eine dritte Argumentationslinie soll vor Fehldeutungen kirchlicher und pädagogischer Einschätzungen bewahren, wie sie u.a. zwischen 1890 und 1910 zum Vorschein gekommen seien.[55] Die Gefahr eines Verkennens liege nach Flitner nahe, wenn man die reformpädagogischen Erziehungslehren studiere; denn dort sei die neue Erziehung mit Auffassungen vom Menschen begründet, die einer theologischen und philosophischen Kritik nicht Stand hielten: „In ihnen drückt sich vielmehr genau die weltanschauliche und theologische Situation zwischen 1890 und 1910 aus, also die liberale Schule der Theologie, der Pragmatismus von James, der Evolutionismus von Spencer bis Wundt, die neue idealistische Metaphysik der Wertphilosophen und Neukantianer usw. Aber eben hier gilt es, die weltanschaulichen Ausdeutungen von den spezifisch pädagogischen Motiven trotz der engen Verschmelzung beider abzulösen, in fremder Sprache ausgedrückte Wahrheit in die eigene theologisch-philosophische Denkart zurückzuholen, das echte Anliegen der Pädagogen zu beherzigen."[56]

Aus den oben angeführten Vorbetrachtungsweisen erwächst nach Flitner ein „*Problem des Erziehungsziels*"[57]: Da sowohl die rein säkulare wie auch die konfessionelle Pädagogik zu Ende gegangen sei, insofern sie die alten gesellschaftlichen Verhältnisse zugrunde legten oder den Stand der neueren Geistesbildung ignorierten, so sei aber keineswegs die pädagogische Tradition – weder die geistlichen noch die weltlichen – so erloschen, dass sie mit ihrem Gehalt „umgebildet" werden könnten. Bisherige Versuche, aus einer „christlichen Persönlichkeit" die Gestalt eines Erziehungssystems abzuleiten, hätten zu „leeren, tautologischen Forderungen" geführt.[58]

Aus diesen Ausführungen wird deutlich, dass Erziehung und Bildung für Flitner Prozesse „geistigen Verkehrs" bzw. „geistigen Umgangs" sind, die davon abhängen, ob (kirchlich-religiöse) Lebensformen in einem gestalthaften Strukturzusammenhang der Lebensvollzüge Grunderfahrungen ermöglichen, die den jungen Menschen in seinem Gemüt berühren und in seinem Geist anregen. Diese Verhältnisbestimmung zwischen religiösem Glauben und Erziehung zeigen, dass Flitner einer religiösen, aus dem Glauben getragenen und verantworteten Erziehung positiv und zugewandt gegenübersteht.

---

[55] A.a.O., S. 48.

[56] A.a.O., S. 48f.

[57] A.a.O., S. 52.

[58] „Der Marxist, der Naturalist, der idealistische Metaphysiker, der Lutheraner oder Katholik stellen die Formel auf, die in ihrer Glaubensposition bereits enthalten war, pädagogisch aber nichts Neues ergab. Pädagogisch wirksam werden ‚Erziehungsziele' erst, wenn sie eine gesellschaftliche ‚*Lebensform*' ergeben: einen Typus der Lebensordnungen, der Sitte und Selbstbeurteilung, der ein Vorbild, ein Musterhaftes deutlich werden läßt. Solche Formen bildet jedes Haus, in dem ein bestimmter Geist waltet, jede Familie, Schulklasse, Schul- und Kirchengemeinde, die Universität, das Internat, die Zukunft, die Betriebsgemeinschaft und wo sonst der Geist waltet, wo in Sitten gelebt und aus ihnen erzogen wird." A.a.O., S. 53.

I.4.2. Zur Auswahl der Bildungsinhalte – Problem einer normativen Vereinnahmung der Erziehung durch Weltanschauung

Dem Problem einer normativen Vereinnahmung der Erziehung durch weltanschauliche Positionen widmet sich Flitner eingängig in einem Vortrag über „Pädagogische Probleme der Erziehung in den Demokratien"[59]. Der 1955 gehaltene Vortrag beginnt mit der Grundsatzproblematik, ob und inwiefern die „ostzonalen Pädagogen"[60] mit in das Gespräch einbezogen werden könnten. Dieser Option erteilt Flitner eine klare Absage mit der Begründung, dass man es in einem gemeinsamen Diskurs mit festgelegten Denkstrukturen der „marxistisch-leninistischen Richtung" zu tun hätte, die kein echtes Gespräch ermöglichen würden. In apologetischer Frontstellung werden die Kollegen als „Gegner" betitelt, denen man „nicht gefahrlos" eine eigene Idee „entgegenstellen" könnte"[61]. Das Vokabular mit dem Flitner sein Verhältnis zu den Kollegen im Osten beschreibt, bewegt sich semantisch in der Terminologie des Krieges; dadurch verstärkt er auf sprachlicher Ebene nicht nur seine grundlegende Ablehnung gegen die welt-anschauliche Haltung der Kollegen, sondern verweigert auch einen möglichen Dialog, um gemeinsam über Erziehungs- und Bildungsfragen nachzudenken.

Mit leicht ironischem Unterton gesteht er ein, dass „ein Gesellschafts- und Staatsideal utopischer Form, begründet auf eine[r] einheitlichen[n] ‚Weltanschauung‘"[62] zwar bestechend, nach westlicher Auffassung einem jungen Menschen aufgrund der Mannigfaltigkeit der Positionen jedoch nicht zu bieten sei. Die anzustrebende Ganzheit sei nur durch eine ganzheitliche Erziehung der Person zu erreichen: „Die weltanschauliche und kulturelle ‚Ganzheit‘ kann nach unseren westlichen Auffassungen dem jungen Menschen nicht geboten werden; [...] ‚Ganzheitlich kann nur die einzelne Persönlichkeit werden. Sie wird es nicht dadurch, daß ihr ein uniformes Weltbild vermittelt wird, welches sie sich in unkritischer, abbildhafter Weise aneignet, sondern dadurch, daß sie die divergente Mannigfaltigkeit, welche die Wirklichkeit des modernen europäischen Menschen ist, zu einem personalen Ganzen verarbeitet."[63] Den zentralen Begriff der „Selbstwerdung", den Flitner als klares Erziehungsziel anstrebt, setzt er über den Versuch, nach einem geschlossenen oder einheitlichen Weltbild zu suchen: „Die Versuche, Weltbild und Weltanschauung heute uniform und für die ganze Nation verbindlich zu machen, können dem Menschen nur das abnehmen, was ihn eigentlich zum Menschen macht:

[59] Flitner, Wilhelm, Gesammelte Schriften Bd. 3, a.a.O., S. 85-94.
[60] A.a.O., S. 85.
[61] Ebda.
[62] Ebda.
[63] A.a.O., S. 85f.

Verantwortung und Selbstwerdung. Wohl besteht die Notwendigkeit, die Jugend in einer eindeutig klaren, sittlichen Lebensform und in einem klaren Gedankenkreis zu erziehen. Zur Klarheit des Gedankenkreises gehört aber, daß wir die ungelösten Fragen als ungelöst erkennen. [...] Auf die Einheitlichkeit im praktischen Lebensstil scheint es viel mehr anzukommen als auf die Einheitlichkeit eines Weltbildes."[64]

Glaube und Weltanschauung sind für Flitner zwei qualitativ zu unterscheidende Größen, die in Bezug auf pädagogisches Handeln deutlich voneinander abzugrenzen sind: „Wir können auch nicht davon ausgehen, daß wir unseren jungen Menschen eine ‚einheitliche Weltanschauung' bieten. Auch wenn wir selbst einen festen religiösen Glauben – das ist etwas anderes als „Weltanschauung"[!] – besitzen, können wir nicht der Jugend der ganzen Nation diesen unseren Glauben einheitlich übertragen."[65] Flitner strebt in seinem Erziehungshandeln sehr wohl eine Einheitlichkeit als Erziehungsziel an, die er jedoch nicht in weltanschaulicher oder wissenschaftlicher Hinsicht zu erreichen sucht, sondern in sittlicher und damit in ethisch begründeter Hinsicht verstanden wissen möchte.

In Flitners „Allgemeinen Pädagogik" findet sich im Kapitel „Die pädagogischen Grundbegriffe" der Abschnitt „Vom Ziel der Erziehung"[66]. Ganz im Sinne eines konsequent durchgeführten hermeneutischen Vorgehens geht Flitner davon aus, dass das Ziel der Erziehung nicht abstrakt aus einer voraussetzungslosen Theorie abgeleitet werden könne, sondern vor aller theoretischer Besinnung schon im konkreten Erziehungsgeschehen – wenn auch nicht immer voll bewusst – enthalten sei, dann aber in der pädagogischen Wissenschaft bewusst gemacht, begrifflich geklärt und kritisch überprüft werden muss. „Die Zielsetzung wird nicht in voraussetzungsloser Theorie gefunden. *Das Ziel ist vielmehr immer schon gegeben* [...] Wo erzieherische *Verantwortung* wirklich ist, zur Tat treibend gespürt wird, da sind auch schon Ziele mitgegeben – Ziele, die man kritisiert und erwägt, aber nicht gänzlich erfindet, sondern nur aufklärt und damit reiner, einfacher, tiefer nimmt"[67]. Jede der vier Sphären, in denen sich Erziehung ereigne, wirke in die andere hinein und grenze sich nicht ab. So ergibt sich ein erzieherisches Wechselspiel zwischen „Gesundheit und Leistungsfähigkeit", „Tüchtigkeit" und „Bildung für das politische Gemeinwesen", „Erziehung zur humanistischen Geisteswelt" und zum Schluss „Erziehung in die Kirche."[68] Die Sphäre des religiösen Bezugs wird klar als ein Erziehungsziel benannt, da „christliche Erziehung den einzelnen[sic.] verstehend und tätig in die Kirche als den mystischen Leib Christi

---

[64] A.a.O., S. 87.
[65] A.a.O., S. 86.
[66] Flitner Wilhelm, Gesammelte Schriften Bd. 2., a.a.O., S. 107-117; 242-247.
[67] A.a.O., S. 109.
[68] A.a.O., S. 244f.

eingliedern"[69] will. In der Terminologie des Krieges bleibend beschreibt Flitner diesen Geisteskampf, den die Jugend mit verschiedenen Lebensdeutungen der Denker und Schriftsteller, der Wissenschaft und der Demagogie hat, als fruchtbringend.[70] Entscheidend für die Deutung der Haltung Flitners ist hier die Wendung „Präsenz der Wahrheit": Der christliche Glaube, der auf sittliche Verständigung zielt und dem eine „religiöse Freiheit" innewohnt, sei die Wahrheit. Im Umkehrschluss müsse es heißen, dass alle weltanschaulich-ideologischen Positionen damit unwahr seien.[71]

Dass aber nicht von einer religiösen Wahrheit auszugehen sei, sondern eine „Mehrzahl an Glaubenspositionen" herrsche, die im europäischen Raum überall anzutreffen sind, wird aus folgender Äußerung deutlich: „Die Brüderlichkeit im Glauben ist freilich eine große Gunst, und wir wären gut daran, wenn sie unser ganzes Volk und unsere Nachbarn so verbänden, daß die sittlichen Grundlagen unseres gemeinsamen Lebens von daher eindeutig gestützt würden. Aber sie besteht nur begrenzt, und aus ihr würde, auch wenn sie bestände, weder ein einheitliches Weltbild noch Einheit der Wissenschaften hervorgehen."[72]

„Die große Aufgabe aller Erziehung, und auch der politischen" – so resümiert Flitner den ersten Teil seines Vortrags – „ist demnach die, daß wir in einer bestimmten sittlichen Lebensverfassung den Konsensus mit anderen Menschen suchen, die vielleicht von der unseren abweichenden Glaubensvorstellungen und ein anderes Wirklichkeitsbild haben, denen man aber doch zumutet, daß sie sich mit uns verständigen sollen, zumal über das menschlich Wichtigste: über das, was sich gehört, und was menschenwürdig oder menschenunwürdig ist. In dieser Richtung sollte die Erziehung, die wir in den Familien, in der Gesellschaft, in der öffentlichen Meinung und im öffentlichen Bildungswesen anstreben, einheitlich sein. Es handelt sich also nicht um eine

---

69 A.a.O., S. 245.
70 „Im alten Europa war die öffentliche Lehre einmütig durch die Hierarchie geordnet. Die kollektivistische Tendenz des totalen Staates errichtet mit Zwang ebenfalls eine einheitliche öffentliche Lehre, die nun einen rein profanen, sogar einen nihilistischen Charakter hat. Zwischen beiden Formen liegt das, was den abendländisch-europäischen Lebensordnungen eigentümlich ist: die religiöse Freiheit, die Toleranz des Staates in den letzten Fragen der Lebensdeutung, aber zugleich das Vertrauen auf eine sittliche Verständigung und auf eine Präsenz der Wahrheit in der Gemeinschaft. Dieses Vertrauen stützt sich einerseits auf den christlichen Glauben, anderseits auf die Freiheit der Forschung und Wissenschaft. Das Zusammenwirken beider in dem nie aufhörenden Gespräch von Theologie und Philosophie ist die einzige Bürgschaft dafür, daß nicht Aberglaube und Demagogie das Denken und den sittlichen Consensus heillos verwirren." A.a.O., S. 246f.
71 Vgl. hierzu auch Bollnow, Otto Friedrich, Die Stellung Wilhelm Flitners in der Entwicklung der neuen Pädagogik, in: Peukert, Helmut/Scheuerl, Hans, Wilhelm Flitner und die Frage nach einer allgemeinen Erziehungswissenschaft im 20. Jahrhundert, a.a.O., S. 52f.
72 Flitner, Wilhelm, Gesammelte Schriften Bd. 3, a.a.O., S. 87.

sachliche, weltanschauliche, wissenschaftliche, sondern um eine sittliche und pädagogische Einheitlichkeit."[73]
Der Wunsch, dass diejenigen, die nicht der eigenen Glaubensvorstellung angehören, sich „mit uns verständigen" sollen, impliziert bereits, dass Flitner zwar offen und dialogbereit für andere Weltbilder und Glaubensvorstellungen ist, jedoch klar festlegt, von welcher Seite der Blick auf ethische Fragen geworfen wird und nach welchen Maßstäben geurteilt werden soll, was menschenwürdig oder menschenunwürdig ist. Die scheinbare plurale Offenheit und Dialogbereitschaft entpuppt sich bei genauerem Hinsehen als Verfestigung und Legitimation der eigenen pädagogischen und religiösen Grundhaltung. Die Frage bleibt, an wen Flitner als Dialogpartner denkt, denn weltanschaulich marxistisch-leninistisch geprägte Kollegen aus dem Osten lehnt er wie bereits angeführt als Gesprächspartner ab.

I.5. Religiöser Glaube als weltanschauungsfreie Haltung – Zusammenfassung

Die Grundfrage, die sich sowohl für die Weimarer Zeit, als auch für die vorliegenden theoretischen Studien zur Begründung der Erziehungswissenschaft nach 1945 für Flitner stellt, kann zusammenfassend lauten: Wie geschieht Erziehung *wirklich*?[74] In der Art und Weise, wie er diese Frage zu beantworten sucht, liefert er zugleich eine Grundlegung für eine Erziehungswissenschaft, wie sie in der „Systematischen Pädagogik" von 1933 und der „Allgemeinen Pädagogik" von 1950 vorliegen. Ausgehend von einer Erziehungswirklichkeit, die jeweils Erzieher und Zögling in seiner Zeit umgibt, ist die Ausgangslage dafür gegeben, in welcher Form sich Erziehung und Bildung aus konfessioneller und weltanschaulicher Perspektive normativ vereinnahmen lassen. Der gedankliche Bezugspunkt, von dem aus Flitner die Frage der Vereinnahmung beantwortet, ist der der pädagogischen Bewegung bzw. sind die reformpädagogischen Bemühungen des frühen 20. Jahrhunderts.

Ulrich Herrmann fragt in seinem Nachwort zu den Gesammelten Schriften kritisch an, ob es angemessen wäre, die von Flitner dargelegten Erziehungsgedanken nach Aspekten wie „funktional" oder „intensional" zu klassifizieren, um herauszufinden, wie er weltanschaulichen Positionen oder religiösen Standpunkten gegenübersteht. Aufschlussreicher sei es, sich auf Flitners Begrifflichkeiten einzulassen und aufzuspüren, welche sprachlichen Wendungen – zumeist in wiederkehrender Form – für ihn wichtig seien. So habe das Studium der Quellen immer wieder gezeigt, dass Flitner Erziehung und Bil-

---

[73] A.a.O., S. 88 (Hervorhebung durch SH).
[74] Vgl. hierzu Herrmann, Ulrich, Nachwort, in: Wilhelm Flitner. Theoretische Schriften Bd. 3, a.a.O., S. 521-529, hier S. 521f..

dung als Prozesse „geistigen Verkehrs" bzw. „geistigen Umgangs" bezeichne, die in ihrer Wirkung stark davon abhängen, ob Lebensformen und Ethos, Umgang und personales Vorbild in einem *Strukturzusammenhang* stehen und damit Grunderfahrungen ermöglichen.[75] Der Erfahrungsbegriff hängt für ihn unmittelbar mit Erziehungszielen zusammen, die sich erst verlebendigen, wenn sie in gesellschaftlichen „Lebensformen" wirksam werden.[76] Bei aller Kritik an der oben aufgezeigten einseitigen Blickrichtung, mit der Flitner seinen ostdeutschen Kollegen zu begegnen scheint, und bei aller Divergenz darüber, was er unter einer „pluralen europäischen Perspektive" versteht, ist festzuhalten, dass er für die Pädagogik eine eigene Sachgesetzlichkeit entwickelt, die er entweder unter konfessionellen oder weltanschaulichen „Pädagogiken" zu analysieren sucht.

---

[75] Vgl. Flitner, Wilhelm, Gesammelte Schriften Bd. 3, a.a.O., S. 523.
[76] Ebda.

II. Glaube statt Weltanschauung –
Auf der Suche nach „echter Wirklichkeit"[1]

II.1. Einleitung

In der Traditionslinie der geisteswissenschaftlichen Pädagogik steht ebenfalls Oskar Hammelsbeck, der als Theologe und Pädagoge wie kaum ein anderer seiner Zeit die Geschicke der Kirche in Deutschland nach dem Zweiten Weltkrieg nachhaltig gelenkt und mitbestimmt hat.[2] Mit folgender Prämisse formuliert er 1950 in seiner einflussreich gewordenen „Evangelischen Lehre von der Erziehung" ein Ethos, das den Glauben als zentrale Handlungskategorie für den Menschen in seinen politischen, sozialen und pädagogischen Bezügen ausweist: „Für all unser Verhalten in der Welt, also zum Staat, zur Gesellschaft, zur Schule, zur Erziehung ist es entscheidend, daß wir unseren Glauben radikal freihalten von Religion und Weltanschauung."[3]

Der Glaube eines Menschen wird von Hammelsbeck ähnlich der Gesinnung eines Menschen als eine echte Wirklichkeit verstanden, die ihn frei machen soll von Weltanschauung und Religion. Im Zusammenhang der Deutung der damaligen Gegenwart sowie einer Konzeption kirchlicher Verantwortung bezog sich Hammelsbeck u.a. auf Dietrich Bonhoeffers Deutung des Verantwortungsbegriffs und dessen Rede von „echter Wirklichkeit"[4]. Diese „echte Wirklichkeit" steht für ihn gegen eine falsche Sakralisierung und Mythisierung der Welt, in der Weltanschauungen religiös überhöht würden und aus Glaube säkularisiertes Christentum werde. Mit der Gegenüberstellung ‚Glaube statt Weltanschauung' wird ein theologisches Programm sichtbar, das die Religionspädagogik nach 1945 maßgeblich geprägt hat und nun im Folgenden dargelegt werden soll.

---

[1] Hammelsbeck, Oskar, Die kulturpolitische Verantwortung der Kirche, München 1946, S. 20-48, hier S. 41. – Vgl. dazu auch Reimers, Edgar, Recht und Grenzen einer Berufung auf Luther in den neueren Bemühungen um eine evangelische Erziehung, Weinheim 1958, S. 39.

[2] Vgl. Crimmann, Ralph P., Erich Weniger und Oskar Hammelsbeck. Eine Untersuchung ihrer pädagogischen und theologischen Anschauungen unter besonderer Berücksichtigung des Normenproblems, Weinheim/Basel 1986, S. 527-536. – Schweitzer, Friedrich/Simojoki, Henrik/Moschner, Sara/Müller, Markus, Religionspädagogik als Wissenschaft. Transformationen der Disziplin im Spiegel ihrer Zeitschriften, Freiburg/Gütersloh 2010, S. 130-143.

[3] Hammelsbeck, Oskar, Evangelische Lehre von der Erziehung, München 1950, S. 42.

[4] A.a.O., S. 30.

Oskar Hammelsbeck wurde am 22. Mai 1899 in Elberfeld geboren und verstarb am 14. Mai 1975 in Detmold. Er wuchs zunächst römisch-katholisch auf, bis er – nach dem frühen Tod seiner Eltern – in der Familie seines Onkels eine evangelisch geprägte Erziehung erfuhr.[5] Nach seiner Rückkehr aus dem Ersten Weltkrieg begann er ein Studium der Philosophie, Geschichte und Nationalökonomie an der Universität zu Heidelberg und wurde über eine volkswissenschaftliche Arbeit bei Alfred Weber promoviert. Er gehörte zu den Mitgliedern des so genannten Hohenrodter Bundes, eines Kreises, der sich zwischen 1923 und 1930 aus namhaften Persönlichkeiten zusammensetzte, die die deutsche Bildungspolitik prägten. Im Kontext dieses Kreises lernte Hammelsbeck auch Erich Weniger, Wilhelm Flitner und Martin Buber kennen.[6] Nach einem zweiten Studium der Fächer Deutsch und Evangelische Religionslehre war Hammelsbeck von Juli 1934 bis Oktober 1936 Aushilfslehrer. Da er es ablehnte, Mitglied der NSDAP zu werden, wurde ihm fristlos gekündigt.[7] Im Rahmen seiner Tätigkeit als Referent im Rat der Evangelischen Kirche der Altpreußischen Union knüpfte er auch Freundschaft zu Dietrich Bonhoeffer, mit dem ihn eine enge Freundschaft verband. Zu einer seiner wichtigsten Stationen in der Zeit nach dem Zweiten Weltkrieg gehörte die Übernahme der Professur für Allgemeine Pädagogik an der Pädagogischen Akademie in Wuppertal, wo er nachhaltig die Lehrerbildung prägte. Neben der Volksbildungsarbeit wurden vor allem die Erfahrungen mit und sein Engagement für die Bekennende Kirche zu wesentlichen Impulsgebern für seine (schul-) politische und pädagogische Arbeit.[8]

Im vorliegenden Kapitel soll es nicht um eine Gesamtwürdigung der umfangreichen Schriften Hammelsbecks nach 1945 gehen; vielmehr werden jeweils unter einer politischen, theologischen und anthropologischen Dimension das Verständnis und die Funktion von Weltanschauung und christlicher Erziehung beleuchtet. Zugespitzt wird die Darstellung vor allem daraufhin, welche Funk-

---

[5]   Hammelsbeck, Oskar, Religionspädagogik in Selbstdarstellungen II, Albers, Bernhard (Hg.), 1981, S. 47-63. – Adam, Gottfried, Oskar Hammelsbeck (1899-1975), in: Schröer, Henning/Zilleßen, Dietrich (Hg.), Klassiker der Religionspädagogik. Klaus Wegenast zum 60. Geburtstag, Frankfurt 1989, S. 223-235. – Adam, Gottfried, Art.: „Oskar Hammelsbeck", in: LexRP Bd. 1, Neukirchen-Vluyn (2001), Sp. 786-789, 788. – Schröder, Bernd, Oskar Hammelsbeck in seinen Saarbrücker Jahren, in: Evangelische Profile der Saargegend. Festgabe für Friedrich Wilhelm Kantzenbach, Conrad, Joachim/Meiser, Martin (Hg.), (Beiträge zur evangelischen Kirchengeschichte der Saargegend Bd. 2), Saarbrücken 2012, S. 105-120.

[6]   Adam, Gottfried, Art.: „Oskar Hammelsbeck", a.a.O., Sp. 787.

[7]   Rickers, Folkert, „Widerstand im Verborgenen"? Der kirchliche Unterricht bei Oskar Hammelsbeck im zeitgeschichtlichen Kontext des Dritten Reiches, in: MEKGR (55) 2006, S. 31-50. – Ders.: Art.: „Oskar Hammelsbeck", in: BBKL 24 (2008), Sp. 541-568.

[8]   Vgl. zu Oskar Hammelsbecks umfangreiche Tätigkeit Boberach, Heinz/Nicolaisen, Carsten /Pabst, Ruth, Handbuch der Deutschen evangelischen Kirchen 1918-1949. Organe – Ämter – Verbände – Personen Bd. 1 Überregionale Einrichtungen, (AKZG 18), Göttingen 2010, S. 123, 156, 162, 184f., 263, 265, 497.

tion dem Glauben im (religiösen) Erziehungsprozess beigemessen wird. Als zentrale Monographie wird die „Evangelische Lehre von der Erziehung" analysiert, die im Besonderen die Weltanschauungsthematik behandelt. Den Titel seines Werkes wählt Hammelsbeck mit Bedacht aus, da er mit ihm bereits eine programmatische Unterscheidung vornimmt. Eine „evangelische Erziehung" würde, wie im Falle einer idealistischen, sozialistisch-marxistischen oder katholischen Erziehung, eine unkritische Vermengung von Evangelium und Erziehung evozieren: „Alle Ganzheitspädagogik ist ‚totalitär' in einem positivistischen Sinne von Gesetzlichkeit"[9]. Hammelsbeck zufolge würde dies weder der Botschaft des Evangeliums noch dem Anspruch der Pädagogik gerecht werden, deshalb wählt er den Begriff der „Lehre"[10]. Des Weiteren werden einige kleinere Schriften herangezogen, in denen sich Hammelsbeck in den ersten Jahren nach Kriegsende vor allem zu politischen und bildungstheoretischen Themen äußert. Grundlegend versucht er in ihnen das Verhältnis zwischen Kirche und Politik, aber auch die Aufgaben in Erziehung und Unterricht darzulegen. Besonders prägnant ist sein Verständnis von Weltanschauung und Erziehung in den Schriften zusammengefasst „Um Heil oder Unheil im öffentlichen Leben"[11] und „Die kulturprotestantische Verantwortung der Kirche"[12], die beide 1946 erschienen.

Nicht zuletzt prägte Hammelsbeck als Mitherausgeber die Zeitschrift „Der Evangelische Erzieher. Zeitschrift für Pädagogik und Theologie" (EvErz), die ab April 1949 in Berlin herausgegeben wurde, die deutsche Bildungspolitik. In seinen Beiträgen im EvErz bezog Hammelsbeck klar Position gegen eine Bekenntnisschule als Regelschule und offenbarte seine weltanschaulichen Vorbehalte gegen die Einflussnahme des Staates auf den Religionsunterricht.[13]

---

[9] Hammelsbeck, Oskar, Evangelische Lehre von der Erziehung, a.a. O., S. 50.
[10] Schlag, Thomas, Horizonte demokratischer Bildung. Evangelische Religionspädagogik in politischer Perspektive, Freiburg/Basel/Wien 2010, S. 103-118, hier S. 109.
[11] Hammelsbeck, Oskar, Um Heil oder Unheil im öffentlichen Leben, München 1946.
[12] Hammelsbeck, Oskar, Die kulturpolitische Verantwortung der Kirche, München 1946.
[13] Vgl. hier für die vorliegende Fragestellung den Beitrag von Schweitzer, Friedrich, „Können wir noch Evangelische Erzieher sein?", in: ZPT 50 (1998), S. 6-17.

II.2. Zur politischen, theologischen und anthropologischen Dimension der Weltanschauungsthematik – Oskar Hammelsbeck

Die Programmformel „Glaube statt Weltanschauung", die Hammelsbeck in seiner Erziehungslehre zwar nicht wörtlich verwendet, die sich dem Sinn nach aber wie ein Roter Faden durch sein Werk zieht, soll im Folgenden näher erläutert werden. In systematisierender Zusammenschau soll anhand verschiedener Dimensionen aufgezeigt werden, wie Hammelsbeck sich eine am persönlichen Glauben orientierte Wirklichkeitsdeutung vorstellt. Dem Duktus seiner eigenen Argumentation folgend soll aus einer politischen, einer theologischen und schließlich einer anthropologischen Perspektive der Weltanschauungsbegriff beleuchtet werden. Auch wenn einzelne Beiträge nicht explizit einer Dimension zuzuordnen sind, so lassen sich doch unter unterschiedlicher Schwerpunktsetzung wiederkehrende Argumentationsmuster und Denkmodelle finden.

II.2.1. „Christliche Weltanschauung ist immer eine Entartung des christlichen Glaubens"[14] – Weltanschauung aus politischer Perspektive

Aus mehreren Gründen ist es erhellend, den Weltanschauungsbegriff bei Hammelsbeck zunächst aus politischer Perspektive zu betrachten: Mit dem Ende des Zweiten Weltkrieges avancierte „Weltanschauung" zu einem äußerst negativ konnotierten Begriff, da er für viele mit der nationalsozialistischen Weltanschauung – wenn nicht gleichgesetzt – so doch stark in Verbindung gebracht wurde.[15] In Folge dessen wuchs die Skepsis gegenüber jeglicher politischen Einflussnahme auf Entscheidungen, die Schule und Erziehung betrafen, da man eine erneute totalitäre Vereinnahmung befürchtete. Die Angst davor, in ideologische Überformungen und gedankliche Abhängigkeiten zu geraten, führte dazu, dass es von Seite der kirchlichen Vertreter, so auch von Hammelsbeck, mitunter zu heftigen apologetischen Frontstellungen in der Argumentation gegen Vertreter aus der Politik kam.[16] Hammelsbeck scheute nicht davor zurück, couragiert vor führende politische Akteure zu treten, um den Ernst der politischen Lage der Kirche zu diskutieren.[17] Eine Fokussierung auf die politische Dimension des Weltanschauungsbegriffs führt zudem zu einem vertieften Verständnis dafür, warum die Demokratisierung in den Anfangsjah-

---

[14] Hammelsbeck, Oskar, Um Heil oder Unheil im öffentlichen Leben, a.a.O., S. 19.

[15] Moxter, Michael, Art. „Weltanschauung III.1.", in: TRE 35, Berlin/New York 2003, S. 544-555.

[16] Vgl. hierzu ausführlich Schlag, Thomas, Horizonte demokratischer Bildung. Evangelische Religionspädagogik in politischer Perspektive, Freiburg/Basel/Wien 2010, S. 103-118.

[17] Hammelsbeck, Oskar, Brief v. 18.4.1946, in: Horn, Hermann (Hg.), Briefwechsel Karl Jaspers – Oskar Hammelsbeck 1919-1969, Frankfurt 1986, S. 70.

ren der erst jungen Republik mit Zurückhaltung begleitet wurde.[18] Gerade der von den Alliierten forcierte Versuch der Re-Education stand unter großer Kritik, da sie politisch in Deutschland nur von einer kleinen Minderheit mitgetragen wurde. Schließich lässt sich aus politischer Perspektive besser verstehen, warum für die Repräsentanten der Bekennenden Kirche die Ablehnung einer bekenntnisgebundenen Schule für viele Jahre die Diskussion beherrschte.[19]

Dem Thema Kirche und Politik widmet sich Hammelsbeck bereits ein Jahr nach Kriegsende mit der Schrift „Um Heil oder Unheil im öffentlichen Leben". Das Vorwort zu dieser Schrift zeigt, wie schwierig sich die ersten Schritte gestalteten, die die Mitglieder des Rates der Evangelischen Kirche in Deutschland auf Vertreter der politischen Parteien zugingen, um die „gemeinsame Politik in der deutschen Not"[20] zu erörtern. Der Vortrag von Hammelsbeck „Ansprache an die Vorstände der politischen Parteien in Deutschland"[21] wurde nicht gehalten, da das vereinbarte Zusammentreffen nicht zustande kam,[22] er lässt aber wichtige Weichenstellungen erkennen, die für das Verhältnis zwischen Kirche und Politik bei Hammelsbeck grundlegend sind.

Um der „politischen Verantwortung"[23] der Kirche Ausdruck zu verleihen, steht an der Spitze seiner Erörterung die „Stuttgarter Erklärung" des Rates der EKD vom Oktober 1945. Dieses Schuldbekenntnis bezieht er nicht nur auf „die himmelschreienden Ereignisse der Nazizeit", sondern auch auf das, was im Vorfeld „durch Versäumnisse und Fehlentscheidungen in der soziologischen Entwicklung des 19. Jahrhunderts"[24] stattgefunden habe. Mit Entwicklungen meint Hammelsbeck die einzelnen Spielarten von verschiedenen Weltanschauungsmodellen wie „dem Rationalismus, dem Marxismus [und] der Freidenkerei"[25]. Eine genaue Klassifizierung dieser Weltanschauungen nimmt Hammelsbeck nicht vor, sondern beschreibt das Verhältnis der Kirche zu ihnen. Die Parolen, die früher gegen die Kirche ausgerufen worden wären, seien heute „Spiegelungen des kirchlichen Versagens" sein. Hier schreckt

---

[18] Vgl. Schlag, Thomas, Horizonte demokratischer Bildung. Evangelische Religionspädagogik in politischer Perspektive, a.a.O., S. 103-118.

[19] A.a.O., S. 111.

[20] Hammelsbeck, Oskar, Um Heil oder Unheil im öffentlichen Leben, a.a.O., S. 9-36, hier S. 7.

[21] Ebda.

[22] „Zunächst hatten die Parteien zugesagt, und zwar durch und für ihre führenden Männer. Dann aber zeigt sich eine Hemmung, die aufschlußreich ist für die unheilvolle Gesamtlage der deutschen Politik und Parteipolitik. Zwei Hauptparteien stellten das Zustandekommen unseres Anerbietens in Frage. [...] Die andere wies mit großem Ernst darauf hin, daß für eine vorläufige Zurücknahme ihrer Zusage die schwerwiegende Überlegung entscheide, das Gespräch könne nicht in der erforderlichen Rückhaltlosigkeit und Offenheit geführt werden, wenn die anderen Parteien zugegen seien.", a.a.O., S. 5.

[23] A.a.O., S. 11.

[24] Ebda.

[25] A.a.O., S. 12.

Hammelsbeck nicht vor einer deutlichen Kritik an der Kirche zurück.[26] Dass die nationalsozialistische Weltanschauung so schnell Erfolg haben konnte, sei nicht einem singulären Versagen der Kirche zuzuschreiben, sondern bilde den Endpunkt einer Kette von Weltanschauungsmodellen, gegen die die Kirche ankämpfen musste und letztendlich auch versagt habe. In drei Argumentationsgängen versucht Hammelsbeck selbstbewusst die Adressaten seines Vortrags, also Mitglieder aller Parteien in Deutschland, von der (neuen) politischen Verantwortung der Kirche zu überzeugen.[27]

(1) Um die Verantwortung der Kirche richtig zu verstehen, bedürfe es zunächst einer *Analyse der Gründe* für ihr Versagen; das Hauptproblem für das Versagen liege in der weltanschaulichen Gebundenheit der Kirche, deshalb müsse sie „alle weltanschauliche Begründung der Politik, auch eine christliche, als problematisch und gefährlich"[28] ansehen. Die Feststellung, dass eine „[c]hristliche Weltanschauung" eine „Entartung[29] des christlichen Glaubens" beinhaltet, verdeutlicht unmissverständlich, wie hart Hammelsbeck mit jeder Form weltanschaulicher Gebundenheit – auch einer religiösen – ins Gericht geht.[30] Voraussetzung dafür, das Problem einer Verschmelzung von Glaube und Weltanschauung zu lösen, ist nach Hammelsbeck die Erkenntnis, dass jeder einzelne seine weltanschauliche Gebundenheit als bereits von Gott „gerichtet" anerkennen müsse, um forthin in der Freiheit eines Christenmenschen leben und agieren zu können.

Es lässt sich festhalten, dass für Hammelsbeck die Verantwortung für die Reinhaltung des Glaubens jedem Menschen selber obliegt. Durch diesen Ansatz erweist sich sein Konzept als ein personalistisches; inwiefern in diesem personalistischen Ansatz eine Überforderung des Einzelnen liegen könnte, ist noch zu klären. Entscheidend für den Einzelnen ist, dass die neu gewonnene Freiheit im Glauben, die durch die Herrschaft und den Totalitätsanspruch Christi ermöglicht wird, jedem die Chance bietet, weltanschaulichen Erschei-

---

[26] „Religion Privatsache' ist aus einem böswilligen Propagandaschlagwort der sachgemäße Ausdruck für die politische Verantwortungslosigkeit der Kirche geworden. Diese Verantwortungslosigkeit wurde dann im Zuge der Verweltlichung durch die immer mehr entleerte, ursprünglich echte lutherische Staatsauffassung gefördert.", a.a.O., S. 12f.

[27] Vgl. hierzu Hammelsbeck, Oskar, Art. „Verantwortung", in: Evangelisches Soziallexikon, Stuttgart [2]1956, Sp. 1063.

[28] Hammelsbeck, Oskar, Um Heil oder Unheil im öffentlichen Leben, a.a.O., S. 19.

[29] Ob der Begriff „Entartung" semantisch der Medizin entlehnt ist und damit eine Degeneration oder Malignität zum Ausdruck bringen soll, oder aber auf eine nationalsozialistische Terminologie zurückweist, die zum Ausschluss von Künstlern und Literaten und deren Werken führte, lässt Hammelsbeck offen. Für eine Entlehnung aus dem medizinischen Wortfeld würde sprechen, dass er im weiteren Argumentationsgang von „weltanschaulicher Verkrampfung" und „Entgiftung der politisch-weltanschaulichen Sphäre" spricht, um zu verhindern, dass jede „frühere weltanschauliche Gebundenheit" beibehalten oder wieder aufgenommen werden könnte. Metaphorisch gesprochen sieht Hammelsbeck jede Form von Weltanschauung gleichsam als eine bösartige Erkrankung an, die es zu eliminieren gilt, ebda.

[30] Ebda.

nungsformen zum Trotz frei und ungebunden handeln zu können. Hammelsbeck verwehrt sich jedoch, mit der Forderung eines Totalitätsanspruches Christi einen Zwang ausüben zu wollen; vielmehr sollen „die ‚Andersdenkenden'" den Christen die Vollmacht „freiwillig abspüren". Obwohl Hammelsbeck bekräftigt, im Glauben niemanden „vergewaltigen"[31] zu wollen, so ist doch nicht zu verkennen, dass durch eine „jedermann offene totale Gebundenheit" der Glaubende eben doch eine „totale" und damit allumfassende Gebundenheit meint.[32] In dem Verhältnis von Gott zu Mensch soll nicht ein „Totalitätsanspruch der Kirche" bestehen – der würde zu ihrem „Abfall" führen –, vielmehr denkt Hammelsbeck an einen „Totalitätsanspruch Christi", der freiwillig von den Glaubenden anerkannt wird. Nur vor dem Hintergrund eines solch christologisch aufgeladenen Totalitätsanspruches ist es nachvollziehbar, dass Hammelsbeck sich zu der Aussage veranlasst sah, dass „die gegenwärtige Verantwortung der Kirche schwerer sei, als in der Zeit des Kampfes gegen die Irrlehre im Nationalsozialismus"[33].

(2) Aus seiner zweiten Forderung für die politische Verantwortung der Kirche ist deutlich ersichtlich, wie gefährdet Hammelsbeck „die Grundlagen der abendländischen Gesittung" einschätzt. Die Frage ist, ob überhaupt „die Wiederherstellung eines so verletzten und abgewirtschafteten Christentums" Sinn habe, oder ob nicht eine „menschliche Erneuerung aus ganz neuen Tiefen" notwendig wäre.[34] Der Verfall des Christentums habe bereits weit vor dem Aufkommen der nationalsozialistischen Weltanschauung begonnen: „Das satanische Experiment des Rassenwahnes und Herrenmenschentums war im Prinzip nicht anders gegen die Verkalkung des christlichen Humanismus gerichtet als die Nivellierungstendenz der platten Aufklärung von Darwin und Haeckel her"[35]. Diese Formulierungen sind jedoch dem Appell geschuldet, aus einer langen historischen Verkettung von weltanschaulichen Kämpfen heraus sich loslösen zu wollen und einen Neuanfang zu wagen. So ist auch der Zuruf an die christlichen Parteien zu verstehen: „Kämpft nicht auf Grund eines weltanschaulichen Prinzips gegen die Christlichkeit überhaupt, sondern kämpft mit uns gegen nicht mehr heilsame Formen des vergangenen Christentums um ihrer echten Erneuerung willen!"[36] In diesem Appell liegt das zentrale Anliegen seiner Rede: Die apologetischen Frontstellungen gegen die Kirche sollen aufgebrochen werden zugunsten eines Kampfes für das echte oder wahre Christentum. Die Vertreter der Parteien sollen verstehen, dass die Verantwor-

---

[31] A.a.O., S. 20.
[32] Ebda.
[33] Hammelsbeck, Oskar, Der heilige Ruf, Aufsätze und Vorträge über die christliche Verantwortung für Kirche und Welt, Gütersloh 1947, S. 28.
[34] Hammelsbeck, Oskar, Um Heil oder Unheil im öffentlichen Leben, a.a.O., S. 30.
[35] A.a.O., S 23.
[36] A.a.O., S. 24.

tung der Kirche nicht darin liegt, eine Weltanschauung zu präferieren. Heil und Unheil im öffentlichen Leben hängen Hammelsbeck zufolge wesentlich davon ab, ob es gelingt, einen „Abbau des weltanschaulichen Absolutismus in den Parteien" zu bewirken.[37]

(3) Die Tatsache, dass man eine weltanschauliche Grundeinstellung nicht einfach ablegen kann, wird aus der Darstellung Hammelsbecks im dritten Argumentationsgang deutlich. Hier führt er vor Augen, dass es eine „trügerische Illusion" wäre, würde er als Christ einen Gesprächspartner, z.B. einen überzeugten Marxisten, davon nicht in Kenntnis setzen, dass er Christ sei. Ebenfalls könne der Marxist nicht aus einer „Ebene des Unverbindlichen" sprechen, sonst könne er nicht an dem Dogma festhalten, dass ein Marxist kein Christ sein kann.[38] Keiner von beiden, weder ein Christ noch ein Marxist, vermöge seine Grundhaltung abzulegen. Angestrebt werden soll das gemeinsame Gespräch, das im Wissen um unterschiedliche weltanschauliche Voraussetzungen geführt werden soll.

Das Programm „Glaube statt Weltanschauung" wird von Hammelsbeck als ein personalistisches Konzept ausgelegt, da die Verantwortung für eine weltanschauliche Ungebundenheit jedem Einzelnen obliegt. Wie diese zunächst politische Forderung theologisch und anthropologisch von Hammelsbeck verstanden wird, ist noch zu zeigen.

II.2.2. „Glaube statt Weltanschauung" – Weltanschauung aus theologischer Perspektive

Mit der Wendung „Glaube statt Weltanschauung" ist ein Programm formuliert, das nun auf seine theologische Dimension hin untersucht werden soll. Dabei lassen sich zwei Stoßrichtungen ausmachen, die in Hammelsbecks Argumentationen immer wieder sichtbar werden.

(1) So ist als „Magna Charta"[39] zunächst die 2. Barmer These von 1934 zu nennen, die für Hammelsbecks Verständnis von Weltanschauung und Erziehung normative Bedeutung gewinnt.[40] Die theologischen Implikationen lassen ein reformuliert reformatorisches Denken erkennen, bei dem die Erkenntnis von der Rechtfertigung allein aus Gnade im Zentrum steht. Prägend sind hier vor allem Hammelsbecks Verständnis von der Zwei-Reiche-Lehre und seine

---

[37] Hier heißt es weiter: „Der Marxismus ist als totalitäre Weltanschauung ebenso gefährlich wie jede andere intolerante Form in der Politik. Totalitäre Zentrumspolitik oder totalitäre konservative Politik, auch wo sie sich christlich nennt, neigt ebenfalls dem weltanschaulichen Absolutismus zu.", a.a.O., S. 34.

[38] A.a.O., S. 35.

[39] Hammelsbeck, Oskar, Evangelische Lehre von der Erziehung, a.a.O., S. 33.

[40] A.a.O., S. 30.

Auffassung des Begriffs Freiheit, wie er ihn aus der Schrift „Von der Freiheit eines Christenmenschen"[41] versteht. So handelt es sich bei der ersten Stoßrichtung vorranging um eine theologiegeschichtliche Zugangsweise.

(2) Eine zweite Stoßrichtung lässt sich aus systematisch-theologischer Perspektive ausmachen: Der Begriff „Weltanschauung" gewinnt in Hammelsbecks „Evangelischer Lehre von der Erziehung" vor allem Kontur durch seine Abgrenzung zum Begriff „Glauben". Es wird sich zeigen, dass die Erfahrungen mit der Bekennenden Kirche in dieser theologischen Hinsicht maßgeblich prägend für ihn waren. Auch in autobiographischen Zeugnissen bekräftigt er, wie stark die Zeit des „Kirchenkampfes" Nachwirkung auf sein Verständnis von „Christentum" und „Glaube" hatte.[42] Die systematisch-theologische Grundlegung seines Glaubensverständnisses gewinnt Hammelsbeck vor allem aus der Rezeption von Karl Barth[43] und Wilhelm Herrmann.[44]

Die Zweite Barmer These ist theologisch gesehen das Herzstück der Argumentation in Bezug auf Hammelsbecks Verständnis der Königsherrschaft Christi und des Totalitätsanspruches Christi, um damit die zentrale Bedeutung der Botschaft des Evangeliums zu verdeutlichen[45]: „Wie Jesus Christus Gottes Zuspruch der Vergebung aller unserer Sünden ist, so und mit gleichem Ernst ist er auch Gottes Anspruch auf unser ganzes Leben. Durch ihn widerfährt uns frohe Befreiung aus den gottlosen Bindungen dieser Welt zu frohem, dankbarem Dienst an seinen Geschöpfen."[46]

---

[41] Luther, Martin, Von der Freiheit eines Christenmenschen [1520], Berlin 1933.

[42] „Die Religion, auch wenn sie sich die ‚christliche' nennt, ereifert sich um den Menschen und die Gesellschaft, wo sie in Weltanschauungen und Politik ihre Unglaubwürdigkeiten schafft. Unglaube ja, aber nicht Gläubigkeiten, die der Nationalsozialismus mit der ‚Gottgläubigkeit' vorexerziert hat. Diese ist in Parteien, die sich nach 1945 ‚christlich' firmiert haben, nur vertuscht worden bis in die restaurativen Kirchenleitungen hinein, mit deren Oberen wir befreundet waren oder sind. Das gehört zum Ertrag, daß wir immun gegen einen verchristlichten Staat und seine religiösen Verbrämungen geworden sind, ohne damit ein Werturteil gegenüber anderen Parteien auszusprechen. Religionen haben mit dem Glauben weniger zu tun als der Unglaube." Hammelsbeck, Oskar, Ertrag des Kirchenkampfes für Unterweisung und Leben, in: Religionspädagogik in Selbstdarstellungen II, a.a.O., S. 47-63, hier S. 55.

[43] Crimmann, Ralph P., Erich Weniger und Oskar Hammelsbeck, a.a.O., S. 262ff.

[44] Vgl. Preul, Reiner, „Art. Glaube V, RGG, Tübingen [4]2000, Sp. 974-977.

[45] Theologiegeschichtlich begründet Hammelsbeck eine theologische Erneuerung folgendermaßen: Eine grundlegende Besinnung und Abwendung von der Verweltlichung sei aber erst durch die dialektische Theologie, namentlich durch den Römerbriefkommentar von Karl Barth unmittelbar nach dem Ersten Weltkrieg eingeleitet worden. Trotzdem habe es erst des Zusammenbruchs 1933/1934 bedurft, um dieser theologischen Wegbereitung in Form der Bekennenden Kirche eine Erneuerung zu geben. Deutlich wendet sich Hammelsbeck gegen die Strömungen der so genannten „Glaubensbewegung Deutscher Christen" und „Gottgläubigkeit", die an der erwachten reformatorischen Kirchlichkeit der Bekennenden Kirche ins Leere geführt habe. Dass die Bekennende Kirche in den Jahren des Widerstandes zu einem „Schmelztiegel" avancierte, in dem Menschen verschiedener materieller und geistiger Herkunft, aber auch aus weltanschaulich und politisch ganz unterschiedlichen Lagern kamen, macht deutlich, wie einheitsstiftend die biblische Wahrheit sei, (vgl. Hammelsbeck, Oskar, Die kulturpolitische Verantwortung der Kirche, München 1946, S. 21f.).

[46] Hammelsbeck, Oskar, Evangelische Lehre von der Erziehung, a.a.O., S. 33.

Diese These wird von Hammelsbeck äußerst zustimmend rezipiert: Jesus Christus ist zugleich Zuspruch wie auch Anspruch, d.h. kein Bereich des Lebens sei dem Anspruch Jesu Christi ausgenommen, auch nicht der Bereich der Erziehung.[47] Zu fragen ist nun, ob die Erziehung das „weltliche Geschäft" bleibt oder ob Erziehung zum geistlichen Geschäft wird. Hierzu hält Crimmann fest: „Hammelsbeck wehrt zwar die Verchristlichung der Pädagogik in dem Sinne ab, daß man aus der Verkündigung des Evangeliums ein neues Gesetz mache – hier denkt er also genuin lutherisch; er betont andererseits aber, daß die Verkündigung des Evangeliums auch nicht folgenlos für das weltliche Tun sein kann – insofern denkt er von Barmen II her."[48] In der Reformulierung des ursprünglich lutherischen Ansatzes liegt also eine Überlagerung durch reformiertes Denken vor. Als dogmatische Mitte seines Denkens erscheine einerseits eine entschlossene Christozentrik bzw. die „exklusive Christozentrik reformierter Theologie"[49]. „Pädagogisch", so ergänzt Crimmann „sieht er jedoch die Freiheit zur eigenständigen Erziehungstheorie gewährleistet und behält damit die Kontinuität zur geisteswissenschaftlichen Pädagogik bei. [...] Insofern bleibt, *pädagogisch* gesehen, die Zwei-Reiche-Lehre nach wie vor relevant für Hammelsbeck, da sie den weltlichen Bereich in relativer Eigenständigkeit beläßt und nicht erforderlich macht, daß aus christologischen Erkenntnissen pädagogische Normen abgeleitet werden."[50] Dies mag als Verstehensvoraussetzung für die Realisierung des Programms „Glaube statt Weltanschauung" grundlegend. Hammelsbecks Pädagogik bezieht sich einerseits auf eine genuin lutherische Theologie, sie behält andererseits auch den christologischen Ansatz im Auge, nach dem das ganze Leben unter dem Anspruch Christi steht, wie es in der Zweiten Barmer These gefordert wird. In dieser Überlagerung oder Vermischung sieht Crimmann „ein unausgeglichenes Moment bei Hammelsbeck"[51], das ihn für nachfolgende (Religions-)Pädagogen angreifbar macht.

Der eingangs in diesem Kapitel zitierte Satz, dass der Glaube radikal freizuhalten sei von Religion und Weltanschauung, stellt als leitende Handlungskategorie für alle ethischen Fragen den Glauben ins Zentrum. Um Hammelsbecks Verständnis von Glauben auf die Spur zu kommen, soll eine erste Annäherung über eine vorläufige Charakteristik des christlichen Glaubens aus der Sicht Hammelsbecks erfolgen, bevor dann näher auf das Wesen und die Bedeutung eingegangen wird. Angemerkt sei, dass Hammelsbeck selber in

---

[47] So schätzte Hammelsbeck einige Jahre später seinen Ansatz als „Pädagogik der 2. Barmer These" ein, Hammelsbeck, Oskar, Erziehung – Bildung – Geborgenheit, TEH (90), München 1961, S. 26.

[48] Crimmann, Ralph P., Erich Weniger und Oskar Hammelsbeck, a.a.O., S. 269.

[49] Padberg, Rudolf, Glaube und Erziehung. Ein konfessionskundlicher Beitrag zwischen Theologie und Pädagogik, Paderborn 1959, S. 29.

[50] Crimmann, Ralph P., Erich Weniger und Oskar Hammelsbeck, a.a.O., S. 269.

[51] Crimmann, Ralph P., Erich Weniger und Oskar Hammelsbeck, a.a.O., S. 270.

seiner „Pädagogischen Autobiographie" darauf hinweist, ein Autodidakt zu sein, dessen Systematik eher als „zyklisch-spiralisch" zu bezeichnen sei.[52] So hat die folgende Zusammenstellung zunächst eher den Charakter einer losen Komposition von Aussagen über den Glauben, die dann in einem zweiten Schritt unter theologischer Perspektive gedeutet und interpretiert werden.

Hammelsbeck ist darum bemüht, den Glauben aus Missverständnissen, Verfälschungen und irrtümlichen Fehldeutungen zurückzugewinnen, um ihn als zentrale Kategorie für seine evangelische Erziehungslehre einzusetzen. So verwehrt er sich, dass Glaube nicht mit „Weltanschauung" zu verwechseln sei, da diese an die „Welt bindet", während der Glaube von der Welt und für die Welt frei macht.[53] Ebenfalls fällt der Glaube nicht zusammen mit dem „Christentum", das er als eine „Kulturform", als einen „Vorgang der Säkularisierung" und als „Zustand der Säkularisation" versteht.[54] Und drittens sei der Glaube nicht identisch mit der „Religion", die aufgehoben wird durch das Evangelium, das allein den Menschen zum Glauben erweckt.[55] Für Hammelsbeck scheint es notwendig zu sein, den Glauben abzugrenzen von den Erscheinungen „Weltanschauung", „Christentum" und „Religion", die äquivalent zu ihm gebraucht werden könnten. Um eine unangemessene Gleichsetzung zu verhindern, bedarf es folglich einer negativen Abgrenzung, die es ermöglicht, die Unvergleichbarkeit des Glaubens und die Wirklichkeit des Glaubens sichtbar werden zu lassen. Eine positive Darlegung in Form einer Definition findet sich nicht in der Erziehungslehre. Vielmehr geben die Aussagen eine Zusammenschau von Wendungen, die das Geheimnis und die Gestalt des Glaubens nach Hammelsbeck sichtbar machen sollen.

Nach dieser vorläufigen Charakteristik sei nun nach dem *Wesen des Glaubens* gefragt, das Hammelsbeck in seiner Erziehungslehre entwickelt.[56] Das Wesen ist für ihn mit der Einsicht verbunden, dass der Glaube jede Form von Anfechtung überwindet. Er sieht als eine unheimliche Gefahr „das Abgleiten vom Glauben in die Weltanschauung. Dadurch wird der Unglaube verführt, sich ebenfalls weltanschaulich zu formieren, Parteien und Gegenparteien zu bilden, kulturkämpferisch zu reagieren"[57]. Ein entscheidendes Wesensmerkmal ist

---

[52] Hammelsbeck, Oskar, Pädagogische Autobiographie, abgedruckt in: Horn, Hermann (Hg.), Kirche, Schule und Staat im 20. Jahrhundert, Hagen 1979, S. 9-96, hier S. 43.

[53] Hammelsbeck, Oskar, Evangelische Lehre von der Erziehung, a.a.O., S. 42.

[54] A.a.O., S. 26.

[55] A.a.O., S. 38.

[56] Die folgenden Ausführungen stützen sich zum Teil auf die systematisierende Zusammenstellung, die Hermann Horn vorgenommen hat: Horn, Hermann, Gestalt, Wesen und Bedeutung des Glaubens in Oskar Hammelsbecks ‚Evangelische Lehre von der Erziehung', in: Horn, Hermann/Kittel, Helmuth (Hg.), Der Glaube der Gemeinde und die mündige Welt. Oskar Hammelsbeck zum 70. Geburtstag, München 1969, S. 127-140.

[57] Hammelsbeck, Oskar, Evangelische Lehre von der Erziehung, a.a.O., S. 43.

auch die Unverfügbarkeit des Glaubens, was für die Bedeutung des Glaubens im Kontext von Erziehung und Unterricht zentral ist. So hat für Hammelsbeck der Glaube „seinen Ursprung jenseits aller Religion und Philosophie und vor aller ideologischen Anthropologie, aus der die Menschenbilder kommen, und vor allen christentümlichen Ableitungen."[58] Im Weiteren folgert er daraus, dass „[d]er Glaube an Christus [...] kein menschliches Erziehungsziel sein [kann], er ist Gabe des Heiligen Geistes nach der Verheißung"[59].

In einem letzten Schritt soll nun nach der *Bedeutung des christlichen Glaubens* gefragt werden, da nur so zu begreifen ist, was der Glaube letztendlich zu vollbringen vermag. Der Gehalt des Glaubens liegt Hammelsbeck zufolge dabei vorrangig in der Erkennung und Anerkennung der Wirklichkeit der Welt, die dem Menschen als Schöpfung Gottes anvertraut ist. Dieses Erkennen setzt den Menschen in Freiheit: „In der Herrschaft Christi ist der Glaubende freigemacht von der selbstherrlichen Herrschaft über die Dinge mittels seiner Weltanschauungen".[60] Der Glaube soll „echte Weltlichkeit" sichtbar machen. Wie vehement Hammelsbeck für diese „echte Weltlichkeit" einsteht, die er nicht durch Weltanschauungen, Mythen oder Dogmatismen gefährdet sehen will, zeigt sich in folgender Äußerung: „Es geht nicht um ‚Verchristlichung' der Welt, nicht um Verfrömmelung, sondern um die Freisetzung der Welt und des weltlichen Geschäfts vom Glauben aus. Im Glauben sehen wir die Welt nicht kosmologisch oder mythisch, sondern als Schöpfung Gottes, in der wir vernünftig arbeiten dürfen, aber mit der Vernunft in der Polarität des Glaubens, nicht ohne ihn."[61]

Der Glaube, und das ist nun zentral für Hammelsbeck, begründet eine absolute Verantwortung des Glaubenden: „Für all unser Verhalten in der Welt, also zum Staat, zur Gesellschaft, zur Schule, zur Erziehung, ist es entscheidend, daß wir unseren Glauben radikal freihalten von Religion und Weltanschauung. Denn er ist durch Christus davon radikal freigemacht."[62] Ethos und Glaube gehören unmittelbar zusammen und stellen den Glaubenden in seine Verantwortung. Als Geschenk für den Glauben bezeichnet Hammelsbeck die Freiheit, die er in mehreren Bezügen sieht: „Das Evangelium schenkt Freiheit von der Religion und für die Religion, von der Vernunft und für die Vernunft, also von der dogmatischen Aufklärung für die echte Aufklärung."[63] Positiv wird die Philosophie gesehen, die nicht in apologetischer Frontstellung bekämpft wird, sondern eine „bejahende Begegnung nicht ausschließt."[64]

---

[58] A.a.O., S. 84.

[59] A.a.O., S. 108.

[60] A.a.O., S. 158.

[61] Hammelsbeck, Oskar, Evangelische Lehre von der Erziehung, zweite neubearbeitete und erweiterte Auflage, München 1958, Einleitung S. 16.

[62] Hammelsbeck, Oskar, Evangelische Lehre von der Erziehung, erste Auflage, a.a.O., S. 42.

[63] A.a.O., S. 38.

[64] A.a.O., S. 15.

Der Versuch, sich dem Begriff der Weltanschauung bei Hammelsbeck über den Begriff des Glaubens zu nähern scheint insofern fruchtbar, als dass mit ihm ein ganz zentrales und wesentliches Fundament herausgearbeitet wurde, von dem aus der Glaubende nach Hammelsbeck sein Ethos, seine Freiheit und auch seiner Verantwortung als Mensch erkennt und wahrnimmt. „Echte Wirklichkeit", worunter Hammelsbeck eine „befreite" Sicht jenseits von „dogmatischen Scheuklappen" versteht, ist nur aus evangelischem Glauben zu gewinnen.[65]

II.2.3. „Die veränderte Weltsituation des modernen Menschen als religiöses Problem" – Weltanschauung aus anthropologischer Perspektive

Die Programmformel „Glaube statt Weltanschauung" soll zuletzt aus anthropologischer Perspektive in den Blick kommen: „Im Glauben an Gottes Offenbarung über den Menschen endet jede metaphysische und idealistische Konstruktion eines *pädagogischen Menschenbildes*".[66] Hammelsbecks Kritik gilt nicht nur einem pädagogischen Menschenbild, sondern jeder Bestrebung, einer „Menschenbildnerei" in der Pädagogik.[67] Als wesentlicher Grund dafür gilt seine Offenheit allen pädagogischen Prozessen gegenüber. Wie bereits Theodor Litt und Wilhelm Flitner warnt er vor einer Erziehung mit einem bestimmten Menschenbild als Zielvorstellung, weil damit der Zögling vorzeitig auf eine Form festgelegt würde.[68]

Seine grundlegenden Einsichten in die Frage von Erziehung und Evangelium stellt Hammelsbeck bereits 1946 vor, als er auf der Zweiten Volkshochschultagung für die britische Zone Anfang September 1946 in Bonn unter dem Thema „Evangelische Grundlinien für Bildung und Erziehung" den Vortrag hielt „Das gegenwärtige Problem der Erwachsenenbildung und Volkserziehung in evangelischer Sicht"[69]. Anstoß für die Erziehungs- und Bildungsmisere der damaligen Zeit sei ihm zu Folge der Humanismus, als dessen Epigone er sich noch angetreten sah. Dieser Humanismus, der auf Harmonie eines ethischen, ästhetischen, erkenntnistheoretischen und religiösen Weltbildes angewiesen sei, würde einem Weltbild entsprechen, in dem nichts vergessen wer-

---

[65] A.a.O., S. 30.
[66] Hammelsbeck, Oskar, Die veränderte Weltsituation des modernen Menschen als religiöses Problem, (TEH 45), München 1955, S. 40.
[67] A.a.O., S. 84.
[68] Hier stimmt Hammelsbeck überein mit weiteren Vertretern der geisteswissenschaftlichen Pädagogik. Vgl. hierzu Litt, Theodor, Möglichkeiten und Grenzen der Pädagogik. Abhandlungen zur gegenwärtigen Lage von Erziehung und Erziehungstheorie, Leipzig/Berlin 1926, S. 9f. – Flitner, Wilhelm, Gesammelte Schriften Bd. 2, a.a.O., S. 107ff.
[69] Hammelsbeck, Oskar, Um Heil oder Unheil im öffentlichen Leben, a.a.O., S. 37-55.

den solle. Damit wird Leben im bewussten Sinne als geschichtlich und über-
zeitlich eingestuft. Als Idealtypus wäre Goethe zu nennen, der dieses Menschenbild verkörpert habe. Allerdings seien im Faust bereits die tragischen
Grenzen dieser Weltauffassung sichtbar geworden, indem er das Verweilen
beim schönen Augenblick als tödlich erkennt.[70] Als Antwort auf dieses nicht
einzulösende Geschichtsverständnis sei der Nihilismus in das Bildungswesen
eingebrochen.[71] Der Anspruch eines idealistischen Humanismus sei nicht mehr
einzulösen. Deshalb kommt es an dieser Stelle entscheidend darauf an, ob die
für den volksbildnerischen Einsatz gestellten Anforderungen richtig verstanden werden. Für Hammelsbeck ist das Einlösen eines doch so verlockenden
romantischen Weltbildes erzieherisch nicht möglich, auch wenn ein alles
Denkbare umfassendes Weltbild verführerisch bleibe. Von Gott her gebe es
kein geschlossenes System: „er zerstört uns – modern gesprochen – Brüderlichkeit, Christentum, Idealismus"[72]. Nur „das Evangelium sei der überlegene
Gegenpol aller Religion und Weltanschauung und des Nihilismus"[73]. Durch
diese Ausgangssituation entstehe die erzieherische Situation zwischen Gott
und Mensch, zwischen der richtenden und heilenden Gewalt des Wortes Gottes. Hammelsbeck bringt das formelhaft auf die Aussage Luthers, dass der
Mensch *simul exaltus super omnia et tamen subiectus*, also „zugleich heraus-
gehoben über alles und dennoch unterworfen" ist, gleichwie der Mensch
gewordene Christus an allem Menschlichen teil hat und doch der ewige Gott
ist.

---

[70] Vgl. hierzu auch Hammelsbeck, Oskar, Glaube, Welt, Erziehung, Kap. III.23 Goethe –
gestern und heute, Mühlheim/Ruhr 1954, S. 249-261.
[71] Hammelsbeck, Oskar, Vom Heil oder Unheil im öffentlichen Leben, a.a.O., S. 41.
[72] A.a.O. 53.
[73] Ebda.

II.3. Das Proprium Evangelischer Freiheit –
Programmatische Äußerungen zum Weltanschauungsbegriff im
„Evangelischen Erzieher"

Oskar Hammelsbecks Geleitwort und sein einleitender Beitrag zur (Neu)Gründung des Evangelischen Erziehers (EvErz) im April 1949 zeigen die programmatische Zielrichtung und theologische Implikationen, die mit der Zeitschrift verbunden wurden.[74] Gleich zu Beginn sollte deutlich werden, dass er nicht ausschließlich für sich, sondern für eine genuine Neuorientierung stand. Der Anspruch war, nicht nur seine persönlichen Erfahrungen aus der Zeit des Kirchenkampfes in den Blick zu nehmen, sondern die Befindlichkeiten einer ganzen Generation zum Ausdruck zu bringen.[75] In Unterscheidung zur „fragwürdigen Größe"[76] Christentum, „christliche Propaganda"[77], sowie zu sämtlichen weltanschaulichen Erziehungsformen fungierte „evangelisch" nicht als konfessionelle Selbstzuschreibung, sondern als Signum der prinzipiellen, allgemeingültigen und notwendigen Weise, sich in allen Erziehungsfragen „das Evangelium von Christus täglich neu zusprechen zu lassen"[78]. Die Zielformulierung einer Erziehung zur Freiheit als Zentralperspektive für jeden „evangelischen Erzieher" wurde von allen menschlich vorgefassten Zielen strikt unterschieden und im Rekurs auf die 2. Barmer These christologisch als notwendige Befreiung aus den gottlosen Bindungen dieser Welt gedeutet.

Das Programm „Glaube statt Weltanschauung" gewinnt auch im einleitenden Beitrag zentrale Bedeutung: Hammelsbeck bezieht von Beginn an auch hier in die entsprechenden Überlegungen eine fundamentale Unterscheidung zwischen evangelischer Erziehung und allen politischen, staatlichen und kirchlichen Geltungsansprüchen ein. Erzieherisches Tun könne nur im „Gewande des Weltanschaulichen, des Politischen, des Metaphysischen" oder als verantwortliche „Gehilfenschaft zur Freiheit" im Licht der Offenbarung konzipiert werden. Jeglicher staatlichen Macht und politischen Weltanschauung wurde primär ein Bedrohungs- und Entmündigungscharakter zugeschrieben. Gegen die „politisch verhüllte […] Erziehung" wie gegen die „totalitäre Verkehrung des Erzieherischen in politische, kirchliche und institutionelle Macht" formuliert Hammelsbeck: „Dringt ein politisches oder weltanschauliches Vorzeichen in die Schule, so sind Unterricht und Erziehung in gleicher Weise ge-

---

[74] Vgl. hierzu auch Schweitzer, Friedrich, Können wir noch Evangelische Erzieher sein? Eine Zeitschrift und ihr theologisch-pädagogisches Programm – nach 49 Jahren neu gelesen, in: ZPT 1 (1998), S. 6-17. – Vgl. auch Ders./Simojoki, Henrik/Moschner, Sara/Müller, Markus, Religionspädagogik als Wissenschaft, a.a.O., S. 130-132.

[75] Vgl. Hammelsbeck, Oskar, Zum Geleit, in: EvErz 1 (April 1949), S. 2-4. – Ders., Der Ursprung des Erzieherischen in biblischer Begründung, in: EvErz 1 (April 1949), S. 4-11.

[76] Hammelsbeck, Oskar, Zum Geleit, a.a.O., S. 2.

[77] Hammelsbeck, Oskar, Zum Geleit, a.a.O., S. 3.

[78] Ebda.

fährdet". Deshalb sollte die Zeitschrift dazu beitragen, dass evangelische Erzieher sich ihres reformatorischen Auftrags bewusst werden und insofern unabhängig von allen weltlichen Bindungen gleichwohl verantwortlich handeln: „Evangelische Unterweisung in der Schule ist ihrer Sache nach gebunden an das Evangelium", und dies vor allem im Licht der auszuübenden „Barmherzigkeit für unsere Kinder, die in einer Weise bedroht sind, daß uns keine konfessionalistische Überdeckung der Schulfrage mehr erlaubt ist"[79].

Wie stark es sich bei Hammelsbecks Engagement für eine weltanschaulich ungebundene Erziehung im EvErz trotz aller Repräsentationsabsichten um eine doch persönlich motivierte Glaubenssache handelte, wird immer wieder in kleinen Nebenbemerkungen deutlich. Dass diese neue Aufgabe eng mit der Deutung der persönlichen Erfahrungen der nationalsozialistischen Zeit verbunden wurde, macht nicht nur die praktisch gleich lautende Beschreibungssemantik damaliger und jetziger staatlich- politischer Macht als „totalitär", „ideologisch", „gleichschaltend" oder „willkürlich" deutlich, sondern auch die zwischen den Zeilen immer wieder erkennbare Warnung davor, noch einmal auf das Experiment von Liberalismus oder Idealismus zu setzen.

II.4. Zum Problem einer Weltanschauung aus dem Glauben – Zusammenfassung

Es dürfte deutlich geworden sein, dass Hammelsbeck keineswegs eine „‚Verchristlichung‘ der Welt" anstrebt, sondern ihm geht es um die „Freisetzung der Welt" als einer Freisetzung nicht gegen den Glauben, sondern „vom Glauben aus"[80]. Konsequent folgert er daraus, dass es keine „christliche oder evangelische Erziehung" geben könne, sondern „bestenfalls eine christliche oder evangelische Verantwortung im weltlichen Geschäft der Erziehung"[81] möglich sei.

Karl-Ernst Nipkow hat bezugnehmend auf Hammelsbeck die Bedeutung der Zwei-Reiche-Lehre für die Pädagogik hervorgehoben, indem er sie als „Modell ‚freisetzender Unterscheidung‘"[82] herausstellt. Nipkow erläutert dieses Modell wie folgt: „Für den evangelischen Religionslehrer bzw. Fachlehrer verbleiben nur zwei Betrachtungsweisen und ihnen entsprechende Sprachformen. In der ‚Evangelischen Unterweisung‘ hat er *positiv* allein das *‚reine‘ Evangelium* zu bezeugen; damit es ‚rein‘ bleibt, ist es von allen *weltanschaulichen Implikationen freizuhalten*. Dies geschieht dann, wenn den Schülern als Sündern das Evangelium von der Vergebung zugesprochen wird. Hinsichtlich

---

[79] Ebda.
[80] Hammelsbeck, Oskar, Evangelische Lehre von der Erziehung 2. Auflage Einleitung, S. 16.
[81] A.a.O., S. 16.
[82] Nipkow, Karl Ernst, Bildung als Lebensbegleitung und Erneuerung, Kirchliche Bildungsverantwortung in Gemeinde, Schule und Gesellschaft, Gütersloh 1990, S. 537.

aller anderen Wirklichkeitsbereiche kann der evangelische Lehrer nur *negative* Aussagen machen; er hat zu verdeutlichen, was angesichts der Gefahr ideologischer Grenzüberschreitungen nicht sein soll. Die ‚weltlichen Fächer' sollen ihrerseits ebenfalls von *religiösen Implikationen freigehalten* werden und ‚*rein' wissenschaftlich* bei ihrer Sache bleiben. Mit diesem Ansatz verträgt sich gut eine als Trennungsmodell ausgelegte Zwei-Regimenten-Lehre".[83]

Zudem weist Friedrich Schweitzer daraufhin, dass dies jedoch nicht das einzige theologische Denkmodell sei, das von Hammelsbeck für das Verhältnis zwischen Evangelium und Erziehung, aber auch Glaube und Weltanschauung, heranzuziehen ist. Ein „weltlicher Raum der Erziehung" bleibe auch durch die zweite Barmer These gewahrt, da als entscheidenden Punkt erzieherisches „Handeln im Glauben" ermöglicht würde.[84]

Hammelsbecks theologische Begründung erzieherischen Handelns wurde in der „Lehre von der Evangelischen Erziehung" stark von einem Sündenbegriff geleitet, demzufolge von der sündenbedingten Verlorenheit des Menschen und vom prinzipiell „unerziehbar bösen Menschen"[85] inmitten der gefallenen Welt auszugehen sei. Von dieser theologischen Grundüberzeugung aus war für Hammelsbeck jeder Gedanke einer pädagogischen Autonomie grundsätzlich ausgeschlossen. Dies bedeutet, dass das Kind als Schüler in der unterrichtlichen Begegnung mit Bildungsgütern vor allem bewahrt werden müsse, „was sein natürliches Wachsen in die Mitverantwortung durch auferlegte Entscheidungen schädigt"[86]. Demgegenüber schloss er sich der Bestimmung von Erziehung als rein weltlichem Ding bzw. als „Notmaßnahme in einer gottlosen Welt"[87] an, weshalb eine evangelische Lehre von der Erziehung die pädagogischen Erkenntnisse der Gegenwart unbedingt zu berücksichtigen habe. Indem Hammelsbeck hier von der Möglichkeit einer „weltanschaulich nicht verfälschte[n] Weise des Unterrichtens"[88] spricht, zog er eine Differenz zwischen säkularer und evangelischer Pädagogik ein.

In seiner „Lehre von der Evangelischen Erziehung" tritt bei Hammelsbeck in deutlicher Klarheit zutage, dass der Glaube freizuhalten sei von Religion und Weltanschauung. Weltanschauung hat bei Hammelsbeck demnach – negativ formuliert – die Funktion, den Menschen als unfreien Menschen an die Welt zu binden und ihn an seinem freimachenden Glauben zu hindern.[89] Dem

---

[83] Ebda.
[84] Schweitzer, Friedrich, Die Religion des Kindes. Zur Problemgeschichte einer religionspädagogischen Grundfrage, Gütersloh 1992, S. 330-335, hier S. 333.
[85] Hammelsbeck, Oskar, Evangelische Lehre von der Erziehung, a.a.O., S. 138.
[86] A.a.O., S. 155.
[87] A.a.O., S. 49.
[88] A.a.O., S. 53.
[89] Die Notwendigkeit einer Weltanschauungskritik lässt sich auch bei Helmuth Kittel in seiner einflussreich gewordenen Schrift „Vom Religionsunterricht zur Evangelischen Unterweisung" von 1947 finden. Bei Kittel lassen sich Begründungsfiguren entdecken, die auch bei Oskar Hammelsbeck – sprachlich variierend – verwendet werden. Kittel lehnt eine „christli-

christlichen Lehrer verbleiben damit nur zwei Betrachtungsweisen und die damit verbundenen Sprachformen, nämlich einerseits das Evangelium als reines Evangelium zu predigen und positiv zu bezeugen. Dies geschieht dann, wenn den Schülern als Sündern das Evangelium von der Vergebung zugesprochen wird. Die Aufgabe des Lehrers oder der Lehrerin ist, zu verdeutlichen, was angesichts der Gefahr ideologischer Grenzüberschreitungen nicht sein darf und soll. Erziehung funktioniert damit nur über Abgrenzung und Ausgrenzung anders Denkender und Handelnder. Warum ist diese Funktionalisierung von Weltanschauung sowohl pädagogisch als auch theologisch nicht zufriedenstellend?

Irritierend in Hammelsbecks Darstellung ist erstens, dass ein Christ und damit auch ein christlicher Lehrer veranlasst wird, in zwei Welten zu leben: In der Welt des Glaubens und in der Welt eines säkularen Staates. In seinen Ausführungen bleibt unklar, was der Glaube in Bezug auf die Welt zu sagen hat und welche Deutungen er anbietet. Ebenfalls bleibt offen, wie dem einzelnen Christ geholfen werden kann, es in einer säkularen Welt zu schaffen, die beiden auseinanderfallenden Welten in sich zusammenzuhalten und zu vereinen. Da seiner Auffassung nach sowohl die Landeskirchen als auch Freikirchen versagt hätten, sei der Einzelne auf sich gestellt, den Wandel hin zu einer im Glauben begründeten Lebensweise zu führen, ohne auf institutionelle Hilfe hoffen zu können. Noch gravierender als die sich aus dieser Forderung ergebenen Überforderung des Einzelnen scheint es zu sein, dass das elementare Bedürfnis nach einer Einheit der Wirklichkeit untersagt und damit auf der kognitiven Ebene nicht denkbar wird.

---

che Pädagogik" ab, durch die evangelische Pädagogen in Ablösung einer bürgerlich-idealistischen Pädagogik „nur zu einem christlich gefärbten Idealismus, einer christlichen Weltanschauung in der Breite zu einer christlichen Ideologie kommen, die vor dem reinen Evangelium genauso fragwürdig wäre, wie der alte Idealismus, seine Weltanschauung und Ideologie". Die Orientierung am „reinen Evangelium" soll das Evangelium nicht zu einem christlichen „Gesetz" verkommen lassen. „Pädagogischer Idealismus" und „christlicher Idealismus" seien beide darauf aus, „'Menschen bilden' zu wollen und zu können", wobei im christlichen Idealismus noch mehr „religiöse Leidenschaft" stecke und daher dieser christliche Erziehungswille eine noch größere „Härte" gewinnen könne. In drastischen Bildern beschreibt Kittel weiter die verhängnisvolle Wirkung, die ein „christlicher Idealismus" auf ein Kind haben könne: „Auch hier muß man sagen, daß der christliche Idealismus vielleicht noch gefährlicher ist als jeder andere, weil er feinere, tiefer wirkende Mittel der Vergewaltigung kennt". Eine „christliche Pädagogik" würde sich zudem verhängnisvoll auf „das gesamte geistige und religiöse Leben unseres Volkes auswirken", weil das „'christliche Denken' und das 'christliche Weltbild'" in Schulen, die dies fordern und vertreten, „zwei Dinge antasten, die nicht angetastet werden dürfen: Wahrheit und Freiheit", in: Kittel, Helmut, Vom Religionsunterricht zur Evangelischen Unterweisung, (Arbeitsbücher für die Lehrerbildung 3), Wolfenbüttel u.a. 1947, S. 27.

DRITTER TEIL

FUNKTIONALE ÄQUIVALENZ ZWISCHEN RELIGION UND WELTANSCHAUUNG – SYSTEMATISCHE ANALYSE IM RAHMEN DER PLURALISMUSDISKUSSION

I. Erziehung unter den Bedingungen des weltanschaulichen Pluralismus

I.1. Einleitung

In der Weimarer Ära und der Zeit nach dem Zweiten Weltkrieg wurden im Rahmen dieser Untersuchung bisher Erziehungswissenschaftler vorgestellt, die der Strömung der „geisteswissenschaftlichen Pädagogik" zuzuordnen sind. Im nun folgenden dritten Teil soll zunächst das Werk des Erziehungstheoretikers Wolfgang Brezinka untersucht werden. Er ist der Strömung der so genannten „Empirischen Erziehungswissenschaft"[1] zu zuordnen, einer Richtung in der Pädagogik, die maßgeblich die Zeit nach 1960 in Westdeutschland geprägt hat.

I.2. Zum Problem einer „Mischung von [Erziehungs-]Wissenschaft und Weltanschauung"[2] – Wolfgang Brezinka

Die wissenschaftliche Biographie von Wolfgang Brezinka ist eng verbunden mit den historischen Ereignissen der 60er und 70er Jahre des 20. Jahrhunderts.[3] Am 9. Juni 1928 wird er als Sohn von Josef Brezinka, Diplom Ingenieur, und Hildegard Brezinka, geb. Kreis, in Berlin geboren. Er wächst zusammen mit zwei jüngeren Geschwistern auf und wurde römisch-katholisch erzogen. Noch vor seinem Abitur ist er als Heimerzieher tätig und lernt im täglichen Umgang mit jungen Menschen die Bedingungen kennen, unter denen Erziehung und Bildung in der Nachkriegszeit stattfanden. Diese Erfahrungen veranlassen ihn dazu, zwischen 1946 und 1949 ein Studium der Philosophie, Psychologie, Pädagogik und Volkskunde am Philosophischen Institut der Theologischen Fakultät und am Institut für Vergleichende Erziehungswissenschaft in Salzburg aufzunehmen. Als Motivation für dieses Studium gibt er viele Jahre später an, dass es sein Ziel war, „Seelsorger und Erzieher" zu werden.[4] Bereits in den Jahren als Student habe er eine Vermischung von Wissenschaft und Weltanschauung festgestellt, die er als großen Widerspruch aufnahm. Selbst bei seinem geschätzten Lehrer Friedrich Schneider habe er eine

[1] Vgl. Benner, Dietrich, Hauptströmungen der Erziehungswissenschaft. Eine Systematik traditioneller und moderner Theorien, Weinheim [3]1991, S. 137-197.

[2] Brezinka, Wolfgang, Fünfzig Jahre erlebte Pädagogik, hg. von Uhl, Siegfried, Wolfgang Brezinka. Fünfzig Jahre erlebte Pädagogik. Rückblick, Lebensdaten, Publikationen, München/Basel 1997, S. 15.

[3] Vgl. hierzu Brezinka, Wolfgang, Rückblick auf fünfzig Jahre erlebte Pädagogik, in: Uhl, Siegfried (Hg.), Wolfgang Brezinka. Fünfzig Jahre erlebte Pädagogik. Rückblick, Lebensdaten, Publikationen, München/Basel 1997, S. 12-29.

[4] A.a.O., S. 13.

solche Vermischung feststellen können.[5] In den Jahren zwischen 1949 bis 1951 setzt er sein Studiums an der Universität Innsbruck fort, nun mit dem Nebenfach Psychiatrie, Schwerpunkt Kinderpsychiatrie, und bis 1952 ein Ergänzungsstudium der Rechts- und Staatswissenschaften. Bereits im Jahr 1951 wird er zum Dr. phil. über das Thema „Die Bedeutung der psychologischen Typenlehren von Kretschmer, Jung und Spranger für die Erfassung des Charakters von Jugendlichen" promoviert. Die Habilitation mit dem Titel „Erziehung als Lebenshilfe. Jugendkundliche Beiträge zu einer Revision der Erziehung"[6] erfolgte drei Jahre später. Seine breit angelegte wissenschaftliche Ausbildung schließt auch verschiedene Forschungsstipendien an der Columbia University in New York und dem „Department of Social Relations" der Harvard University in Bosten mit ein. Die Biographie Brezinkas lässt erkennen, dass seine Position aus einer katholisch geprägten Erziehung heraus erwachsen ist. Diese Vorbemerkung ist notwendig, um erkennen zu können, welche Rolle Brezinkas eigene religiös-weltanschauliche Gebundenheit bei der Beurteilung der einzelnen Richtungen der Pädagogik spielt. Soweit es aus seinen Schriften ersichtlich ist, wird diese Voraussetzung von ihm selbst an keiner Stelle reflektiert oder kommentiert.

Die Frage nach weltanschaulicher Gebundenheit in pädagogischen Theorien gehört für Brezinka zu den Kernfragen der Pädagogik. Seine hervorgehobene Rolle in Bezug auf die vorliegende Fragestellung begründet sich zum einen darin, dass er selbst im Rückblick auf seine wissenschaftliche Biographie früh einen Zeitpunkt benennen kann,[7] an dem das Nachdenken über die „Mischung von Weltanschauung und [Erziehungs-]Wissenschaft" für ihn zu einer dringlichen Aufgabe geworden ist. Retrospektiv ist er davon überzeugt, dass Erziehungswissenschaftler ebenso kompetent in religiös-weltanschaulichen und moralischen Fragen sein sollten, wie es Psychologen oder Soziologen aufgrund ihrer Profession sind. Brezinka rät erziehungswissenschaftlichen Kollegen deshalb dazu, eine religiös-weltanschauliche und moralische Kompetenz auszubilden, weil von ihr abhinge, „was gelehrt und gelernt werden soll und in welcher Rangordnung die Lehrinhalte stehen"[8]. Zum anderen – und das ist für die vorliegende Untersuchung entscheidend – entwirft Brezinka 1978 in seinem Werk „Metatheorie der Erziehung"[9] ein Programm, das seiner Mei-

---

[5] A.a.O., S. 15.

[6] Brezinka, Wolfgang, Erziehung als Lebenshilfe. Ein Beitrag zum Verständnis der pädagogischen Situation, Wien 1957.

[7] Brezinka, Wolfgang, Fünfzig Jahre erlebte Pädagogik, a.a.O., S. 14f.

[8] A.a.O., S. 27.

[9] Brezinka, Wolfgang, Metatheorie der Erziehung. Eine Einführung in die Grundlagen der Erziehungswissenschaft, der Philosophie der Erziehung und der Praktischen Pädagogik, München 1978, S. 243; (Bei dieser Ausgabe handelt es sich um die 4. vollständig neu bearbeitete Auflage der Schrift: Brezinka, Wolfgang, Von der Pädagogik zur Erziehungswissenschaft. Eine Einführung in die Metatheorie der Erziehung, Weinheim 1971). Im Folgenden

nung nach eine klare Trennung zwischen (vermeintlich) *weltanschaulich neutraler* und *weltanschaulich gebundener* Erziehungswissenschaft vorsieht. Die Erziehungswissenschaft und die Philosophie der Erziehung müssen seiner Meinung nach von Weltanschauung frei sein beziehungsweise befreit werden. Den systematischen Ort für eine weltanschaulich geprägte Erziehung sieht Brezinka allein in der „praktischen Pädagogik", da in ihr „alle für ihren Zweck wesentlichen weltanschaulichen und moralischen Grundnormen bereits als gültig vorausgesetzt und nicht neuerlich in Frage gestellt"[10] werden dürfen. Von der praktischen Theologie unterschieden nimmt er zudem eine „wissenschaftliche" und eine „philosophische" Theorie der Erziehung an. Diese von Brezinka vorgenommene Klassifizierung von Erziehungstheorien in eine *wissenschaftliche*, eine *philosophische* und eine *praktische,* löste unter Fachkollegen heftige Kontroversen aus und wurde engagiert diskutiert, nicht zuletzt deshalb, weil die Anhänger der „geisteswissenschaftlichen Pädagogik" sich durch die Subsumierung ihres Ansatzes ausschließlich unter die praktische Pädagogik missverstanden und falsch dargestellt sahen.[11]

Die kritischen Stimmen, die sich in der Rezeptionsgeschichte des Theorieentwurfs von Brezinka finden, dürfen nicht übersehen lassen, welchen Einfluss und welche enorme Wirkung seine Theorie bis heute hat. Brezinkas Beiträge sind in mehr als fünfzehn Sprachen übersetzt und finden breite Aufnahme in führende Zeitschriften, Sammelwerke und Lexika.[12] Siegfried Uhl spricht als Herausgeber der Bibliographie Brezinkas sogar davon, dass Brezinka zu den „bekanntesten deutschsprachigen Erziehungstheoretikern der Gegenwart" gehöre, der „international bereits als klassischer Autor von Werken zur Erziehungswissenschaft, zur praktischen Pädagogik und zur Philosophie der Erziehung" zu zählen sei.[13]

In Bezug auf das Problem einer Vermischung zwischen (Erziehungs-) Wissenschaft und Weltanschauung wagt Brezinka am 23. Januar 1959 den ersten öffentlichen Vorstoß. Als Vorstand der neuen Pädagogischen Hochschule in Würzburg hält er eine Antrittsrede, die den Titel „Aufgaben und Probleme der Pädagogischen Hochschule in Bayern" trägt. Hinter diesem zunächst recht nüchtern klingenden Titel verbirgt sich eine programmatische Rede, in der er

---

wird als Textgrundlage die Schrift von 1978 herangezogen, da diese eine weitaus größere Rezeption erfahren hat.

[10] Brezinka, Wolfgang, Metatheorie der Erziehung, a.a.O., S. 243.

[11] Deutliche Kritik an der Metatheorie der Erziehung übt Otto-Friedrich Bollnow: Bollnow, Otto-Friedrich, Empirische Wissenschaft und Hermeneutische Pädagogik, in: ZP 17 (1971), S. 683-708; Rezension der 4. Auflage vgl. Lange, Hermann, Ein dogmatischer Rückfall hinter Popper. Zu Wolfgang Brezinkas Neufassung seiner Metatheorie der Erziehung, ZP 25 (1979), S. 403-422.

[12] Vgl. dazu das ausführliche Schriftenverzeichnis in: Uhl, Siegfried (Hg.), Wolfgang Brezinka. Fünfzig Jahre erlebte Pädagogik, München 1997, S. 40-98.

[13] A.a.O., S. 9.

deutlich macht, dass die Funktion der Hochschule nur darin bestehen könne, eine „rein wissenschaftliche Anstalt in unserer pluralistischen Gesellschaft" zu sein, und nicht unter konfessioneller Gebundenheit stehen dürfte.[14] Diese Rede wurde vor allem von Seiten seiner katholischen Kollegen als Angriff auf die bestehenden Verhältnisse gewertet und führte dazu, dass zahlreiche wissenschaftstheoretische Beiträge sich auf einer metatheoretischen Ebene mit der Problematik auseinandersetzten.[15] Die in dieser Antrittsrede bereits anklingende Idee einer „weltanschaulich neutralen Erziehungswissenschaft" klassifizierte Brezinka auf lange Sicht als „Positivisten"[16] – wie er selber rückblickend konstatiert.

Aus der Fülle der Beiträge, die Brezinka in den Jahren nach seiner Antrittsrede in Würzburg veröffentlichte, ist vor allem der Aufsatz „Über den Wissenschaftsbegriff der Erziehungswissenschaft und die Einwände der weltanschaulichen Pädagogik" von zentraler Bedeutung, der 1967 in der „Zeitschrift für Pädagogik" erschien.[17] Brezinka zufolge war mit diesem Aufsatz der „Positivismusstreit in der deutschen Pädagogik"[18] entfacht, da sein Standpunkt auf begrenzte Zustimmung stieß. Die Auseinandersetzung unter den Pädagogen wurde dann mit der zentralen Schrift „Von der Pädagogik zur Erziehungswissenschaft" im Jahr 1971 unter wissenschaftstheoretischer Perspektive weitergeführt. Da dieses Werk für die vorliegende Fragestellung von großer Relevanz ist, wird es im Folgenden auch im Mittelpunkt der Analyse stehen. Ab dem Jahr 1980 hat sich Brezinka dann verstärkt Wertungs- und Normproblemen zugewendet, da ihm eine normative Orientierungshilfe für Erzieher in einer „wertunsicheren Gesellschaft"[19] – ausgelöst durch Nihilismus, Individualisierung und Sinnkrisen – ein zentrales Problem zu sein schien. In diesem Kontext ist auch die Monographie „Glaube, Moral und Erziehung" von 1992 zu sehen, in der es um die philosophischen Grundlagen der religiösweltanschaulichen und der moralischen Erziehung geht.[20] Sie wird im letzten Kapitel dieses Teils ausführlich untersucht.

---

[14] Vgl. Brezinka, Wolfgang, Aufgaben und Probleme der Pädagogischen Hochschule in Bayern, in: Ders., Erziehung – Kunst des Möglichen. Beiträge zur Praktischen Pädagogik, München ³1988, S. 189ff.

[15] Vgl. Brezinka, Wolfgang, Fünfzig Jahre erlebte Pädagogik, a.a.O., S. 17; Vgl. hierzu auch die Fußnote 18, a.a.O., S. 18.

[16] Kastantowicz, Ulrich, Die Frage der Voraussetzungen der Pädagogik. Gibt es eine weltanschauungs- und bekenntnisfreie Pädagogik?, in: Die Katholische Schule Nr.7/8 (1959), S. 87-90.

[17] Brezinka, Wolfgang, Über den Wissenschaftsbegriff der Erziehungswissenschaft und die Einwände der weltanschaulichen Pädagogik, in: ZP 13 (1967), S. 135-168.

[18] Vgl. hierzu Büttemeyer, Wilhelm/Möller, Bernhard (Hg.), Der Positivismusstreit in der deutschen Erziehungswissenschaft, München 1979.

[19] Brezinka, Wolfgang, Fünfzig Jahre erlebte Pädagogik, a.a.O., S. 27.

[20] A.a.O., S. 27f.

I.3. Zur Verhältnisbestimmung von Erziehung und Weltanschauung in Brezinkas „Metatheorie der Erziehung"

Die Verhältnisbestimmung von Erziehung und Weltanschauung steht im Zentrum der Schrift „Von der Pädagogik zur Erziehungswissenschaft. Eine Einführung in die Metatheorie der Erziehung", die Brezinka 1971 veröffentlichte. In einem Zeitraum von nur vier Jahren erfuhr sie drei Auflagen und darf mit einer Anzahl von 15 000 Exemplaren zu den Bestsellern der Pädagogik gezählt werden. Für eine wissenschaftstheoretische Abhandlung über die Pädagogik ist diese Auflagenstärke enorm; sie spiegelt zugleich das große Interesse wider, das an einer grundlegenden Klärung zum Verständnis der Pädagogik damals bestand.[21] Sieben Jahre später erschien eine vollständig überarbeitete vierte Auflage mit dem Titel „Metatheorie der Erziehung. Eine Einführung in die Grundlagen der Erziehungswissenschaft, der Philosophie der Erziehung und der Praktischen Pädagogik"[22].

Brezinkas Werk wurde in seiner Rezeption unter ganz unterschiedlichen Interessen gelesen und beurteilt: So hat der Erziehungswissenschaftler Otto Friedrich Bollnow die Ausführungen Brezinkas vor allem als „kritische Abgrenzung gegen die geisteswissenschaftliche Pädagogik der Diltheyschen Schule" gelesen und selbst Stellung zu der Kritik an Diltheys Schülern Spranger, Litt, Nohl, Wilhelm Flitner und Weniger Stellung bezogen.[23] Auf diese Kritik soll in Auszügen auch im vorliegenden Kapitel eingegangen werden. Eine weitere Stellungnahme liegt in der Rezension des Erziehungswissenschaftlers Hermann Lange vor, der an der „Metatheorie der Erziehung" von Brezinka vor allem die vermeintlich falsch interpretierte Theorie Karl Raimund Poppers als fundamentales Defizit der Neubearbeitung bemängelte. Die Kritik Langes wird jedoch in der vorliegenden Untersuchung nicht weiter verfolgt, da sie sich eher mit wissenschaftstheoretischen Voraussetzungen der (Erziehungs-) Wissenschaft auseinandersetzt, als sich mit der grundlegenden Fragestellung einer weltanschaulich gebundenen Erziehung befasst.[24]

---

[21] Bollnow, Otto Friedrich, Empirische Wissenschaft und Hermeneutische Pädagogik. Bemerkungen zu Wolfgang Brezinka: Von der Pädagogik zur Erziehungswissenschaft, in: ZP 17 (1971), S. 683-708.

[22] Vgl. hierzu die kritische Rezension Lange, Hermann, Ein dogmatischer Rückfall hinter Popper, a.a.O., S. 403-422.

[23] Bollnow, Otto Friedrich, Empirische Wissenschaft und Hermeneutische Pädagogik, a.a.O., S. 683-708, hier S. 683.

[24] Es wäre sicher lohnend den Unterschieden zwischen erster und vierter Fassung nachzuzeichnen, jedoch wäre dieser Ansatz eher für eine Untersuchung interessant, die sich mit der Entwicklung historischer Bildungsforschung befasst. Für die vorliegende Untersuchung wird die vierte Fassung als Grundlage herangezogen, da sie – mit Blick auf das 20. Jahrhundert – eine weitaus größere Rezeption erfahren hat als die Erstauflage.

Brezinka beginnt die „Metatheorie der Erziehung" mit mehreren *Grundan-nahmen* einer Definition von „Weltanschauung", bevor er die Zielsetzung seiner Theorie formuliert. Da diese Grundannahmen wichtige Weichenstel-lungen für sein Verständnis einer weltanschaulich gebundenen Erziehung beinhalten, werden sie vorab skizziert. So soll (1) der Wissenschaftscharakter der Pädagogik aufgezeigt werden, (2) eine knappe Definition von Weltan-schauung gegeben werden, wie sie Brezinka aus den philosophischen Abhand-lungen seiner Zeit (re-)formuliert, (3) die Notwendigkeit einer weltanschaulich gebundenen Erziehungstheorie aufgezeigt werden und (4) die von Brezinka vorgenommene Klassifizierung der Pädagogik in „Satzsysteme" vorgestellt werden.

I.4. Zum „Wissenschaftscharakter der Pädagogik"[25]

Brezinka beginnt seine Abhandlung mit dem Verweis darauf, dass es weder national noch international eine einheitliche Begriffsbestimmung darüber gäbe, wie „(Erziehungs-) Wissenschaft" als Disziplin definiert wird.[26] Aus die-sem Grund will er in seinem Werk „Metatheorie der Erziehung" eine Systema-tisierung und Klärung dieser Fragestellung anstreben.[27] Die Uneinigkeit in der Begriffsbestimmung von „Erziehungswissenschaft" sei vor allem durch einen sehr weit gefassten Wissenschaftsbegriff entstanden, der zu teils sich über-schneidenden, teils sich widersprechenden Definitionen führe. Um sich einer Definition zu nähern, unterscheidet Brezinka drei Bestimmungen, wie Päda-gogik seinerzeit verstanden wird. Die Pädagogik wird seiner Auffassung nach entweder angesehen als (a) eine „gemischte normgebend-beschreibende (normativ-deskriptive) Disziplin", oder (b) als eine „philosophische Disziplin" oder schließlich (c) als „reine Erfahrungswissenschaft"[28]. Diese drei Bestim-mungen der Pädagogik würden Brezinka zufolge aus unterschiedlichen Theo-rieansätzen und Fragestellungen resultieren, die nicht in eine Chronologie zu bringen, sondern historisch auch parallel anzutreffen seien. Eine Klassifizie-rung der Pädagogik in unterschiedliche Theorieansätze sei wichtig, da es nicht nur „*eine* Pädagogik" oder „*die* wissenschaftliche Pädagogik" unter den Erziehungswissenschaftlern geben könnte, sondern es verschiedener Ansätze bedürfe.[29] Zu den drei historischen Bestimmungen äußerst sich Brezinka wie folgt:

---

[25] Brezinka, Wolfgang, Metatheorie der Erziehung, a.a.O., S. 2-10.
[26] Vgl. hierzu Brezinka, Wolfgang, Metatheorie der Erziehung, S. 1ff.
[27] Vgl. hierzu auch die zweisprachige Übersicht in Brezinka, Wolfgang, Metatheorie der Erzie-hung, a.a.O., S. 38.
[28] Brezinka, Wolfgang, Metatheorie der Erziehung, a.a.O., S. 5.
[29] A.a.O., S. 8.

(a) Als ein Vertreter der ersten Grundauffassung könne historisch gesehen Schleiermacher angeführt werden, der Erziehung als eine „sittliche Aufgabe" verstand und damit die Erziehung allgemein in den Bereich der Ethik verortete.[30]

(b) Von der zweiten Grundauffassung, Pädagogik als rein philosophische Disziplin anzuerkennen, distanziert sich Brezinka. Für Anhänger dieser Richtung sei die Pädagogik deshalb eine Wissenschaft, weil sie sich auf eine (einheitliche) philosophische Richtung oder Systembildung beziehe. In dieser Herangehensweise sieht Brezinka eine schleichende Vermischung der verschiedenen Grundauffassungen der Pädagogik, denn indem die Pädagogik in starker Abhängigkeit von philosophischen Theorien stehe, könne nicht mehr unterschieden werden, was rein philosophische Voraussetzungen sind und wo bereits weltanschauliche Implikationen mit hineinspielen. Mit einem kleinen Seitenhieb auf die Vertreter der „geisteswissenschaftlichen Pädagogik" kommentiert Brezinka kritisch: „Von den verschiedenen Erscheinungsformen der ‚Pädagogik auf philosophischer Grundlage' gibt es fließende Übergänge zur Pädagogik auf weltanschaulicher Grundlage. Vieles, was unter dem Namen ‚wissenschaftliche Pädagogik' oder ‚philosophische Pädagogik'auftritt, erweist sich bei näherer Prüfung als weltanschaulich bestimmte Pädagogik"[31].

(c) Brezinka selber zählt sich zu den Vertretern der dritten Grundauffassung, die die *„wissenschaftliche Pädagogik als reine Erfahrungswissenschaft"* klassifiziert.[32] Mit dem Anspruch, eine reine Erfahrungswissenschaft aufzubauen, sind mehrere Implikationen verbunden, so heißt es: „[d]amit ist ein Aussagensystem gemeint, das über Erziehungsziele und über jene Ausschnitte der Wirklichkeit, die für die Erreichung von Erziehungszielen relevant sind, in intersubjektiv nachprüfbaren Sätzen informiert. Insgesamt werden Gesetzmäßigkeiten gesucht, die zur Erklärung einschlägiger Tatsachen dienen, aber auch als Grundlage für Voraussagen und für die Beantwortung technologischer Fragen (,Was kann getan werden, um das Ziel x zu erreichen?') benutzt werden können"[33]. Diese als „reine Erfahrungswissenschaft" bezeichnete Grundauffassung könne auch – um Missverständnisse zu vermeiden – als *„Empirische Erziehungswissenschaft"* bezeichnet werden. Das Entscheidende an der Empirischen Erziehungswissenschaft sei, dass sie auf „die Wirklichkeit oder das Seiende"[34] beschränkt ist. In Brezinkas Definition von „Empirischer Erziehungswissenschaft" spiegelt sich sein Verständnis von Weltanschauung wider, denn für ihn ist die „Empirische Erziehungswissenschaft" – und nur sie – diejenige, die nach erfahrungswissenschaftlichen Erkenntnissen frage, die empirisch auch begründbar seien.[35] Hingegen werden „Entscheidungen für

---

[30] A.a.O., S. 6.
[31] A.a.O., S. 7.
[32] Ebda.
[33] Brezinka, Wolfgang, Metatheorie der Erziehung, a.a.O., S. 7f.
[34] Ebda.
[35] Ebda.

bestimmte Weltanschauungen und Bekenntnisse zu bestimmten Idealen" von Brezinka als für die Erfahrungswissenschaft „unbegründbar" angesehen und „ausgeklammert".

Brezinkas Bedenken bezüglich einer Vermischung von Wissenschaft und Weltanschauung fasst er selbst wie folgt zusammen: „Die Behandlung normativer Probleme wird der Philosophie der Erziehung überlassen, die als unentbehrliche Ergänzung der Erziehungswissenschaft betrachtet wird. Anlaß für diese Arbeitsteilung ist die wissenschaftstheoretische Überzeugung, daß normative Probleme im Rahmen empirischer Wissenschaft nicht gelöst werden können, und daß vorgefaßte, der Kritik entzogene Meinungen, *wie es Weltanschauungen zwangsläufig sind, die wissenschaftliche Erkenntnis eher behindern als fördern.*"[36] Pädagogik als Wissenschaft ist diesen Ausführungen zufolge also nur denkbar, wenn es nicht um Erziehungspraxis im eigentlichen Sinne geht – die ja auf einer weltanschaulichen Orientierung basiert –, sondern um Erziehungstheorien.

I.5. Zur Definition von „Weltanschauung" auf der Grundlage philosophischer Theorien

Brezinka plädiert in seiner „Metatheorie der Erziehung" dafür, dass die weltanschauliche Gebundenheit von praktischen Erziehungstheorien transparenter und deutlicher zu kennzeichnen sei. Erziehungslehren enthielten unwillkürlich auch Werturteile, Normen oder Handlungsanweisungen, die von Erziehern sichtbar gemacht werden müssten und nicht durch Verschleierung zu einer „Täuschung" von Kindern und Jugendlichen führen dürften.[37] Durch die ausführliche Darstellung der „Abhängigkeit der Pädagogik von Weltanschauung", die Brezinka in seiner „Metatheorie der Erziehung" darlegt, wird in grundlegender Weise die – positive oder negative – Einflussnahme von Weltanschauungen auf das Erziehungssystem insgesamt aber auch auf den einzelnen Erzieher oder Lehrer im Schulunterricht deutlich. Bevor die Frage beantwortet werden kann, in welchem (Abhängigkeits-)Verhältnis Brezinka die Pädagogik von Weltanschauung sieht, sollen grundlegende begriffliche Voraussetzungen geklärt werden.

Eine Definition des Terminus „Weltanschauung" führt Brezinka unter Zuhilfenahme philosophischer Deutungen an, die Ende der 60er und Anfang der 70er Jahre veröffentlicht wurden.[38] Eine mehrfach zitierte Position ist die des Philosophen Jakob Barion, der in seiner 1966 erschienenen Monographie

---

[36] Ebda., (Hervorhebung SH).
[37] A.a.O., S. 19-25, hier S. 20.
[38] Wolfgang Brezinka rezipiert hier Busemann, Adolf, Weltanschauung in psychologischer Sicht. Ein Beitrag zur Lehre des Menschen, München 1967.

„Ideologie, Wissenschaft, Philosophie" den Terminus „Weltanschauung" in Annäherung an den „Ideologie-Begriff" zu klären versucht. Für Barion ist Weltanschauung „das geschlossene Ganze der Überzeugungen eines Menschen oder einer Menschengruppe über den Sinn der Welt und des menschlichen Lebens, die in der praktischen Lebensführung verwirklicht werden soll"[39]. Auch wenn Brezinka nur punktuell auf einzelne definitorische Aspekte von Barion verweist, so zeigt sich doch eine Aufnahme der Definition des Philosophen in Brezinkas Werk. Bemerkenswert ist, dass Brezinka selbst keine eigene Definition von Weltanschauung vorlegt, sondern hierbei auf philosophische Begriffsbestimmungen zurückgreift.[40] Um nachvollziehen zu können, warum Brezinka auf einer strikten Trennung zwischen „wissenschaftlicher" und „praktischer" Pädagogik besteht, soll im Folgenden der Theorieansatz von Barion als Exkurs skizziert werden.

I.6. Exkurs zum Weltanschauungsbegriff bei Jakob Barion

In dem philosophischen Werk „Ideologie, Wissenschaft, Philosophie" von 1966 erläutert Barion im dritten Kapitel unter dem Titel „Ideologie und Weltanschauung" verschiedene Aspekte des Weltanschauungsbegriffs. Zunächst geht er in einem kurzen historischen Rekurs auf den Weltanschauungsbegriff bei Schleiermacher ein, der den Begriff Weltanschauung in der Ethik verortet und eine starke Äquivalenz zum Glaubensbegriff hergestellt habe.[41] Anschließend wendet sich Barion den Bestimmungen von Welt und Anschauung zu: Durch eine wissenschaftliche Anschauung der Welt selber würde keine Anschauung der Welt als Ganze gewonnen werden können. In Anlehnung an Dilthey versucht er die Anschauung der Welt als eine Art Weltbild zu deuten und macht kritisch darauf aufmerksam, dass Weltbilder auch in apologetischem Dienste von Weltanschauungen genutzt würden.

Welt, so Barion weiter, sei immer „auf Ganzheit bezogen, Ganzheit aber ist Einheit, Einheit einer Vielheit von Teilen"[42]. Interessanterweise wird die Einheit als Ganzes nicht als ein „Suchen nach der Einheit alles Seienden" verstanden, sondern als „*Haben* von *Wissen*"[43]. Es geht Barion hierbei also nicht um einen sich permanent wandelnden oder sich erneuernden Zustand, sondern um eine konstitutive Verfasstheit des Menschen. Er macht deutlich, dass dieses Wissen mit Wissenschaft nichts zu tun habe; Wissenschaft könne immer nur Teile oder Aspekte in Bezug z.B. auf physikalische oder biologische Sys-

---

[39] Barion, Jakob, Ideologie, Wissenschaft, Philosophie, Bonn 1966, S. 53.
[40] Den direkten Bezug zu Jakob Barion stellt Brezinka u.a. im Rahmen seiner Ausführungen „Die Abhängigkeit der Pädagogik von Werturteilen, Normen und Weltanschauung" her. Vgl. Brezinka, Wolfgang, Metatheorie der Erziehung, a.a.O., S. 24.
[41] Barion, Jakob, Ideologie, Wissenschaft, Philosophie, a.a.O., S. 48.
[42] A.a.O., S. 50.
[43] Ebda.

teme beschreiben oder untersuchen. Weltanschauung hingegen sei der Versuch des Menschen, eine Vielzahl von Systemen und Ordnungen als einheitliches Ganzes zu erfassen und zu begreifen. Dieses Streben nach einer umfassenden Einheit habe seine Wurzel in der Frage nach dem „Sinn der Welt".[44] „Sinn" steht für Barion in Beziehung zu einer *Wertebezogenheit*, nach Ziel und Zweck des Menschen in einer universalen Welt. Es bleibt die Frage, wie nun der einzelne Mensch diese Wertebezogenheit für sein Leben definiert. Werturteile, so Barion, seien letztendlich nicht universal nachvollziehbar, sondern lägen in persönlichen Behauptungen, in Emotionen, „Hoffnungen, Erwartungen, Sehnsüchten, Enttäuschungen, Willensengagements"[45]. Damit wird nun ein stark subjektives Moment deutlich, das in der persönlichen Beurteilung des Menschen in Bezug auf das Weltganze liege. Deshalb liege auch die Behauptung nahe, dass es im Blick auf diese „letzte Bestimmung menschlichen Daseins"[46] kein Wissen gäbe, sondern nur den *Glauben*.

Die funktionale Äquivalenz zwischen Weltanschauung und Glauben besteht Barion zufolge in Glaubenssätzen und Gewissheiten, die letztendlich nicht beweisbar sind: „Solche Sätze, [Glaubenssätze] aus subjektiven Gründen fest für wahr gehalten, bilden den Inhalt der Weltanschauungen. Daher tragen Weltanschauungen den Charakter des Bekennens. Sie verlangen aber zugleich, aus diesem Bekenntnis heraus zu leben. Diesen Anspruch erheben sie grundsätzlich gegenüber allen Menschen, und er erstreckt sich auf alle Lebensbereiche. Weltanschauung will für alle menschlichen Daseinsordnungen bestimmend sein, sie allein könne das richtige Verhalten des Menschen in seinem Leben bestimmen, da sie das wahre Wissen von der Welt und der Stellung des Menschen in ihr besitze."[47]

Diese knappe Definition von Weltanschauung durch Barion macht deutlich, inwiefern aus philosophischer Perspektive eine strikte Trennung zwischen Wissenschaft und Weltanschauung gedacht wurde oder gedacht werden kann. Auf der Basis dieser Grundhaltung, auf die Brezinka in seiner Metatheorie verweist, mag es dann nicht verwundern, warum er religiöse und weltanschauliche Fragen ausschließlich im Bereich der „praktischen Pädagogik" ansiedelt und nicht in den Bereich der von ihm als wissenschaftlich oder philosophisch geprägten Pädagogik mit einbezieht.

---

[44] A.a.O., S. 51.
[45] A.a.O., S. 52.
[46] Ebda.
[47] „Unter Glauben verstehen wir hier ein theoretisches unzureichendes Fürwahrhalten; subjektiv kann es von höchster Gewißheit sein, je nach dem Grade des Vertrauens, in dem der Glaube gründet […]. Überzeugungen des Glaubenden kommt subjektive Gewißheit zu, aber keine Gewißheit für jedermann. Glaubenssätze sind theoretisch nicht beweisbar", ebda.

I.7. Zur Funktion von Weltanschauung für die Gesellschaft

Nach dem Exkurs auf die philosophischen Deutungen von „Weltanschauung" durch Barion ist nun der Blick dafür geschärft, inwiefern Brezinka die Abhängigkeit der Pädagogik von „Weltanschauung" als für die Gesellschaft und das Individuum gewinnbringende oder aber auch gefährliche Verhältnisbestimmung bewertet. Da die Pädagogik sich Brezinka zufolge nicht nur auf beschreibende Erziehungslehren berufen könne, sondern immer auch im Vollzug der Erziehungspraxis stehe, seien weltanschauliche Festlegungen unabdingbar.[48] Die transparente Darlegung von normativen Inhalten in pädagogischen Theorien oder Sätzen werden deshalb von ihm auch als positiv angesehen, da jedem die Möglichkeit gegeben sei, inhaltliche Voraussetzungen oder Festlegungen nachvollziehen zu können. Schwieriger sei es hingegen, wenn sich praktische Theorien, die unwillkürlich normative und damit auch weltanschauliche Grundlagen voraussetzen, sich als wissenschaftlich tarnen würden und damit zu einer „Täuschung" führten.[49]

Auch wenn Brezinka die Vorenthaltung von weltanschaulichen Implikationen und Normen als bedenklich erachtet, so kann er der Verschleierung von normativen Grundannahmen aus soziologischer Perspektive auch etwas Positives abgewinnen: „Für jede Gesellschaft dient die Erziehung in erster Linie als Mittel, um die bestehende Lebensordnung zu erhalten. Das gelingt am besten, wenn die Weltanschauung und die Moral, die ihr entsprechen, als schlechthin gültig erlebt werden. Die Verhaltenssicherheit ist bei jenen Personen am größten, die abweichende Möglichkeiten der Weltdeutung gar nicht kennen oder zumindest nicht für ebenso zulässig halten. Deshalb sind den Führungsgruppen weniger Aufklärung und Kritik als Glaube an die geltende Werthierarchie und gefühlsmäßige Bejahung der vorhandenen Sozialordnung erwünscht. Sie kommen damit einem Urbedürfnis der Menschen nach Stabilität, Geborgenheit in einer vertrauten Welt und Entlastung vom Entscheidungszwang entgegen."[50] Aus diesem Zitat – in dem Brezinka weit mehr als nur die „Weltanschauung" als solche beschreibt – wird deutlich, dass dem Umgang mit Weltanschauung auch eine gesellschaftliche und soziale Funktion beigemessen wird. Die Verschleierung von weltanschaulichen Implikationen in Erziehungslehren, sei sie nun bewusst oder unbewusst vorgenommen, würde der Gesellschaft Sicherheit und damit Stabilität im täglichen Leben geben. Der Gedanke, dass eine bestimmte Weltanschauung dem Menschen Halt gibt und ihn vor der Häresie des Wählens einzelner ihn umgebender Weltanschauungen bewahrt, wird von Brezinka zunächst als positive und entlastende Leistung

---

[48] Vgl. Brezinka, Wolfgang, Metatheorie der Erziehung, a.a.O., S. 19.
[49] A.a.O., S. 20.
[50] Ebda.

bewertet. Der Pädagogik fällt seiner Auffassung nach die Aufgabe zu, Menschen in sichere Strukturen zu führen und auf diesem Wege ein „Urbedürfnis" zu stillen. An diese Auffassung muss jedoch kritisch zurückgefragt werden, ob dieser Ansatz wirklich konsequent von Brezinka weitergedacht wurde, oder ob es sich hier nicht um eine allgemeine Beschreibung der Funktion von Pädagogik handelt, die doch zu einem anderen Schluss führen muss.

Die oben beschriebenen Grundannahmen Brezinkas über den „Wissenschaftscharakter der Pädagogik" und die „Notwendigkeit weltanschaulich gebundener Erziehungstheorien" münden nun in eine dritte Grundannahme, die für die Beschreibung einer „Metatheorie der Erziehung" für Brezinka notwendig ist: Die Erstellung von „pädagogischen Satzsystemen"[51]. Wie bereits erwähnt, schlägt Brezinka eine Dreiteilung von *Klassen der Erziehungstheorie* vor, die sich in die „Erziehungswissenschaft", die „Philosophie der Erziehung" und die „praktische Pädagogik" gliedert. Das Interesse der vorliegenden Untersuchung liegt dabei auf der „praktischen Pädagogik", da hier der Ort für „notwendig weltanschaulich" bestimmte Aussagen ist, der auch die religiöse Erziehung mit einschließt. Nicht zuletzt macht der Versuch, Pädagogik als Wissenschaftsdisziplin zu beschreiben, es für Brezinka notwendig, eine Klassifizierung verschiedener Teilbereiche der Pädagogik vorzunehmen und sie in so genannte „Satzsysteme" zu fassen. Aus diesen Überlegungen heraus lässt sich dann der Bogen spannen zu den Aufgaben einer so genannten „Metatheorie der Erziehung", die als Erziehungstheorie im weitesten Sinne verstanden werden kann.

I.8. Weltanschauliche Bedingtheit der praktischen Pädagogik

Die von Brezinka als „praktische Pädagogik" oder auch „pragmatische Pädagogik"[52] bezeichnete Klasse der Erziehungswissenschaft ist für ihn der systematische Ort, an dem eine weltanschaulich gebundene Erziehung ihren Platz hat und haben muss. Die „praktische Pädagogik" ist für ihn „eine für das Handeln taugliche oder eine zum Handeln befähigende normative Theorie der Erziehung"[53]. Er führt die praktischen Erziehungslehren auf die „Kunst"[54] und die Kunstlehren zurück, wie sie in der Vergangenheit vielfach aus der Praxis entstanden und auf die Bedürfnisse der Praxis hin ausgerichtet worden seien. Vom Standpunkt der Wissenschaft seien sie als bloße Vorstufe eigentlicher Wissenschaftlichkeit zu betrachten, vom Standpunkt der Praxis behielten sie aber eine eigene Bedeutung.

---

[51]   Vgl. hierzu Brezinka, Wolfgang, Metatheorie der Erziehung, a.a.O., S. 25-31.
[52]   Brezinka, Wolfgang, Metatheorie der Erziehung, a.a.O., S. 236-272, hier S. 246.
[53]   A.a.O., S. 246.
[54]   A.a.O., S. 238.

Die Praxis könne Brezinka zufolge auf solche Formen der (Kunst-)Lehren gar
nicht verzichten. Der Grund für eine Unverzichtbarkeit von (Kunst-)Lehren
liege in folgender Diskrepanz: Ein Erzieher müsse bereits gegenwärtig erziehen und könne nicht abwarten, bis die Wissenschaft die nötigen Ergebnisse für
die Erziehung bereitstelle. Um diese (Theorie-) Lücke zu füllen, wird Brezinka zufolge eine eigene Kunstlehre gebraucht, die er als „praktische" oder
„pragmatische Pädagogik" beschreibt. Diese praktische Pädagogik habe von
ihrer Zielsetzung her eine doppelte Aufgabe. Sie müsse zunächst die einschlä-
gigen Ergebnisse der Wissenschaften so weit wie möglich berücksichtigen und
diese Ergebnisse aufnehmen und bereitstellen. Sie solle dabei die allgemeinen
Sätze der Wissenschaft auf die konkrete Situation beziehen. Gleichzeitig muss
die praktische Pädagogik aber auch die abstrakte Fachsprache der Wissenschaft in die „einfache, konkrete und anschauliche Umgangssprache des erzieherisch handelnden Menschen übersetzen"[55]. Das alles allein genüge jedoch
noch nicht, und zwar deshalb, weil die Fragestellung der „praktischen Pädagogik" eine ganz andere sei, als die der Wissenschaft. Brezinka versteht „praktische Pädagogik" als ein freies theoretisches Angebot an die Erzieher. Sie
bleibt in dieser Weise also eine theoretische Angelegenheit.

Die „praktische Pädagogik" definiert Brezinka wie folgt: „[Die praktische
Pädagogik] wird von einem weltanschaulichen Standpunkt aus entworfen und
ist wertend. Dementsprechend enthält sie normative und deskriptive Sätze. Sie
soll frei sein von wissenschaftlichem und philosophischem Beiwerk, das nicht
unmittelbar ihrem Zweck dient. Zusammenfassend kann man sie als ein *nor-
mativ-deskriptiv gemischtes Satzsystem* kennzeichnen*, das bestimmte Gruppen
von Erziehern in einer bestimmten gesellschaftlich-kulturellen Lage über ihre
erzieherischen Aufgaben sowie über die Mittel zu deren Durchführung infor-
mieren und sie zum erzieherischen Handeln im Sinne der geltenden Weltanschauung und Moral inspirieren soll.*"[56]

Diese Definition von praktischer Pädagogik ist unter Erziehungswissenschaftlern äußerst kontrovers diskutiert worden. Bollnow fragt bezüglich der Herangehensweise kritisch nach, ob dann der „normative" Charakter, den Brezinka
der praktischen Pädagogik zuspricht, nicht neu durchdacht werden müsse.[57]
Hatte Brezinka also zuvor der geisteswissenschaftlichen Pädagogik den
Wissenschaftscharakter abgesprochen, so spricht er ihr nun – in der Klasse der
praktischen Pädagogik – ihn wieder zu, indem er festhält: „Im deutschen
Sprachgebiet haben sich vor allem die Anhänger der sogenannten
‚geisteswissenschaftlichen Pädagogik' das Verdienst erworben, auf die Grenzen einer theoretischen Realwissenschaft von der Erziehung aufmerksam

---

[55] A.a.O., S. 258.
[56] A.a.O., S. 243.
[57] Bollnow, Otto Friedrich, Empirische Wissenschaft und Hermeneutische Pädagogik, a.a.O., S.
705.

gemacht und die Einsicht in die Unentbehrlichkeit praktischer Theorien der Erziehung gefördert zu haben. […] Man darf sich jedoch durch den Anspruch auf den Namen ‚Wissenschaft' nicht täuschen lassen […] Gerade jene Aufgaben, die sie für die wichtigsten und zentralen der ‚wissenschaftlichen Pädagogik' gehalten haben, erweisen sich bei genauerer Prüfung als solche der ‚praktischen Pädagogik'"[58].

In einem nächsten Schritt wendet sich Brezinka einzelnen Anhängern der „geisteswissenschaftlichen Pädagogik" zu, so vor allem Theodor Litt und Wilhelm Flitner, die in seinen Ausführungen durchaus wohlwollend Anerkennung finden.[59] Die Zustimmung zu den Theorien der geisteswissenschaftlichen Pädagogik seitens Brezinkas darf jedoch nicht darüber hinwegtäuschen, dass er – auch wenn er von der Notwendigkeit religiös-konfessioneller Theorien überzeugt ist – doch klar herausstellt, dass solche Theorien mit „Wissenschaft" nichts zu tun hätten und als solche auch nicht ausgegeben werden sollten.[60]

I.9. Zur „religiösen und weltanschaulichen Orientierungsunsicherheit"[61] am Ende des 20. Jahrhunderts

In der 1992 erschienen Monographie „Glaube, Moral und Erziehung"[62] thematisiert Brezinka Grundfragen der Erziehung, die sich vorrangig mit philosophischen und religiös-weltanschaulichen Orientierungsunsicherheiten von Kindern und Jugendlichen befassen. Zu den Grundfragen der Erziehung zählt für ihn auch der Umgang mit religiösen und weltanschaulichen Fragen in der Schule und im Elternhaus. Lehrer und Eltern müssten als Erziehungsziel für ihre Kinder und die Jugendlichen erkennen, dass Hilfe und Orientierung in Bezug auf religiöse und weltanschauliche Fragen unabdingbar seien. Die Herausforderungen für Eltern und Lehrer seien jedoch angesichts der pluralen Lebensverhältnisse schwieriger und komplexer geworden. Neben diesen gesellschaftshistorischen Argumenten, stellt Brezinka vor allem die Herausforderungen dar, die durch die rechtlichen Grundlagen vorhanden sind. Durch die vom Staat gebotene „Neutralität in Glaubenssachen" kämen „religiöse oder weltanschauliche Glaubensüberzeugungen" in der Schule eindeutig „zu kurz"[63]. Diese Entwicklung führe dazu, dass bei Kindern und Jugendlichen

---

[58] Brezinka, Wolfgang, Metatheorie der Erziehung, a.a.O., S. 247f.
[59] Vgl. A.a.O., S. 249f.
[60] A.a.O., S. 252.
[61] So eine Unterüberschrift in Brezinka, Wolfgang, Glaube, Moral und Erziehung, München 1992, S. 39.
[62] Ebda.
[63] A.a.O., S. 39.

zunehmend eine „religiöse oder weltanschauliche Orientierungsunsicherheit"[64] festzustellen sei.

Im ausgehenden 20. Jahrhundert äußert sich Brezinka bezüglich der Frage, wie verbindlich christliche Glaubensinhalte bei Eltern anzutreffen sein, vorsichtig bis zurückhaltend.[65] Da keineswegs mehr davon auszugehen sei, dass Eltern sich in Fragen des Glaubens auskennen würden, sei in Zukunft noch stärker davon auszugehen, dass „ein Minimum an nicht-religiöser weltanschaulicher Orientierungssicherheit im Sinne einer elementaren *Lebensklugheit* auf anthropologisch-psychohygienischer Grundlage unter die gesetzlichen Erziehungsziele"[66] aufgenommen werden müsse. Deshalb widmet sich Brezinka in seiner Monographie „Glaube, Moral und Erziehung" dem erziehungsphilosophischen Problem über den Nutzen und der Wahrheit von Glaubensüberzeugungen,[67] dem er in mehreren Gedankengängen nachgeht: (1) Zunächst klärt Brezinka, was er unter „Glaubensüberzeugungen" versteht und warum ihm die so genannten „Gesinnungs-Einstellungen" besonders wichtig sind. (2) Danach geht er auf die Unterscheidung von religiösen und weltanschaulichen Glaubensüberzeugungen ein. (3) Abschließend führt er die inhaltlichen und funktionalen Unterschiede zwischen Religion und Weltanschauung auf.

(1) Unter „Gesinnungs-Einstellungen" versteht Brezinka die „weltanschaulichen, religiösen, moralischen, rechtlichen und politischen Überzeugungen der Menschen"[68], die diese in verschiedenen Situationen gleichsam „reflexartig" und „automatisch" abrufen können, ohne dass sie bewusst überlegen und entscheiden müssen. Angesichts der Herausforderungen im Alltag könne der Mensch mit großer Sicherheit sagen, was richtig, was falsch, was gut oder was schlecht sei.[69] Da die Gesinnungs-Einstellungen viel „Denkarbeit" ersparen würden, sei der Mensch vom Zwang zur Häresie weitgehend befreit. Unter den Gesinnungs-Einstellungen interessieren Brezinka vor allem nun die so genannten „*Glaubensüberzeugungen*". Glaube ist für ihn im empirisch-psychologischen Sinn „ein seelischer Vorgang der gefühlsmäßig-willentlichen Zustimmung zu einer wissenschaftlich unbeweisbaren Lehre von der Deutung der Welt, der Sinngebung des menschlichen Lebens, den Wertungsgrundsätzen und Idealen, die in einer Gemeinschaft anerkannt [sind] und die religiösen und/oder weltanschaulichen Gemütsbedürfnissen ihrer Mitglieder befriedigt"[70]. Glaubensüberzeugungen seien deshalb einerseits individuell, andererseits seien sie durch ihren Inhalt auch überindividuell, weil die Lehre, der der Glaubende zustimmt, zur Kultur einer Gemeinschaft gehöre.

---

[64] Ebda.
[65] Ebda.
[66] A.a.O., S. 40.
[67] A.a.O., S. 47ff.
[68] A.a.O., S. 47.
[69] Ebda.
[70] A.a.O., S. 50f.

(2) Brezinka unterscheidet nun zwei Klassen von Glaubensüberzeugungen, die *religiöse* und die *weltanschauliche*. Diese Klassifizierung finde sich in zahlreichen Rechtstexten, die den religiösen und auch weltanschaulichen Glaubensüberzeugungen Schutz gäben und ihre Persönlichkeitsrechte ernst nähmen.[71] Kritisch führt Brezinka an, dass Weltanschauung und Religion die gleiche – wie er es nennt – „psychische Disposition" aufweisen würden, denn sowohl die Religion als auch die Weltanschauung seien weltdeutend, sinngebend und schließen wertende Stellungnahmen ein, deren Inhalte nicht durch wissenschaftliche Analysen und Methoden verifiziert oder falsifiziert werden könnten.[72]

(3) Kritisch merkt Brezinka an, dass Außenstehende oft versucht seien, beide Begriffe in „einen Topf zu werfen", wenn sie ausschließlich unter erkenntnistheoretischen Aspekten verglichen werden: „[d]en einen gelten die Religionen als bloße Sonderformen von Weltanschauung, andere dagegen nennen Weltanschauung jeder Art ,Religionen' oder ,Ersatzreligionen'"[73]. Die Vermischung der Grenzen zwischen Weltanschauung und Religion könne jedoch die Unterschiede zwischen ihnen nicht negieren. In Anlehnung an Heinrich Scholz stellt Brezinka als konstitutives Unterscheidungsmerkmal heraus, dass das Wesen der Religion im Gottesbewusstsein gründet; auch wenn er einräumt, dass Religion eine eigentümliche Weltanschauung sei, so ist sie nicht selbst Weltanschauung, sondern eine Beziehung zu Gott mit weltanschaulichen Konsequenzen.[74] Auch wenn nicht jeder Mensch religiöse Überzeugungen habe, so habe jeder Mensch weltanschauliche Überzeugungen und brauche eine Weltanschauung.[75] In Rekurs auf Dilthey wiederholt Brezinka nun seine Definition, indem er konstatiert: „Eine Weltanschauung ist ein geistiges Gebilde, das Welterkenntnis, Ideal, Regelgebung und oberste Zweckbestimmung einschließt. Sie ist eine theoretisch-praktische Stellungnahme zu den ,Welt- und Lebensrätseln' in Form einer ,Verbindung von Welterkenntnis, Lebenswürdigung und Prinzipien des Handelns'. Ihre Bedeutung liegt darin, daß sie der Persönlichkeit in ihren verschiedenen Leistungen ,innere Einheit' gibt."[76] In polemischer Frontstellung äußert sich Brezinka auch zu weltanschaulichen Überzeugungen, die zwar als „wissenschaftliche Weltanschauungen" ausgegeben würden, seiner Meinung nach jedoch nicht zu

---

[71] Als Referenztexte führt Brezinka hier erstens die Allgemeine Erklärung der Menschenrechte der Vereinten Nationen von 1948 §18 an, zweitens den Weltmenschenrechtspakt von 1966, Art. 18 Absatz 3. Die Europäische Menschenrechtskonvention, die den Staat verpflichtet im Schulwesen das Recht der Eltern zu achten. Ebenfalls beruft sich Brezinka auf Artikel 4. Absatz 3 des GG der Bundesrepublik Deutschland. Vgl. hierzu Brezinka, Wolfgang, Glaube, Moral und Erziehung, a.a.O., S. 31f.

[72] A.a.O., S. 52.

[73] A.a.O., S. 53.

[74] Scholz, Heinrich, Religionspsychologie, Berlin 1921, S. 168ff.

[75] Brezinka, Wolfgang, Glaube, Moral und Erziehung, a.a.O., S. 53.

[76] Dilthey, Wilhelm, Das Wesen der Philosophie (1907), in: Dilthey, Wilhelm, Gesammelte Schriften Bd. V, Leipzig 1924, S. 404.

diesen zählen dürften. Hierunter falle der Marxismus-Leninismus, der eine Glaubenslehre sei, die mit Wissenschaft nichts zu tun habe.[77]

I.10. Möglichkeiten und Grenzen einer Erziehung im Pluralismus – Zusammenfassung

Stand bisher die Verhältnisbestimmung von *Glaube und Weltanschauung* im Vordergrund, so soll nun nach den Bedingungen dieses Verhältnisses vor dem Hintergrund der Herausforderungen des Pluralismus gefragt werden.[78] Der Pluralismus – so Brezinka – habe sich früher vorwiegend im Nebeneinander mehrerer Religions- und Weltanschauungsgemeinschaften geäußert. In jeder Religion oder Weltanschauung hätten die Anhänger unter sich dank ihrer gemeinsamen Ideale relativ übereinstimmende Werteinstellungen besessen. Diesem Pluralismus großer Bekenntnisgruppen habe auch ein bekenntnisorientiertes Erziehungswesen entsprochen. Nun – so die These Brezinkas – habe der Pluralismus der Gruppen an Bedeutung verloren gegenüber dem Pluralismus der Individuen. In der heutigen Zeit werde den Menschen ihre normative Orientierung weniger durch geschlossene werteinheitliche Glaubensgemeinschaften vermittelt, als durch unzählige verschiedenartige Einflussquellen einer offenen individualistischen Gesellschaft. Diese könnten von öffentlichen Institutionen nur sehr begrenzt gesteuert und kontrolliert werden. Da ein großer Freiraum für persönliche Entscheidungen, aber auch ein großer Spielraum für zufällige Einflüsse auf die individuelle Wertorientierung stattgefunden habe, stellte sich die heute Ausgangssituation völlig anders dar und bedürfe einer besonderen Werteinstellungs-Erziehung.

Eines der zentralen Erziehungsziele für Brezinka ist die Werteeinstellungs-Erziehung als weltanschaulich-religiöse und moralische Erziehung. Er betont nachdrücklich, dass zur Werteeinstellungs-Erziehung nicht nur die weltanschauliche, sondern auch die religiöse Erziehung gehört, weil es jeweils um Glaubensüberzeugungen, Bekenntnis und Sinnfindung bzw. Sinngebung geht: *„Es geht jedenfalls um mehr als nur um moralische Erziehung"*[79]. Für die Zeit Anfang der 90er Jahre konstatiert er eine weltanschaulich-religiöse Krise: Das Problem in einer pluralistischen Gesellschaft der weltanschaulich-religiösen Erziehung könne nicht für alle Menschen in gleicher Weise gelöst werden. Deshalb schlägt er eine Abstufung der Werteerziehung je nach unterschiedlichen Erziehungsaufgaben und auch verschiedenen Erziehungsträgern vor.

---

[77] Brezinka, Wolfgang, Glaube, Moral und Erziehung, a.a.O., S. 55.
[78] Vgl. hierzu a.a.O., S. 164ff.
[79] A.a.O., S. 166.

Die primäre Verantwortung für das Kind liege bei den Eltern für die gesamte Erziehung. Der Staat könne demgegenüber nur für Teilbereiche der Erziehung zuständig sein. Er könne durch die Lehrer seiner Schulen für die weltanschaulich-religiöse Seite der Lebenstüchtigkeit wenig tun, weil er in weltanschaulichen und religiösen Angelegenheiten zur Neutralität verpflichtet sei. Auch in umstrittenen moralischen Angelegenheiten sei für die Lehrer Zurückhaltung geboten.[80] Da vor allem moralische Angelegenheiten eng mit weltanschaulichen und religiösen Überzeugungen verknüpft sind, können sie nur den Eltern vorbehalten werden. Die Einbeziehung der Eltern setzt jedoch zwei Aspekte voraus: erstens sollten die Eltern „tragfähige" weltanschaulich-religiöse und moralische Überzeugungen haben und zweitens müssten sie auch gewillt sein, die weltanschaulich-religiöse und moralische Erziehung ihrer Kinder in erster Linie selbst zu übernehmen.

In recht düsteren Bildern zeichnet Brezinka die Fähigkeit von Eltern und Erwachsenen nach, ihre Kinder in religiös-weltanschaulichen und moralischen Fragestellungen unterstützen zu können: „Viele haben daraus [Missachtung der moralischen Autoritätenträger] noch nicht die notwendigen Konsequenzen gezogen, in weltanschaulich-religiösen und moralischen Fragen selber zu denken und vernünftig begründet zu entscheiden. Sie lassen die für das eigene und das fremde Glück wichtigen Lebensfragen ungeklärt und unentschieden [...] Durch ihre eigene Wertunsicherheit bringen sie ihre Kinder ungewollt in Gefahr, ohne gute Werteinstellungen zu [leben] und moralische Nihilisten zu werden."[81]

---

[80] Vgl. hierzu auch Brezinka, Wolfgang, Erziehung, Moral und Glaube, a.a.O., S. 223.
[81] A.a.O., S. 168.

II. Zum Umgang mit einem religiös-weltanschaulichen Pluralismus in Religionspädagogik und Systematischer Theologie

II.1. Einleitung

Die Evangelische Kirche in Deutschland (EKD) legte mit der Denkschrift „Identität und Verständigung. Standort und Perspektiven des Religionsunterrichts in der Pluralität"[1] im Jahr 1994 ein Dokument vor, das den Pluralismus als eine gegebene Gesellschaftssituation konstatiert. Unter der Federführung von Karl Ernst Nipkow ist die Bildungskammer der EKD mit dieser Denkschrift einen entscheidenden Schritt in Richtung auf einen echten Dialog in der zunehmend multireligiösen und auch multikulturellen Gesellschaft gegangen. So lässt sich am Beginn der Zusammenfassung der entscheidende Satz finden: „Wir leben in einer pluralen, von Gegensätzen gezeichneten Welt."[2] Dieser deskriptiven Beschreibung der „Einen Welt" geht jedoch eine wechselvolle Geschichte voraus, die eng mit dem Verständnis des Terminus „Weltanschauung" verknüpft ist. In der Denkschrift wird herausgestellt, dass die gegenwärtige Situation der Gesellschaft als ein religiös-weltanschaulicher Pluralismus charakterisiert werden kann. Dabei spielt der christliche Glaube bei der Suche nach weltanschaulicher Orientierung eine entscheidende Rolle, weil er es dem Menschen ermöglicht, sich und seine Welt begreifen und deuten zu lernen. Die Wendung „religiös-weltanschaulicher Pluralismus" entwickelte sich zu einem neuen Leitbegriff einer umfassenden Deutung der Gegenwart und löste damit den Begriff der Säkularisierung ab. Diese Tendenz ist seit dem Ende des 20. Jahrhundert nicht nur in der systematisch-theologischen Diskussion zu verfolgen,[3] sondern wird auch in soziokulturellen Kontexten wahrgenommen (siehe Einleitung).

Schaut man sich die einzelnen Pluralisierungstendenzen von der Reformation bis zur Moderne an, die zum religiös-weltanschaulichen Pluralismus geführt haben, wird rasch deutlich, dass es sich keineswegs um ein einheitliches, sondern ein in sich selbst vielschichtiges Phänomen handelt.[4] Nach Christoph Schwöbel lässt sich beobachten, dass der Prozess der Pluralisierung zu einer „Radikalisierung" führe, in dem die Pluralisierung zunehmend fundamentaler wird, bis sie schließlich zu einem weltanschaulich-religiösen

---

[1] Kirchenamt der EKD, Identität und Verständigung. Standort und Perspektiven des Religionsunterrichts in der Pluralität. Eine Denkschrift, Gütersloh 1994.

[2] A.a.O., S. 82.

[3] Herms, Eilert, Pluralismus aus Prinzip, in: Ders. (Hg.), Kirche für die Welt, Tübingen 1995, S. 467-487.

[4] Vgl. hierzu auch Schwöbel, Christoph, Christlicher Glaube im Pluralismus. Studien zu einer Theologie der Kultur, Tübingen 2003, S. 1ff.

Pluralismus werde. Ein Aspekt dieses Prozesses sei es, dass der religiös-weltanschauliche Pluralismus das Ende der Privatisierung mit sich bringe. Die seit der Aufklärung ins Private verwiesenen Konflikte drängten nun wieder in das öffentliche Leben. Durch die Koexistenz und Konkurrenz religiös-weltanschaulicher Sichtweisen im öffentlichen Leben stellt sich nicht nur für die evangelische Theologie, sondern auch für Religionslehrerinnen und Religionslehrer die Aufgabe, die gegenwärtige Situation (neu) zu deuten und klare Handlungsperspektiven aufzuzeigen.

Im vorliegenden Kapitel soll auf zwei (Theorie-)Konzepte eingegangen werden, die das Verhältnis von Religion und/oder Glaube und Weltanschauung aufgrund der skizzierten Gesellschaftsanalyse für die Disziplinen der Religionspädagogik und der systematischen Theologie zu klären suchen. Für die religionspädagogische Diskussion soll das Konzept von Karl Ernst Nipkow analysiert werden, der anhand von Schulen in kirchlicher Trägerschaft ein Programm für den (Religions-)Unterricht ausweist, das exemplarisch zeigt, wie Unterricht in der Pluralität gelingen kann. Zudem sollen die historischen Entwicklungslinien nachgezeichnet werden, die Nipkow für den Religionsunterricht nach 1945 herausstellt. Den systematischen Mittelpunkt der Analyse von Nipkows Schriften stellt sein Werk „Bildung als Lebensbegleitung und Erneuerung" aus dem Jahr 1990 dar. Wie sich zeigen wird, avanciert der Terminus „*Welt-Anschauung*" zu einem Schlüsselbegriff in seiner Theoriebildung. Die originelle orthographische Schreibweise macht es für Nipkow möglich, den Begriff semantisch neu zu füllen und ihn für eine religionspädagogische Theoriebildung transparent zu machen.

Aus systematisch-theologischer Perspektive ist es vor allem Eilert Herms, der den Begriff „Weltanschauung" gleich in mehrfacher Hinsicht einer Analyse und Systematisierung unterzieht. In theologiegeschichtlicher Hinsicht geht er auf die historischen Prämissen des Weltanschauungsproblems innerhalb der protestantischen Theologie ein. Für ihn erweisen sich vor allem die Positionen von Friedrich Schleiermacher und Albrecht Ritschl als besonders fruchtbar, da im Rekurs auf sie der Beginn der Auseinandersetzung mit dem Weltanschauungsbegriff aus protestantischer Perspektive angestoßen wird.[5] Des Weiteren fußt Herms' Konzept auf einer sprachgeschichtlichen Betrachtung des Weltanschauungsbegriffs, die er auf Basis der umfangreichen Studie von Helmut

---

[5] So hält Herms fest: „Schleiermacher ist überhaupt der erste Theologe gewesen, der den Begriff Weltanschauung in theoretisch prägnanter Fassung verwendet hat. Und Ritschl hat den Begriff dann zu einem zentralen Instrument der theologischen Theoriearbeit erhoben", Herms, Eilert, „Weltanschauung" bei Friedrich Schleiermacher und Albrecht Ritschl, in: Ders., Theorie für die Praxis – Beiträger zur Theologie, München 1982, S. 123.

G. Meier aber auch eigener Analysen gewinnt.[6] Nicht zuletzt legt Herms 1979 zusammen mit Wilfried Härle durch seine Schrift „Rechtfertigung. Das Wirklichkeitsverständnis des christlichen Glaubens"[7] den Grundstein für eine langjährige Beschäftigung mit dem Weltanschauungsbegriff, der eine vorläufig abschließende Zusammenführung in der Aufsatzsammlung „Zusammenleben im Widerstreit der Weltanschauungen"[8] aus dem Jahr 2007 erfährt.

II.2. Konzept einer veränderten oder veränderbaren „Welt-Anschauung aus dem Glauben" – Karl Ernst Nipkow

II.2.1. (Religions-)Pädagogik in der Pluralität

Aus religionspädagogischer Perspektive ist es Karl-Ernst Nipkow, der sich seit Mitte der 70er Jahre verstärkt dem Verhältnis von *Glaube und Weltanschauung* zuwendet.[9] Sein Interesse richtet sich auf theologische und pädagogische Herausforderungen, die das spannungsvolle Verhältnis von Glaube und Weltanschauung für eine Bildungstheorie mit sich bringt. Exemplarisch verdeutlicht Nipkow seine Überlegungen anhand von Schulen in kirchlicher Trägerschaft, wobei er seine Bildungstheorie nicht auf kirchliche Schulen beschränkt, sondern das Verhältnis von Glaube und Weltanschauung grundsätzlich erörtern möchte.[10]

Karl Ernst Nipkow wurde am 19. Dezember 1928 in Bielefeld geboren und verstarb im Alter von 84 Jahren am 13. Februar 2014 in Marburg a.d. Lahn. Seine Kindheit und Schulzeit verlebte er in Bielefeld.[11] Zu den prägenden Erinnerungen seiner Jugendzeit gehörte der Einsatz als Luftwaffenhelfer 1944/1945. In den Jahren von 1949 bis 1954 nahm Nipkow das Studium der

---

[6] Hier greift Herms auf die ausführliche Analyse zurück von Meier, Helmut G., „Weltanschauung". Studien zu einer Geschichte und Theorie des Begriffs, Münster 1967.

[7] Härle, Wilfried/Herms, Eilert, Rechtfertigung. Das Wirklichkeitsverständnis des christlichen Glaubens, Göttingen 1979.

[8] Herms, Eilert, Zusammenleben im Widerstreit der Weltanschauungen, Tübingen 2007.

[9] Vgl. u.a. hierzu Nipkow, Karl Ernst, Grundlagen der Religionspädagogik. Gesellschaftliche Herausforderungen und theologische Ausgangspunkte Bd. 1, Gütersloh 1975, besonders Kapitel II, 4. Im Folgenden wird die 2. Auflage von 1957 zitiert, die keine Änderungen zur Erstausgabe aufweist.

[10] Vgl. hierzu Schreiner, Martin, Im Spielraum der Freiheit, Göttingen 1996. – Ders., Evangelische Schulen – Bewährungsfall kirchlicher Bildungsverantwortung, in: Schweitzer, Friedrich/Elsenbast, Volker/Scheilke, Christoph Th. (Hg.), Religionspädagogik und Zeitgeschichte im Spiegel der Rezeption von Karl Ernst Nipkow, Gütersloh 2008, S. 81-93.

[11] Vgl. hierzu die Ausführungen Nipkow, Karl Ernst, Religionspädagogik zwischen Theologie und Pädagogik, Kirche und Gesellschaft, in: Lachmann, Rainer/Rupp, Horst F. (Hg.), Lebensweg und religiöse Erziehung. Religionspädagogik als Autobiographie Bd. 2, Weinheim 1989, S. 215-234.

Germanistik und Anglistik sowie der Ev. Theologie und Pädagogik zunächst in Heidelberg und später in Marburg auf, woran sich eine pädagogische Ausbildung für den höheren Schuldienst anschloss. Eigene Erfahrungen in der schulischen Unterrichtspraxis konnte er von 1956 bis 1961 an verschiedenen Gymnasien sammeln. Während dieser Zeit wurde er 1959 zum Dr. phil. mit einer Arbeit über „Die Individualität als pädagogisches Problem bei Pestalozzi, Humboldt und Schleiermacher"[12] promoviert. Von 1961 bis 1965 war er Studienrat im Hochschuldienst und zudem Lehrbeauftragter für Gymnasialpädagogik am Pädagogischen Seminar der Universität Marburg. Eine Professur für Pädagogik hatte er von 1965 bis 1968 an der Pädagogischen Hochschule Hannover inne. Im Jahr 1968 folgte dann der Ruf als Professor für Praktische Theologie mit Schwerpunkt Religionspädagogik an die Evangelisch Theologische Fakultät zu Tübingen. Von den zahlreichen Ämtern und Positionen, die Nipkow im Laufe seines Lebens innehatte, sei an seine Tätigkeit als Vorsitzender im Vorstand des Comenius-Instituts in Münster von 1969 bis 1994 erinnert. Ebenfalls war er fast 25 Jahre lang in der Bildungskammer der EKD, deren Vorsitzender er zudem über zwei Ratsperioden war.

II.2.2. Weltanschauliche Profilierung –
Schulen in evangelischer Trägerschaft

Im Zentrum der folgenden Ausführungen steht seine Bildungsschrift „Bildung als Lebensbegleitung und Erneuerung" aus dem Jahr 1990, die im 11. Kapitel unter der Überschrift „Schule in der pluralen Gesellschaft – kirchliche Schulen" das Konzept einer veränderten oder veränderbaren „Welt-Anschauung aus Glauben" entwirft.[13] Diesem „vergessenen Kapitel", wie Nipkow es selbst nennt, liegt der Gedanke zugrunde, dass eine evangelische Bildungsverantwortung in der Pluralität sich nicht nur auf Schulen in evangelischer Trägerschaft beschränken darf, sondern sich auch auf staatliche Schulen, so genannte christliche Gemeinschaftsschulen, sowie kirchlich getragene Schulen ausweiten muss.[14] Mit diesem Ziel strebt Nipkow eine Bildungstheorie von allgemeiner Bedeutung an, die sich den Herausforderungen einer Gesellschaft in der Pluralität stellt.

Am Beispiel von Schulen in evangelischer Trägerschaft soll exemplarisch aufgezeigt werden, warum in besonderer Weise an ihnen das Verhältnis von Glaube und Weltanschauung dargestellt werden kann. Nipkow gibt zwei Stoß-

---

[12] Nipkow, Karl Ernst, Die Individualität als pädagogisches Problem bei Pestalozzi, Humboldt und Schleiermacher, Weinheim 1960.
[13] Nipkow, Karl Ernst, Bildung als Lebensbegleitung und Erneuerung, a.a.O., S. 524-554.
[14] A.a.O., S. 16f., S. 496ff.

richtungen vor, die seiner Meinung nach richtungsweisend sind. Zunächst stellt sich das theologische Problem religiöser und weltanschaulicher Profilierung für Schulen in evangelischer Trägerschaft nicht nur in Bezug auf den Religionsunterricht, sondern erstreckt sich auf den gesamten Fächerkanon und alle schulischen Handlungsfelder. In universeller Weise wird das gesamte schulische „Klima", der „Stil", schlichtweg der „Geist" einer Schule auf religiöser Grundlage ausgerichtet und geführt, sei es in Bezug auf die Lehrenden, das Curriculum, die Schulleitung oder das Schulprogramm.[15] Nipkows Doppelthese, „daß über Freie Schulen nur unter Beachtung der *allgemeinen Lage des Schulwesens* gehandelt werden darf, wie umgekehrt die allgemeine Schulforschung und Schulpädagogik es sich nicht leisten sollte, an den *Freien Schulen* vorbeizugehen"[16], macht deutlich, dass seine Theorie nur in wechselseitiger Verschränkung von allgemeinem Schulwesen und Freien Schulen zu gewinnen ist.

Wie Martin Schreiner festhält, erscheint damit das scheinbar „vergessene Kapitel"[17] über Schulen in evangelischer Trägerschaft unter dem Aspekt ihrer religiösen und weltanschaulichen Profilierung als ein äußerst interessantes Sujet: An ihrem komplexen pädagogisch-theologischen Verhältnis lässt sich exemplarisch aufzeigen, worin die Herausforderungen und Schwierigkeiten liegen, religiöse und weltanschauliche Grundannahmen und Voraussetzungen im schulischen Kontext transparent werden zu lassen und konkrete Handlungsmöglichkeiten für den schulischen Alltag aufzuzeigen.[18] Die Beantwortung der Frage, in welcher Weise religiöse und weltanschauliche Fragestellungen in der Schule zur Sprache kommen, ist nicht mehr nur eine Aufgabe für eine „Theorie religiöser Erziehung". Vielmehr müsse sich die Religionspädagogik ganz allgemein in einer übergreifenden Theorie religiöser Bildung (neu) verorten lassen. Mit diesem konstitutiven Ansatz, der im Folgenden näher ausgeführt wird, liegt aus religionspädagogischer Perspektive erstmals ein Konzept vor, das sich theologisch wie pädagogisch den Herausforderungen von Glaube und Weltanschauung in der Pluralität stellt.

II.2.3. Reformulierung des Begriffs „Welt-Anschauung"

Wie in den bisherigen Kapiteln gezeigt, unterlag der Terminus „Weltanschauung" einer wechselvollen (Begriffs-)Geschichte, in der er vom einstigen Modewort hin zu einem äußerst negativ konnotierten Begriff avancierte. Die Tatsache, dass Nipkow den Begriff „Weltanschauung" am Ende des 20. Jahrhunderts in einer evangelischen Bildungstheorie verwendet, macht einerseits

---

[15] A.a.O., S. 525.
[16] A.a.O., S. 498f.
[17] A.a.O., S. 496.
[18] Schreiner, Martin, Evangelische Schulen – Bewährungsfall kirchlicher Bildungsverantwortung, a.a.O., S. 81-93, hier S. 84.

deutlich, dass er ihm nach wie vor eine gewisse Relevanz in Fragen der religiösen Erziehung beimisst; andererseits führt die Verwendung des Begriffs „Weltanschauung" aber auch zu (Nach-)Fragen, denn die skeptische, wenn nicht negierende Grundhaltung, die diesem Begriff von religionspädagogischer Seite seit Ende des Zweiten Weltkriegs entgegengebracht wurde, lässt eine Reformulierung des Begriffs nicht ohne kritische Rückfragen zu. Nipkow selber fasst retrospektiv die historische Auseinandersetzung mit dem „Weltanschauungsbegriff" folgendermaßen zusammen: „Im evangelischen Erziehungsdenken war unter dem Einfluß der dialektischen Theologie vor und nach dem letzten Weltkrieg für die zuletzt angedeutete Lösung kein Raum. Das Modell der Trennung von innen und außen hatte vielmehr zum Verbot jeden Versuchs geführt, ‚Glaube' und ‚Weltanschauung' irgendwie miteinander zu verbinden, ja den Begriff der ‚Weltanschauung' überhaupt zu gebrauchen."[19] Vor dem Hintergrund einer so kritischen Bestandsaufnahme im Umgang mit dem Weltanschauungsbegriff bleibt nun zu fragen, warum Nipkow an einer Reformulierung des Begriffs und damit auch an einer Rehabilitierung interessiert ist und wie diese ihm gelingt.

Betrachtet man den sprachlichen Stil des Terminus „Welt-Anschauung", wie Nipkow ihn im 11. Kapitel seiner Bildungsschrift einführt, so fällt rasch die originelle Schreibweise auf, die sich sowohl in Überschriften als auch im Fließtext finden lässt.[20] Auf den ersten Blick mag die formale Abweichung marginal erscheinen, bei genauerer Betrachtung führt sie jedoch ins Zentrum der vorliegenden Fragestellung. Unweigerlich drängt sich die Frage auf, warum Nipkow die originelle Schreibweise „Welt-Anschauung" wählt. Ein Grund dafür könnte zunächst darin liegen, dass ihm grundsätzlich an einer begriffsgeschichtlichen Kontinuität gelegen ist. Wäre dies der Fall, dann würde er seine Ausführungen bewusst in den (weiteren) Kontext der erziehungswissenschaftlichen, theologischen und (religions-)pädagogischen Diskurse stellen, wie sie in der Zeit vor und nach dem Zweiten Weltkrieg geführt wurden. Ein anderer Grund könnte sein, dass gerade die gewählte Bindestrich-Schreibweise eine bewusste Distanzierung vom Begriff „Weltanschauung" hervorrufen soll. Die getrennte Schreibweise könnte dann ein Hinweis darauf sein, dass Nipkow ein gewisses Unbehagen oder zumindest gewisse Vorsicht im Umgang mit dem stark ideologisch aufgeladenen Begriff verspürt, denen er entgegenwirken möchte. Nipkow selbst bleibt in der Bildungsschrift von 1990 eine Erklärung schuldig.

Eine Antwort auf die Frage, warum Nipkow die Bindestrich-Schreibweise favorisiert, findet sich erst zwei Jahre später im Geleitwort zur Schrift „Die religiöse Dimension wahrnehmen", in der er festhält: „In diesem Buch versu-

---

[19] A.a.O., S. 536.
[20] Vgl. hierzu als Beispiele a.a.O., S. 532, 535, 546, 553.

chen evangelische Schulen auch, sich als sie selbst, in ihrem Proprium, zu bewähren, dreifach: als ‚freie Schulen' – es werden erfolgreich Spielräume ausgelotet –, als ‚gute Schulen'– wozu im Lichte der Schulforschung über diesen Topos der Mut zu Zusammenarbeit, projekt- und schüleraktiver Unterricht sowie grenzüberschreitendes Entdecken von Beziehungen gehören – *und als Schulen einer veränderten, zumindest veränderbaren, ‚Anschauung der Welt aus dem christlichen Glauben', einer veränderten ‚Welt-Anschauung', getrennt geschrieben; denn eine geschlossene ‚Weltanschauung' als verchristlichende Ideologie ist nicht gemeint.* [...] Der Weg soll zwischen einem nachlässigen Positivismus und leichtsinnigen Relativismus einerseits und einer den Pluralismus unserer Zeit verleugnenden ideologischen Vereinheitlichung andererseits hindurchführen. Gleichwohl bleibt diese dritte Intention die schwierigste und umstrittenste."[21]

Die orthographische Trennung der Begriffe „Welt" und „Anschauung" ist dieser Erklärung zufolge der entschiedene Versuch, Missverständnissen vorzubeugen und auszuschließen, dass der Begriff „Welt-Anschauung" eine konnotative Verschränkung mit dem Begriff „Ideologie" erfährt. Insofern ließe sich von einer *verschämten* Rückkehr des Begriffs Weltanschauung bei Nipkow sprechen. Um möglichen Kritikern entgegenzuwirken, schiebt Nipkow ebenfalls eine Erklärung nach, wie er den Begriff „Welt-Anschauung" und die daraus resultierenden konzeptionellen Überlegungen *nicht* verstanden wissen möchte, nämlich als verchristlichende Ideologie.

Zusammenfassend ließe sich festhalten, dass der Begriff „Weltanschauung" in der zusammen geschriebenen Variante, für Nipkow sprachlich ein verengtes Erziehungskonzept realisiert, das seine pädagogischen Konkretionen direkt aus dem Evangelium ableiten will, so wie es Oskar Hammelsbeck angestrebt hat.

Nachdem nun erste terminologische Annäherungen aufgezeigt wurden, soll das Modell einer sich veränderten oder veränderbaren „Welt-Anschauung aus dem Glauben" klarer konturiert werden. Dafür lohnt es sich, zunächst einen Blick zu werfen auf Nipkows Auseinandersetzung mit dem „Modell weltanschaulich geschlossener Erziehung"[22], das er als gängiges Erziehungskonzept für die Zeit der Weimarer Republik ansieht. Aus einer historischen Distanz von über 75 Jahren verweist Nipkow 2002 auf seine Erfahrungen im Umgang mit dem Pluralismus und betont, dass er diese „nicht kurzschlüssig auf jene

---

[21] Nipkow, Karl Ernst, Zum Geleit, in: Bohne, Jürgen (Hg.), Die religiöse Dimension wahrnehmen. Unterrichtsbeispiele und Reflexionen aus der Projektarbeit des Evangelischen Schulbundes in Bayern, Comenius-Institut Münster 1992, S. 7-9.

[22] Nipkow, Karl Ernst, Religionspädagogik im Pluralismus, Bd. 2, „Das Modell weltanschaulich geschlossener Erziehung – pluralismusfeindliche konfessionelle Selbstbehauptung in der Weimarer Zeit", a.a.O., S. 53-59.

Epoche"[23] – also die Zeit der Weimarer Republik – anwenden möchte. Trotzdem fällt sein Urteil über die Auseinandersetzungen um eine konfessionelle Bekenntnisschule retrospektiv kritisch aus: „Das Schulwesen wird zum Schauplatz eines Weltanschauungskampfes, Konfessionalität zu einem weltanschaulich aufgeladenen Begriff, die evangelische Schule zu einer das Evangelium zu einem weltanschaulichen Erziehungsprogramm ausformenden schulischen Eigenwelt"[24]. Aufschlussreich sind die Umstände und historischen Bedingtheiten, aus denen Nipkow die Gründe für die „harte weltanschauliche Herausforderung" in Bezug auf das „Modell weltanschaulich geschlossener Erziehung" ableitet. Als verhängnisvoll sieht Nipkow vor allem den zugrunde gelegten Erziehungsbegriff an, den die evangelische Schulpolitik in Anlehnung an die Definition von Otto Dibelius aufgenommen habe. Dibelius postuliert in seiner Schrift „Die evangelische Erziehungsschule. Ideal und Praxis" die These, dass Erziehung nur auf der Grundlage einer bestimmten, geschlossenen Lebensgesinnung möglich sei[25].

Resümierend lässt sich herausstellen, dass Nipkows bildungstheoretische Überlegungen, die eine Auseinandersetzung mit dem Begriff „Weltanschauung" einschließen, keinem statischen Konzept zugrunde liegen, sondern eine Entwicklungslinie erkennen lassen. So befindet er sich 1990 an einem Wendepunkt hinsichtlich des spannungsvollen Verhältnisses von Glaube respektive Religion und Weltanschauung im Kontext der Schule. Wie die eben dargestellte Entwicklung verdeutlichen soll, bewegt sich Nipkow zwischen einer vormals eher skeptischen Grundhaltung gegenüber dem Weltanschauungsbegriff und einer zunehmend positiv konnotierten Begriffsdefinition. Letzteres gelingt ihm vor allem durch die intensive Auseinandersetzung mit den historischen Entwicklungen, die ihm eine Abgrenzung von einer weltanschaulich geschlossenen Erziehung ermöglichen. Damit wäre eine Arbeitshypothese formuliert, die es nun zu überprüfen gilt.

II.2.4. Theologisches Konzept einer „Welt-Anschauung aus dem Glauben" – Von der Aporie zum pluralismusfreundlichen Konzept

Das Unterkapitel „Evangelische-Schulen als Schulen einer Welt-Anschauung aus dem Glauben"[26] in Nipkows Bildungsschrift ist aus theologischer Perspektive von besonderem Interesse. In diesem Kapitel skizziert er die Gestaltung von evangelischer Bildungsverantwortung für evangelische Schulen vor dem Hintergrund der historischen Entwicklungen und unterstreicht

---

[23] Nipkow, Karl Ernst, Religionspädagogik im Pluralismus, Bd. 2, a.a.O., S. 56.
[24] A.a.O., S. 55.
[25] A.a.O., S. 57.
[26] Nipkow, Karl Ernst, Bildung als Lebensbegleitung und Erneuerung, a.a.O., S. 524-554.

seine Vorbehalte gegenüber einer „christlichen Weltanschauung" oder „Spezialweltanschauungen"[27]. Die Abgrenzung hin zu den geschichtlichen Prämissen kann Nipkow – wie gezeigt werden soll – klar vornehmen. Hingegen fällt es ihm (noch) nicht leicht, den Pluralismus als eine kulturelle Gegebenheit anzunehmen. Dies lässt sich anhand deskriptiver Äußerungen über die Gesellschaft ablesen, in denen es heißt, dass es „das Grundproblem unserer Kultur [...] ist, wie wir mit der Pluralität kultureller Sehweisen und Beurteilungsformen zurechtkommen"[28]. Und weiter heißt es: „Von einer anderen Seite stoßen wir damit noch einmal auf das eingangs behandelte Problem der ‚Pluralität'"[29]. Solche sprachlich signifikanten Äußerungen lassen noch eine Zurückhaltung und Skepsis gegenüber einem „pluralismusfreundlichen" Konzept erkennen, wie Nipkow es dann zwölf Jahre später in seinem Werk „Bildung in einer Pluralen Welt. Religionspädagogik im Pluralismus" entwerfen kann.

II.2.5. Zum theologischen Problem einer „Welt-Anschauung aus dem Glauben"[30]

In der jüngeren Theologiegeschichte lassen sich Nipkow zufolge verschiedene Modelle auffinden, wie sowohl im Religionsunterricht als auch in anderen schulischen Fächern weltanschauliche Implikationen integriert oder ausgeklammert wurden. Alle bisherigen Versuche, angemessen mit dem Verhältnis von „Glaubenswissen" und „Weltwissen" umzugehen, haben für Nipkow (noch) nicht zu einer Lösung geführt. Im Kontext einer systematischen Analyse ist Nipkow bereits 1975 erstmals in seinem Werk „Grundfragen der Religionspädagogik"[31] dieser (theologischen) Problemstellung nachgegangen, die er grundlegend für eine allgemeine religionspädagogische Theoriebildung verhandeln möchte. Da den Ausführungen des 11. Kapitels in Nipkows Bildungsschrift diese theoretische Systematisierungen zugrunde liegen und sie vertiefen, sollen die drei dabei entwickelten Modelle zunächst erläutert werden. In der neueren Theologiegeschichte lassen sich für Nipkow drei Verhältnisbestimmungen finden, die charakteristisch für verschiedene Theorieansätze sind: (1) Die „integrale Ableitung", (2) „das Modell freisetzender Unterscheidung" und der Versuch einer (3) „interpretativen Vermittlung"[32].

---

[27] Vgl. hierzu die Ausführungen a.a.O., S. 536ff.
[28] A.a.O., S. 541.
[29] Ebda.
[30] Vgl. a.a.O., S. 532-535.
[31] Nipkow, Karl Ernst, Grundfragen der Religionspädagogik Bd.1. Gesellschaftliche Herausforderungen und theoretische Ausgangspunkte, Gütersloh 1975.
[32] Vgl. a.a.O., S. 197-222.

(1) Der Versuch, religiöse Inhalte in Form einer „integralen Ableitung" für den Unterricht zu gewinnen, ist für Nipkow abzulehnen, da – wie in der Ethik – „in der Erziehung die christliche bzw. konfessionelle Sicht als eigenes weltanschauliches System dogmatisch begründet und detailliert entfaltet"[33] wird. Ein solcher Ansatz würde im Grunde auf „eine Erziehung *zum* Glauben, nicht nur *aus* Glauben"[34] hinauslaufen. Sprachlich würde diese Form der Erziehung vor allem in kausalen Begründungszusammenhängen sichtbar werden, die normativ aus einzelnen theologischen Aussagen abgeleitet seien.[35] Die Aporie dieses Ansatzes liege auf der Hand: Das Evangelium würde diesem Ansatz zufolge pädagogisiert. Folglich könnte es zu problematischen Vertauschungen von genuin theologischen Ableitungen mit pädagogischen kommen. Zur Veranschaulichung dieser Position verweist er auf eine „pietistische Variante deduktiver Katechetik"[36], die einen solchen Ansatz verfolge.

(2) Das Modell der „freisetzenden Unterscheidung" ist durch den Einfluss der Lutherrenaissance und damit einhergehend einem neuen Verständnis der Zwei-Reiche-Lehre vor und nach dem Zweiten Weltkrieg geprägt worden. Zudem sind die Einflüsse des späten Friedrich Gogarten auf die (Religions-) Pädagogik für Nipkow spürbar. In der Schrift „Der Mensch zwischen Gott und Welt" ging Gogarten davon aus, dass es keinen Konflikt zwischen Glauben und Wissenschaft mehr geben könne, da der Glaube die wissenschaftliche Erforschung der Welt ausschließlich in den Bereich der Vernunft – also der Naturwissenschaften – verlegt und ihr überlassen habe. Andererseits verzichte die Wissenschaft „in strenger und kritischer Selbstbeschneidung" ihrerseits darauf, „eine glaubensartige Weltanschauung oder Deutung aufzubauen"[37]. Für Nipkow ist dieser Ansatz Gogartens, in dem christlicher Glaube und Wissenschaft völlig unvermittelt nebeneinander stehen, ein Grundgedanke, der die Pädagogik der Nachkriegszeit entschieden mit geprägt und in der Folge dessen auch zu einer scharfen Trennung von Glaube und Erziehung geführt habe.

Für die Verhältnisbestimmung von Glaube und Erziehung sei des Weiteren die Rezeption und Auslegung Luthers Zwei-Reiche-Lehre zentral, die nach 1950 große Beachtung erfahren habe. In seinen Ausführungen folgt Nipkow vor allem dem norwegischen Theologen Ivar Asheim, der sich mit Glaube und

---

[33] Nipkow, Karl Ernst, Grundlagen der Religionspädagogik Bd. 1, a.a.O., S. 198.

[34] Ebda.

[35] Nipkow führt als sprachliches Beispiel kausale Begründungszusammenhänge auf: „Weil Gott in Jesus Christus so und nicht anders gehandelt hat, weil Gottes Wille in diesen Worten und Geboten der Bibel klar ausgedrückt oder in der Lehre der Kirche über die Zeiten hinweg eindeutig formuliert ist, muß rechte Erziehung so und nicht anders ausgerichtet werden." Ebda.

[36] Ebda.

[37] Gogarten, Friedrich, Der Mensch zwischen Gott und Welt, Stuttgart 1956, S. 300.

Erziehung bei Luther aus wissenschaftstheoretischer Perspektive befasst hat.[38] Für Nipkows eigene Theoriebildung ist Asheims Lutherrezeption richtungs- weisend, weil sie eine vermeintlich vorhandene eigenständige Pädagogik bei Luther negiert. Nipkow folgt Asheim darin, dass die Konsequenz daraus für die Unterscheidung der zwei Regimente ist, dass Luther Erziehung „als ‚weltlich Ding‘ der freien Verantwortlichkeit des Menschen und seiner Vernunft überläßt"[39]. Entscheidend ist die Konsequenz, die Nipkow daraus zieht, nämlich dass das Evangelium „so wenig eine neue Erziehungslehre wie eine neue Staatslehre oder eine neue Wirtschaftslehre mit sich [bringt]. *Das Evangelium ist kein weltanschauliches System*."[40]

Für den Erziehungsauftrag des Lehrers oder der Lehrerin ergäben sich daraus Nipkow zufolge aber einige Schwierigkeiten, die sich vor allem in dem prob- lematischen Verhältnis zwischen Person, also dem Lehrer, und der Institution zeigten. Auf diese Schwierigkeiten hat er 1990 in seiner Bildungsschrift wie folgt hingewiesen: „Für den evangelischen Religionslehrer bzw. Fachlehrer verbleiben nur zwei Betrachtungsweisen und ihnen entsprechende Sprachfor- men. In der ‚Evangelischen Unterweisung‘ hat er *positiv* allein das *‚reine‘ Evangelium* zu bezeugen; damit es ‚rein‘ bleibt, ist es von allen *weltanschauli- chen Implikationen freizuhalten*. Dies geschieht dann, wenn den Schülern als Sündern das Evangelium von der Vergebung zugesprochen wird. Hinsichtlich aller anderen Wirklichkeitsbereiche kann der evangelische Lehrer nur *negative* Aussagen machen; er hat zu verdeutlichen, was angesichts der Gefahr ideolo- gischer Grenzüberschreitungen nicht sein soll. Die ‚weltlichen Fächer‘ sollen ihrerseits ebenfalls von *religiösen Implikationen freigehalten* werden und ‚rein‘ *wissenschaftlich* bei ihrer Sache bleiben."[41]

(3) Das so genannte dritte Modell der „interpretativen Vermittlung" ist der Versuch, beide oben angeführten Modelle zu verbinden. Wie stellt sich Nipkow 1975 diesen Weg vor? Ihm liegt die Annahme zugrunde, dass ein Christ als Person oder die Kirche als Institution das Phänomen der Erziehung mit der ihr zugeordneten Erziehungswissenschaft vorfindet und sich dann zu einzelnen Fragen äußert. Ein Christ wird unwillkürlich pädagogische Sachver- halte unter theologischer Perspektive interpretieren oder beurteilen, deshalb

---

[38] Ausschlaggebend ist für Nipkow das doppelseitige Verhältnis, das Ivar Asheim postuliert: „Eine zentrale, allumfassende evangelische Bildungsidee, aus der aller Unterricht, der bibli- sche wie der ‚weltliche‘, hätte abgeleitet werden können, hat Luther nicht entwickelt‘; und gar von einem ‚neuen, christlich-humanistischen Bildungsideal‘ bei Luther zu reden, bezeugt ‚ein totales Mißverständnis‘" zitiert nach Nipkow, Karl Ernst, Grundlagen der Religionspädago- gik, Bd. 1, Gütersloh 1975, S. 202, da das Manuskript von Ivar Asheim noch nicht veröffent- licht war.

[39] Nipkow, Karl Ernst, Grundlagen der Religionspädagogik, Bd. 1, a.a.O., S. 202.

[40] A.a.O., S. 202f. (Hervorhebung SH).

[41] Nipkow, Karl Ernst, Bildung als Lebensbegleitung und Erneuerung, a.a.O., S. 537.

spricht er von einer „Verdopplung der Aussage".[42] Zusammengefasst sieht der Lösungsversuch Nipkows in Bezug auf eine Religionspädagogik, die sich einer theologischen und pädagogischen Verantwortung stellt, eine Kombination der verschiedenen Modelle vor.

So schlägt Nipkow folgenden Weg vor: „Nach der Seite ihrer theologischen Bindung versteht die hier gemeinte Religionspädagogik die Universalität des christlichen Anspruchs (Modell 1) als Verheißung des Heils an die ganze Welt, auch an die Erziehung, allerdings nicht integralistisch, sondern als nicht-repressives Angebot. Den Grundsinn der freisetzenden Unterscheidung will sie hierbei festhalten (Modell 2); sie versucht ihn jedoch gerade dadurch zu erfüllen, daß sie ihn immer wieder aufs Spiel setzt, da sie durch konkrete Interpretation der freimachenden und verbindenden Kraft Jesu Christi und durch ein entsprechendes Handeln im Namen dieser Freiheit parteiisch wird, parteiisch werden muß (Modell 3)."[43]

Hinter dem Wort „parteiisch" verbirgt sich exakt die Aufgabe, die nicht nur der Lehrer im Religionsunterricht zu lösen hat, sondern allen Fachlehrern zukommt, denn es bleibt die Frage, inwiefern theologische Rede und theologische Überzeugungen sich im konkreten Unterrichtsgeschehen jeweils pädagogisch und bildungstheoretisch realisieren lassen und von Lehrern, Schülerinnen und Schülern eingelöst werden können.

II.2.6. Kommunikation über das Evangelium – Zum Geist einer Schulkultur

Bei der Betrachtung von evangelischer Bildungsverantwortung für Schulen in kirchlicher Trägerschaft richtet Nipkow sein Interesse nicht auf den einzelnen Lehrer oder die einzelne Lehrerin, sondern fokussiert bewusst die Schule als Ganze. So führt er zielstrebig in seiner Analyse sogleich auf die Propriumsfrage zu, indem er nämlich auf das genuin Evangelische an evangelischen Schulen eingeht.[44] Die Frage beantwortet er in Bezug auf das Proprium, die Sache

---

[42] Diese Grundannahme formuliert Nipkow in Anlehnung an die „Theorie des Christentums" von Trutz Rendtorff. Nipkow formuliert das Problem des Propriums, auf das sich (religiöse) Erziehung bezieht, folgendermaßen: „Der christliche Wahrheits- und Freiheitsanspruch hat geschichtliche Folgen gehabt und zu neuzeitlichen Formen des Christentums geführt, die mit dem allgemeinen neuzeitlichen Wahrheitsbewußtsein das Interesse an freier Wahrnehmung der überlieferten Wahrheit teilen. Dies führt zu Verdoppelungen, die in Wirklichkeit nur eine ‚scheinbare Verdoppelung' sind: Auf Grund der Verflechtungen zwischen der Geschichte des Christentums und der Geschichte der Neuzeit begegnet das theologische Denken und christliche Handeln in der Säkularität immer wieder sich selbst." Nipkow, Karl Ernst, Grundfragen der Religionspädagogik, Bd. 1, a.a.O., S. 219.

[43] A.a.O., S. 220.

[44] Nipkow, Karl Ernst, Bildung als Lebensbegleitung und Erneuerung, a.a.O., S. 532.

des Evangeliums, und in Bezug auf die geschichtlichen Bedingtheiten in evangelischer Freiheit. Eine zweite Gestaltungsebene der evangelischen Bildungsverantwortung eröffnet sich für ihn bei der Frage, wie man „Glaubenswissen" und „Weltwissen" angemessen im schulischen Kontext zusammenbringen kann, denn neben dem Religionsunterricht muss auch für die anderen Unterrichtsfächer geklärt werden, wie auf Glaubenswissen eingegangen werden darf oder werden kann.

Kommunikation des Evangeliums – „per mutuum colloquium et consolatio fratrum"[45]

Beim allgemeinen Proprium von evangelischen Schulen geht es Nipkow vor allem um den „Gesamtzusammenhang" verschiedener Elemente, die spürbar in alle Lebensbereiche hineinreichen und die Beziehungen der Schülerinnen und Schüler untereinander aber auch das Lehrer-Schüler-Verhältnis unmittelbar betreffen, denn „die Gesamtgestalt der Schule, die Ausstrahlung der ‚Schulkultur' oder ‚pädagogischen Kultur', die ‚Atmosphäre' oder das ‚Klima' einer Schule, ihr charakteristischer ‚Stil', ihre ‚Aura' im älteren Sprachgebrauch: ihr ‚Geist'"[46] haben für ihn starke bildende Wirkung.[47]

Aus historischer Perspektive lässt sich eine solche Grundausrichtung in pädagogischer Hinsicht bereits bei Johann Heinrich Pestalozzi, Johann Hinrich Wichern und vor allem Friedrich Schleiermacher finden, die ebenfalls auf die Bedeutung eines ganzheitlichen und in alle Lebensbereiche hineinwirkenden Geistes hingewiesen haben. Wenn es Pestalozzi um ein „höheres Fundament" ging, das vor allem in der Liebe und im Glauben an Jesus Christus fußt, dann ist es bei Wichern der Respekt vor der „Persönlichkeit" des jungen Menschen. Bei Schleiermacher ist es zudem die Familie, die mit ruhigem und wahrem Geist einen Eindruck auf das Kind ausübt. Für das Kind gehöre die wesentliche Erfahrung dazu, dass die Erziehung nicht einem klaren Zweck oder Ziel untergeordnet wird, sondern in „Absichtslosigkeit" und „Wahrhaftigkeit" von Seiten der Eltern aus geschieht.[48]

---

[45] Die Bekenntnisschriften der evangelisch-lutherischen Kirche (BSKL), Göttingen [25]1963, S. 449.

[46] A.a.O., S. 525.

[47] Ebda. Nipkow verweist darauf, dass auf diesen Gesamtzusammenhang bereits 1978 die EKD-Synode in Bethel aufmerksam gemacht hat: „Die Kraft des Evangeliums und die Bedeutung christlichen Glaubens- und Lebensverständnisses für den pädagogischen Umgang miteinander werden in gemeinsamen Lebensvollzügen erfahrbar. Das spezifisch christliche und evangelische Profil ist in dem durch das Evangelium gelegten Grund und dem daraus erwachsenen Gesamtzusammenhang zu suchen, nicht aber in einem für sich isolierbaren Element." Nipkow, Karl Ernst, Leben und Erziehen – wozu? Lebens- und Erziehungsziele in christlicher Verantwortung, in: ZRelpäd 32, S. 34-40; Wiederabdruck in: Kasseler Hefte, hg. v. CVJM-Gesamtverband, 1 (1977), S. 5-25.

[48] Nipkow greift hier auf die Ausführungen zurück Schleiermachers, Friedrich, Pädagogische Schriften, Bd. 1 Die Vorlesungen aus dem Jahr 1826.

Als systematisch-theologischen Referenzpunkt greift Nipkow auf eine Wendung Luthers in den Schmalkaldischen Artikeln von 1537 zurück: Das Evangelium erweist sich nach ihm nicht nur als Mittel „contra peccatum". Mit der Formulierung „mutuum colloquium et consolationem fratrum", also „durch wechselseitige Unterhaltung und Tröstung der Brüder"[49], verortet Luther die Seelsorge sowohl in der Gemeinde selbst, als auch in der alltäglichen Kommunikation unter den Brüdern und Schwestern. Dabei sind nicht die Gesprächspartner Subjekte des Gesprächs, sondern Jesus Christus, indem er seine Wirkmächtigkeit erweist, wenn es Mt 18,20 weiter heißt: „ubi duo fuerint congregati". Die Beziehung der Menschen untereinander und ihr Gespräch im Geiste Christi sind es, die nach Nipkow den Stil einer christlichen Schule prägen sollten. Schule wird also als ein Gesamterziehungsgefüge verstanden, indem alle Partizipierenden im Geiste Christi leben und wirken.

In Bezug auf das Proprium von Schulen in evangelischer Trägerschaft postuliert Nipkow einen so genannten „verständigungsoffenen Wettbewerb", der die Akzentuierung verschiedener evangelischer Traditionen zulasse. Die Tatsache, dass Schulen in evangelischer Trägerschaft einer „Polarisierung entgegenwirken" sollten und sich nicht auf eine „einseitige emanzipatorische oder einseitig restaurative" Linie festlegen dürften, sei vor dem Hintergrund der gegenwärtigen Entwicklungen auch nicht mehr anzustreben.[50]

II.2.7. (Religions-)Pädagogisches Konzept einer „Welt-Anschauung aus dem Glauben" in der Pluralität – Zum kritischen Umgang mit Wahrnehmungsgewohnheiten

Nipkows Verständnis von Unterrichtserneuerung auf Grund einer christlichen „Welt-Anschauung" besteht vor allem darin „die Schüler anzuleiten, die *Phänomene selbst* zu beobachten und hierbei die Wirklichkeit auf Gott hin transparent werden zu lassen"[51]. Diese weite Definition von Unterrichtserneuerung hat in der jüngeren Vergangenheit Anstoß dafür gegeben, aus pädagogischer, religionspädagogischer und auch systematisch-theologischer Perspektive etliche Konkretionen zu entwickeln, wie Schulen in evangelischer Trägerschaft diesen Ansatz realisieren können.[52] Nipkow selber sucht nicht in der Gegenwart nach Antwortmustern für eine „christliche Welt-Anschauung" im Unter-

---

[49] Die Bekenntnisschriften der evangelisch-lutherischen Kirche (BSKL), Göttingen [25]1963, S. 449 Fußnote 6.

[50] Vgl. hierzu Schreiner, Martin, Evangelische Schulen – Bewährungsfall kirchlicher Bildungsverantwortung, a.a.O., S. 90-92.

[51] Nipkow, Karl Ernst, Bildung als Lebensbegleitung und Erneuerung, a.a.O., S. 546.

[52] Berg, Hans-Christoph, Evangelische Schulen Konzeptionen – Merkmale – Herausforderungen, in: Ders. u.a. (Hg.), Unterrichtserneuerung mit Wagenschein und Comenius. Versuche evangelischer Schulen 1985-1989, Münster 1990, S. 41-62, S. 55.

richt, sondern lenkt den Blick in einem weiten Bogen auf die Ausführungen von Johann Amos Comenius zurück. In Rekurs auf ihn schlägt Nipkow fünf Zugangsweisen vor, die sichtbar machen können, „was *christlicher Glaube als neue Wahrnehmung und Interpretation von Wirklichkeit*"[53] für den schulischen Unterricht bedeuten kann. Bemerkenswert ist, dass Nipkow seine Ausführungen in ein Konzept der Pansophie zu integrieren sucht, das den Menschen – als Subjekt der Pansophie – in den Mittelpunkt stellt. Irritierend ist zuweilen die ausgeprägte Metaphorik, die Nipkow von Comenius übernimmt; so ergibt sich mitunter der Wunsch nach einem stärker am konkreten Beispiel ausgerichteten Konzept.[54] Die Ausführungen ähneln zunächst denen einer allgemeinen Didaktik, lassen aber auf den zweiten Blick etliche Zugangsweisen erkennen, die an einer mehrperspektivischen Herangehensweise von Unterrichtsinhalten interessiert sind.

Als erste Zugangsweise schlägt Nipkow das *sinnentdeckende Lernen* vor, bei dem die Schule dafür Sorge tragen muss, dass der *„eingestiftete Sinn"* nicht verloren geht. Aus einem metaphorischen Verständnis von „Licht" heraus entwickelt Nipkow in eigentümlicher Weise drei Konsequenzen für den Unterricht: „Zu achten wäre im Unterricht jedes Faches auf dreierlei, auf das, was als Bedeutungsgehalt in den Sachverhalten selbst sichtbar wird, auf die Sinngebung durch unsere menschlichen Bewertungen und Beurteilungen, Abwertungen und Verurteilungen, und auf das, was sich zu beidem kritisch ergibt, wenn wir den größtmöglichen Verantwortungshorizont denken, um in ihm zu fragen, was wohl die Bestimmung von allem und jedem im Angesichte Gottes ist."[55]

In Anlehnung an Comenius versucht Nipkow als zweite Zugangsweise eine eigene Systematisierung abzuleiten: Ziel des Unterrichts müsste es sein, „bildendes Wissen" zu fördern, das nach der ethischen Bedeutung von Lerninhalten fragt. Dies solle vor allem durch drei Fragen erfolgen: „Was ist (quod oder quid?); durch was ist es (per quid?), und wozu ist es gedacht, bestimmt, soll es gebraucht sein? (ad quid adhibendum?)."[56] Damit sei der Vorstoß zu einem „philosophisch-ethischen Unterrichtsmodus"[57] gemacht. Inwiefern ein solcher Ansatz wirklich von der Grundschule an zur Geltung kommen kann, wie Nipkow anführt, mag kritisch hinterfragt bleiben.

---

[53] Nipkow, Karl Ernst, Bildung als Lebensbegleitung und Erneuerung, a.a.O., S. 546.
[54] Vgl. hierzu vor allem die Ausführungen von Schaller, Klaus, Die Pädagogik des Johann Amos Comenius und die Anfänge des pädagogischen Realismus im 17. Jahrhundert, Heidelberg 1962, S. 46-50 (§ 31-33).
[55] Nipkow, Karl Ernst, Bildung als Lebensbegleitung und Erneuerung, a.a.O., S. 547.
[56] Ebda.
[57] Ebda.

Als dritten Ansatz postuliert Nipkow eine *„kritische Prüfung der Wahrneh-mungstraditionen"* und fügt sogleich hinzu, dass dieser Sachverhalt eindeutig der wichtigste sei, weil die Wahrnehmungsgewohnheiten stark vom kulturellen und sozialen Umfeld der Schülerinnen und Schüler abhängig seien.

Mit dem vierten Ansatz verbindet sich am deutlichsten ein Grundgedanke, der sich dem Pluralismus verpflichtet fühlt, nämlich der eines *ökumenischen Sehens und Lernens.* Wie konkret dieser Ansatz zu realisieren ist, ist den Ausführungen nicht zu entnehmen; doch deuten sie daraufhin, dass hier ein wichtiger Bildungsauftrag liegt, um einem ideologisch verkürzten Denken entschieden entgegen zu treten.[58] Die fünfte und letzte Zugangsweise legt den Schwerpunkt auf eine so genannte „ökologische Bildung", die alle Phänomene der Umwelt, seien es Menschen, Tiere oder Pflanzen, als Bezugsreferenz für eine umfassende Bildung ansieht, die die Bereitschaft zum ethischen Handeln einschließen soll.

Das Konzept einer veränderten „Welt-Anschauung aus dem Glauben" gründet sich diesen fünf Zugangsweisen gemäß also auf einer genauen Wahrnehmung und Reflexion von (alltäglichen) Phänomenen, die es unter der Perspektive des christlichen Glaubens zu deuten gilt. Am ehesten verbindet sich dieser Ansatz mit einer problemorientierten Konzeption, die ihren Referenzpunkt in der Erfahrungswirklichkeit der Schülerinnen und Schüler hat. Deutlich ist diesem Konzept anzuspüren, dass Nipkow mit diesem Ansatz die dichotome Tren-nung von „Glaubenswissen" und „Weltwissen" zu überwinden sucht und nach einem dritten pädagogischen Weg als Vermittlung sucht.

II.2.8. Religionspädagogische Konkretionen – Zusammenfassung

Anhand von konkreten Unterrichtsinhalten aus dem Deutsch- und Geschichts-unterricht veranschaulicht Nipkow in einem weiteren Schritt seinen oben beschriebenen Ansatz zur Unterrichtserneuerung aus einer „christlichen Welt-Anschauung". Exemplarisch verdeutlicht er seinen Ansatz anhand des Gottes-Begriffs. Anschaulich legt er dar, wie es im Rahmen einer Analyse des Romans „Der Name der Rose" von Umberto Eco im Deutschunterricht neben einer reinen sprachphilosophischen Betrachtung auch zu theologischen Deutungen kommen müsste, wenn der Begriff „Rose" auch für „Gott" stehen könnte. Bei dieser Frage, wer oder was mit der Rose gemeint sein könnte, wird die Antwort erst durch die Zugangs- und Erfahrungsweise ermittelbar. Nipkow zieht den Schluss, dass eine „[c]hristliche ‚Welt-Anschauung aus

---

[58] „Neben den nationalen haben sodann klassenspezifische, imperialistische oder auf ein poli-tisch-ideologisches Blockdenken bezogene Wahrnehmungs- und Urteilstraditionen die Menschen gefangengehalten; ihre Überwindung hat lange gedauert und steht zum Teil nach aus." Nipkow, Karl Ernst, Bildung als Lebensbegleitung und Erneuerung, a.a.O., S. 548.

Glauben' [...] Gott in seiner Wirklichkeit und Wahrheit – einschließlich der Transparenz der Welt auf Gott hin – nur dadurch klar erkennen" lässt, wenn „wir Gott und Welt [...] mit den Augen Jesu anschauen, denn nur Jesus ist ‚*das* Gleichnis Gottes' (E. Jüngel)"[59].

Resümierend lässt sich festhalten, dass weltanschaulich profilierte Schulen, wie es Schulen in evangelischer Trägerschaft sind, einen wichtigen Beitrag leisten können, um bei der Suche nach der Einheit der Wirklichkeit Antworten zu geben. Wenn man das Modell einer „Welt-Anschauung aus dem Glauben" weiterführen wollte, so könnte man im Sinne Nipkows eine *Kompetenz des religiösen Sehens und Hörens* annehmen. Im Kontext einer christlich geführten Schule hieße dies, dass die Interpretation der Wirklichkeit auch aus christlichem Glauben erfolgen kann und darf, aber nicht erfolgen muss. Das Konzept einer veränderbaren „Welt-Anschauung aus dem Glauben" hieße für Lehrerinnen und Lehrer, die Wahrnehmungs- und Deutungsmuster der Schülerinnen und Schüler für eine christliche Zugangsweise zu sensibilisieren und Antwortmöglichkeiten bereit zu stellen. Als konsequente Weiterentwicklung dieses Ansatzes hat 2002 Markus Mühling-Schlapkohl einen „Religionsunterricht in konsequent pluralistischer Schule"[60] entworfen, der in seiner Radikalität nicht durchzuhalten ist, jedoch für die vorliegende Untersuchung interessante Überlegungen liefert, wie im Schlusskapitel zu dieser Untersuchung noch gezeigt werden wird.

---

[59] Nipkow, Karl Ernst, Bildung als Lebensbegleitung und Erneuerung, a.a.O., S. 552.
[60] Mühling-Schlapkohl, Markus, Religionsunterricht in der konsequent pluralistischen Schule, in: ZPT 54 (2002), S. 185-197.

II.3. Zur Herausforderung eines „konsequent religiös-weltanschaulichen Pluralismus"[1] für das öffentliche Bildungswesen – Eilert Herms

II.3.1. Einleitung

Das letzte Teilkapitel der vorliegenden Untersuchung widmet sich aus systematisch-theologischer Perspektive dem Verhältnis von (christlicher) Erziehung und Weltanschauung im ausgehenden 20. und beginnenden 21. Jahrhundert. Es bildet einerseits den Schlusspunkt einer Reihe von (Fall-)Studien, die sich mit dem Thema christliche Erziehung und Weltanschauung im Pluralismus aus historisch-systematischer Perspektive befassen und zeigt andererseits die Herausforderungen auf, vor die sich die gegenwärtige Gesellschaft gestellt sieht, wenn sie mit einem *konsequent religiös-weltanschaulichen Pluralismus* Ernst machen möchte. Als Konzept, das sich mit Weltanschauung im Pluralismus befasst, soll aus systematisch-theologischer Perspektive das von Eilert Herms analysiert werden.[2]

II.3.2. Vom philologischen Interesse zum konsistenten Theoriekonzept

Eilert Herms wurde am 11. Dezember 1940 in Oldenburg geboren. Er studierte Evangelische Theologie, Philosophie und Germanistik in Berlin, Mainz und Tübingen. Von 1979 bis 1985 war Herms Professor für Systematische Theologie in München und erhielt anschließend einen Ruf an die Universität in Mainz. Von 1995 bis 2009 war er Professor für Systematische Theologie an der Evangelisch-theologischen Fakultät zu Tübingen und zudem Direktor des Instituts für Ethik.

Das systematisch-theologische Konzept von Herms soll nun einerseits dabei helfen, den analytischen, reflexiven und z.T. auch normativen Gebrauch des Begriffs Weltanschauung zu schärfen und zu präzisieren. Andererseits kann es auch dafür behilflich sein, die vorliegenden Fragestellungen zu bündeln und auf existenzielle Sachverhalte zu fokussieren. Für die vorfindliche Analyse bedeutet dies, dass der Begriff der Weltanschauung zunächst begriffsgeschichtlich und analytisch erneut unter die Lupe genommen wird und dann auf seine Funktion und mögliche Äquivalenz zum Religionsbegriff hin untersucht wird. Folgt man nun der Chronologie, mit der Herms sich über einen Zeitraum

---

[1] Herms, Eilert, Anforderungen des konsequenten weltanschaulich/religiösen Pluralismus an das öffentliche Bildungswesen", in: Ders., Zusammenleben im Widerstreit der Weltanschauungen. Beiträge zur Sozialethik, Tübingen 2007, S. 345.

[2] Vgl. hierzu auch Schwöbel, Christoph, Christlicher Glaube im Pluralismus, Tübingen 2003, hier besonders der Beitrag „Die Wahrheit des Glaubens im religiös-weltanschaulichen Pluralismus", S. 25-60.

von mehr als dreißig Jahren mit der Weltanschauungsthematik befasst hat, so lassen sich zu Beginn seiner Auseinandersetzung Studien finden, die zunächst auch auf ein philologisches Interesse schließen lassen. Zu den ersten literarischen Ergebnissen zählt der von Herms im Jahr 1977 vor dem Fachbereich Theologie an der Universität in Marburg gehaltene Vortrag „‚Weltanschauung' bei Friedrich Schleiermacher und Albrecht Ritschl"[3]. Unter theologiegeschichtlicher Perspektive zeigt Herms die historischen Bedingtheiten auf, die der Weltanschauungsproblematik innerhalb der protestantischen Theologie zugrunde liegen.[4] Für ihn erweisen sich vor allem neben der Position Albrecht Ritschls die Ausführungen Friedrich Schleiermachers als fruchtbar, da im Rekurs auf diesen der Beginn der Auseinandersetzung mit dem Weltanschauungsbegriff aus protestantischer Perspektive gegeben sei.[5]

Konzeptionell verstärkt rückt der Begriff Weltanschauung dann zwei Jahre später in der Auslegung des Rechtfertigungsglaubens als dem Wirklichkeitsverständnis des christlichen Glaubens erneut in den Fokus von Herms. In der gleichnamigen Schrift,[6] die in Zusammenarbeit mit Wilfried Härle erschien, wird dem Rechtfertigungsglauben „eine spezifische Anschauung der Welt" zugesprochen, die eine entscheidende Funktion für die Bedeutung der Kirche und der Kommunikation der Glaubenden habe und kategoriale Strukturen aufweise. So konstatieren Härle und Herms: *„Der Rechtfertigungsglaube ist Welt-anschauung*; nicht im Sinn der Behauptung eines willkürlichen und unausweisbaren Standpunktes, sondern im Sinne einer Zusammenfassung von vernünftigen, aus der Erfahrung und Reflexion gewonnenen Kenntnissen über die Welt im einzelnen und ganzen, die lebenspraktisch wirksam und gleichzeitig rational korrigierbar ist."[7] Wie sich im weiteren Verlauf dieses Kapitels zeigen wird, liegt dieser Definition vor allem eine Interpretation zugrunde, wie Herms sie aus den Ausführungen Schleiermachers deutet. Ebenfalls ist mit dem Hinweis, dass Weltanschauung „rational korrigierbar" sei, auch ein wichtiger Vermerk darauf gesetzt, warum Herms diesen Begriff für besonders geeignet hält, um ethisches und damit moralisches Handeln in pluralen Gesellschaftsstrukturen zu beschreiben.

---

[3] Herms, Eilert, „Weltanschauung" bei Friedrich Schleiermacher und Albrecht Ritschl, in: Ders.: Theorie für die Praxis – Beiträger zur Theologie, München 1982, S. 121-143.

[4] Hier ist vor allem die Dissertation von Helmut G. Meier „Weltanschauung". Studien zu einer Geschichte und Theorie des Begriffs, Münster 1967 zu nennen, auf die Herms wiederholt zurückgreift.

[5] „Schleiermacher ist überhaupt der erste Theologe gewesen, der den Begriff Weltanschauung in theoretisch prägnanter Fassung verwendet hat. Und Ritschl hat den Begriff dann zu einem zentralen Instrument der theologischen Theoriearbeit erhoben", Herms, Eilert, „Weltanschauung" bei Friedrich Schleiermacher und Albrecht Ritschl, a.a.O., S. 123.

[6] Härle, Wilfried/Herms, Eilert, Rechtfertigung. Das Wirklichkeitsverständnis des christlichen Glaubens, Göttingen 1979, S. 136ff.

[7] A.a.O., S. 137.

Eine Schlüsselrolle erfährt der Begriff Weltanschauung in der (sozial-) ethischen Gesellschaftstheorie, die Herms im Konzept „Pluralismus aus Prinzip" manifestiert.[8] In ihm avanciert Weltanschauung zu einem zentralen Begriff, da er ihn – rein formal betrachtet – gleichberechtigt neben den Religionsbegriff stellt. Sprachlich realisiert er dies in der konsequenten Bindestrich-Schreibweise „weltanschaulich-religiös"[9]. Eine Unter- oder Überordnung der Begriffe Religion und Weltanschauung strebt Herms nicht explizit an, sondern er versteht beide Termini als „aus unterschiedlichen kulturgeschichtlichen Zusammenhängen stammende" Begriffe; diese grundsätzliche Gleichbehandlung entspricht seiner Auffassung nach auch der Nebeneinanderstellung und Gleichbehandlung im Grundgesetz der Bundesrepublik Deutschland.[10]

Eine vorläufig abschließende Zusammenführung lässt sich in der Aufsatzsammlung „Zusammenleben im Widerstreit der Weltanschauungen" von 2007 erkennen. In diesem Sammelband interessieren im Kontext dieser Untersuchung vor allem die Beiträge, die sich mit der Frage nach einem im Pluralismus angemessenen Umgang und einer Ordnung des öffentlichen Bildungswesens auseinandersetzten.[11] Von besonderer Relevanz ist der Versuch, das Konzept eines konsequenten weltanschaulich-religiösen Pluralismus in Form eines Gedankenexperiments für das staatliche Schulwesen zu entwerfen und durchzuspielen. Daraus leitet Herms Anforderungen für das öffentliche Bildungswesen ab, die zu konkreten Konsequenzen z.B. für die Frage der Schulträgerschaft führen könnten. Doch bis es zu diesen bildungs- und schulpolitischen Konkretionen kommt, die auch für seine religionspädagogische Theoriebildung interessant sind, ist es ein langer Weg.

---

[8]   Erstveröffentlichung in Bookhagen, Rainer u.a. (Hg.), „Vor Ort" – Praktische Theologie in der Erprobung. Festschrift für P.C. Bloth, Berlin 1991, S. 77-95, im weiteren Verlauf zitiert nach Herms, Eilert, Kirche für die Welt. Lage und Aufgabe der evangelischen Kirchen im vereinigten Deutschland, Tübingen 1995, S. 467-485.

[9]   Die Schreibweise variiert zwischen einer Bindestrichschreibweise und der Schreibweise mit Schrägstrich. In beiden Fällen soll sprachlich aber eine Gleichwertigkeit beider Begriffe zum Ausdruck kommen.

[10]   Der Wortlaut im Grundgesetz der Bundesrepublik Deutschland lautet: „Die Freiheit des Glaubens, des Gewissens und die Freiheit des religiösen und *weltanschaulichen* Bekenntnisses sind unverletzlich" (Artikel 4 Absatz 1) und weiter heißt es in Artikel 33 Absatz 3.2: „Niemandem darf aus seiner Zugehörigkeit oder Nichtzugehörigkeit zu einem Bekenntnis oder einer *Weltanschauung* ein Nachteil erwachsen" (Hervorhebung SH).

[11]   Vgl. hierzu Herms, Eilert, Zusammenleben im Widerstreit der Weltanschauungen, Tübingen 2007, S. 336-379.

II.3.3. „Entwicklung des rezeptiven Chaos zur Weltanschauung"[12] als Ziel der Erziehung

Der systematische Mittelpunkt in Herms' Analysen liegt in einer intensiven Rezeption der Werke Friedrich Schleiermachers, die er nicht nur begriffsgeschichtlich analysiert, sondern in eine (christliche) Sozialethik zu überführen versucht, um damit Anforderungen eines konsequenten weltanschaulichen/religiösen Pluralismus gerecht zu werden. Für Herms bilden die Positionen von Schleiermacher und Ritschl „[i]n der Geschichte des Weltanschauungsproblems innerhalb der protestantischen Theologie" den Fuß- bzw. Wendepunkt, wobei unzweideutig der Position Schleiermachers der Vorzug gegeben wird.[13] Da sich Herms in seinem Konzept Schleiermachers Weltanschauungskonzept anschließt und weiterführt, sollen im Folgenden auch dessen Ausführungen verstärkt in den Blick kommen.[14] Wie Herms herausstellt, ist der Begriff Weltanschauung bei Schleiermacher in allen Phasen seines umfangreichen literarischen Schaffens ein fester Bestandteil im Vokabular. Als zentrale Fundorte weist Herms auf die Belege in der ersten Auflage „Über die Religion. Reden an die Gebildeten unter ihren Verächtern" von 1799 hin.[15] Zudem sei Weltanschauung als Schlüsselbegriff in der Dialektikvorlesung, die Schleiermacher 1811 und 1814 gelesen hat, und in der Pädagogikvorlesung von 1814 und 1826 zu finden.[16] Um nachvollziehen zu können, wie Bildung respektive Erziehung und Weltanschauung bei Schleiermacher zusammenhängen, sei es notwendig, kurz auf die bewusste Anknüpfung und Neuinterpretation einzugehen, die Schleiermacher in Bezug auf die Verwendung des Begriffs bei Immanuel Kant[17] in der „Kritik der Urteilskraft" von 1790 vornimmt.

In seinem dritten Hauptwerk beschäftigt sich Kant mit der Fragestellung, „wie die gegebene Sinnenwelt als eine Ganzheit erkannt werden könne"[18]. Herms greift diesen Auszug bei Kant auf, und legt dar, warum für Kant nur die Vernunft als das übersinnliche Vermögen der Ideen ausreiche. Der zentrale Textauszug lautet „denn nur durch dieses (Vermögen) und dessen Idee eines Noumenon, welche selbst keine Anschauung verstattet, aber doch der Weltan-

---

[12] Schleiermacher, Friedrich Daniel Ernst, Erziehungslehre, Sämtliche Werke, 3. Abt., Bd. IX, hg. von C. Platz, Berlin 1849, S. 622 (im Folgenden „Erziehungslehre").

[13] Herms, Eilert, „Weltanschauung" bei Friedrich Schleiermacher und Albrecht Ritschl, in: Ders., Theorie für die Praxis – Beiträger zur Theologie, München, S. 123.

[14] Die nun folgenden Ausführungen orientieren sich am Duktus des Textes von Eilert Herms.

[15] Schleiermacher, Friedrich Daniel Ernst, Über die Religion. Reden an die Gebildeten unter ihren Verächtern, Hamburg 1958, nach der Paginierung von Hans-Joachim Rothert 84, 85, 87.

[16] Herms, Eilert, „Weltanschauung" bei Friedrich Schleiermacher und Albrecht Ritschl, a.a.O., S. 124.

[17] Vgl. Meier, Helmut G., „Weltanschauung". Studien zu einer Geschichte und Theorie des Begriffs, Münster/Westfahlen 1968, S. 71-73.

[18] Herms, Eilert, „Weltanschauung" bei Friedrich Schleiermacher und Albrecht Ritschl, a.a.O., S. 125.

schauung, als bloßer Erscheinung zum Substrat untergelegt wird, wird das Unendliche der Sinnenwelt [...] (unter einem Begriff) ganz zusammengefaßt"[19]. Ausgehend von diesem Teilsatz verfolgt Herms in vier Schritten nun folgenden Weg: Zunächst gibt er eine Deutung vor, wie *Weltanschauung* durch Kant verstanden wurde. In einem weiteren Schritt geht er auf den modifizierten Begriff *Anschauung* bei Schleiermacher ein, um drittens in Folge des neuen Anschauungsbegriffs auch einen modifizierten *Weltbegriff* zu entwickeln und schlussendlich zu einer neuen Gesamtkonzeption von Weltanschauung bei Schleiermacher zu gelangen. In diesen vier Schritten kann gedanklich der Weg beschritten werden, der von einem – nach Herms Auffassung – zunächst engeren philosophischen Verständnis hin zu einer Öffnung und Erweiterung des Bedeutungsfeldes durch Schleiermacher geführt wird.

(1) Herms' Beobachtungen konzentrieren sich zunächst auf die Exegese der Reden von Schleiermacher aus dem Jahr 1799. In dieser einflussreich gewordenen Schrift lässt sich mehrfach das Kompositum „Weltanschauung" finden. Noch häufiger komme jedoch die Wendung „Anschauung der Welt" vor. Durch die Tatsache, dass es zwei Redeweisen gäbe, würde sich Herms' zufolge auch eine Unterscheidung in einen *engeren* und in einen *weiteren* Begriff von Weltanschauung ergeben, da „das Kompositum [...] stets das Anschauen der *sinnfälligen Außenwelt*"[20] beschreiben würde. Die weiter gefasste Formel habe hingegen aber nicht nur diese Grundbedeutung, sondern bezeichne auch das Anschauen der „*inneren Welt des Gemütes* und der *in ihrer Eigenart gerade nicht sinnenfälligen Welt der Gesellschaft und Geschichte*"[21]. Der bei Kant vorfindliche Begriff würde sich aber nur auf den engeren Begriff bei Schleiermacher beziehen und damit auf das Erbe Kants. Herms liegt nun daran zu zeigen, dass der Ausdruck „Weltanschauung" bei Kant eine Kurzfassung dessen beinhaltet, was dieser unter Erkenntnistheorie im Allgemeinen versteht. Der Ausdruck „Welt" bezeichnet den Inbegriff der Sachverhalte, die dem Erkennen durch Anschauung zugänglich sind. Der sachliche Zusammenhang zwischen diesen beiden Wortebenen bestehe darin, dass der Anschauungsbegriff den Weltbegriff bestimmt. Kant – so Herms – denke Anschauung als sinnliche Anschauung und „Welt" bedeute daher die „Sinnenwelt".[22] Entscheidend für den Weltanschauungsbegriff bei Schleiermacher ist nun die Reformulierung und Erweiterung der Begriffe „Anschauung" und „Welt", die hier in Form von jeweils drei Aspekten widergegeben werden sollen. Herms geht zuerst davon aus, dass der *Anschauungsbegriff* bei Schleiermacher sich

---

[19] Kant, Immanuel, Gesammelte Schriften, hg. v. d. Kgl. Preußischen Akademie der Wissenschaften 1. Abt. Bd. V, Berlin 1908, S. 254f.

[20] Herms, Eilert, „‚Weltanschauung' bei Friedrich Schleiermacher und Albrecht Ritschl', a.a.O., S. 125.

[21] Ebda.

[22] A.a.O., S. 125f.

erweitert habe. Sowohl die Anschauung der so genannten Dingwelt als auch die Anschauung der geistigen Welt sei bei ihm möglich.[23] Zweitens habe die Anschauung bereits eine innere Struktur. Sie sei nicht nur ein Moment in der synthetischen Einheit von Erfahrung, wie bei Kant, sondern die Anschauung selber sei schon innerlich synthetisch aufgebaut. Drittens ist nach Herms die Anschauung real, jedoch ist ihre Realität nicht durch Beziehung auf eine Außenwelt von „Dingen an sich" begründet, sondern durch Beziehung auf ihren unanschaubaren, sich im Gefühl offenbarenden Existenzgrund. Daraus folgt, dass auch die Anschauungsformen Raum und Zeit nicht bloß subjektiven, sondern objektiven Sinn haben.

(2) In Folge der Erweiterung des Anschauungsbegriffs – der den Weltbegriff bestimme – ändere sich auch der Begriff von Welt. So beinhalte der erweiterte Welt-Begriff bei Schleiermacher nicht nur die Sinnenwelt, sondern auch die geistige Welt des Gemüts und der gesellschaftlichen Beziehungen. Die Welt umfasse somit Natur und Geist. Zweitens würden Natur und Geist nicht isoliert nebeneinander stehen, sondern beide Aspekte stünden in Korrelation zueinander. Natur und Geist stünden in einer Wechselwirkung und die Einheit der Welt bestehe in diesem Prozess des Wechselspiels von Werden und Welt. Drittens würde in diesem Prozess der Wechselwirkung von Natur und Geist die Welt sich nicht selber hervorbringen. Der Welt liege vielmehr der Grund ihrer Existenz schlechthin vor. Schleiermacher unterscheide Gott von „Welt" in der Form, dass dabei wesentliche Bestimmungen des biblisch-christlichen Gottes bzw. Weltverhältnisses festgehalten würden. Die geschöpfliche Existenz der Welt sei schlechthin abhängig von Gott. So skizziert Herms die dreifache Bestimmung von Welt, die nicht nur in den *Reden*, sondern auch für die philosophische Ethik, die Dialektik und die Glaubenslehre von Schleiermacher bis in sein Spätwerk hinein reiche.

(3) Weiterführend entwickelt Herms nun aus den beiden Re- und Neuformulierungen von „Welt" und „Anschauung" das Kompositum „Weltanschauung" bei Schleiermacher wie folgt: Zunächst steht für Herms fest, dass der Weltanschauung – wie er in seiner vermutlich erstmaligen Verwendung bei Kant erwähnt wird – bei Schleiermacher durchgehend beibehalten bleibe, in der Form, dass Weltanschauung stets den Sinn von vernünftiger, sachhaltiger Welterkenntnis behalte. Darüber hinaus verliere der Begriff aber die Engführung, wie Kant ihn versteht, in der Weise, dass er hinsichtlich „seines Subjektes, seines Gehaltes, seiner Form und seines Zieles" von Schleiermacher neu definiert würde.[24] Von den vier Aspekten, also dem des Subjekts, des Gehal-

---

[23] Vgl. hierzu auch Herms, Eilert, Herkunft, Entfaltung und erste Gestalt des Systems der Wissenschaften bei Schleiermacher, Gütersloh 1974, S. 170.

[24] Herms, Eilert, „,Weltanschauung' bei Friedrich Schleiermacher und Albrecht Ritschl', a.a.O., S. 130.

tes, der Form und des Ziels, ist für die vorliegende Arbeit vor allem die Frage nach dem Ziel von Weltanschauung interessant, da dieses eng an das Erziehungsziel geknüpft ist.

Subjekt der Weltanschauung sei die endliche Vernunft, also eine unter geschichtlichen Bedingungen lebende Person. Folglich ist Weltanschauung die elementare Erkenntnisweise der individuellen Vernunft.[25] Der Gegenstand der Weltanschauung – so leitet Herms weiter aus der Philosophischen Ethik Schleiermachers ab – sei immer mit Rekurs auf die Gotteserkenntnis verbunden. Aufgrund der Anschauungstheorie Schleiermachers gilt, dass die Gotteserkenntnis immer nur eine indirekte sein könne; Gott selber könne nicht an sich, sondern nur als der selbst unanschauliche Bezugspunkt im Verhältnis der endlichen Vernunft zu ihrem Existenzgrund – also als Bezugspunkt der Religiosität – in Betracht kommen.[26] Der Grund des Wissens würde dabei nicht ins Wissen eingeholt. Als ein gefühlsmäßiges Erlebnis und als bewusste Intention des Grundes und der Grenze aller Anschauung bewege sich die Religion vielmehr ausschließlich in andeutenden und nur individuell zu verifizierenden Symbolen. In dieser Form allerdings stelle sie einen ganz wesentlichen Aspekt von Weltanschauung dar. Sie sei deren eigener symbolischer Verweis über sich hinaus auf ihren Ursprung. Daraus folgert Herms für das Weltwissen bei Schleiermacher „[i]n der Religion negiert also jede Weltanschauung ihre eigene Absolutheit. Aber damit liefert sie sich nicht der Beliebigkeit aus, sondern damit begreift sie nur die Verbindlichkeit ihrer ihr schlechthin vorgegebenen rationalen Existenzform"[27]. Die Form der Weltanschauung ist – so Herms weiter – „ist das Wechselspiel zwischen empirischer und spekulativ-begrifflicher Erkenntnis. Das entspricht der synthetischen, zwischen sinnlicher Wahrnehmung (Rezeptivität) und begrifflicher Konstruktion (Spontaneität) spielenden Form aller Anschauung. Beide Erkenntnisformen – Empirie und Spekulation – bestehen nur aneinander und bedingen sich gegenseitig. Keine der beiden Seiten ist auf die andere reduzierbar."[28] Dieses Wechselspiel in der Erkenntnislehre würde „auf der Überzeugung, dass ein Wissen, welches sich durch den Begriff seiner ihm vorgegebenen Möglichkeitsbedingungen selbst regelt, sowohl den Abweg des Idealismus als auch den des Empirismus vermeidet"[29] beruhen.

Unter Berücksichtigung der übergeordneten Themenstellung der vorliegenden Untersuchung ist nun das „Ziel von Weltanschauung als Tätigkeit", wie Herms den Begriff Weltanschauung in der Rezeption Schleiermachers ver-

---

[25] Schleiermacher, Friedrich Daniel Ernst, Erziehungslehre, a.a.O., S. 322.

[26] Ebda.

[27] Herms, Eilert, „‚Weltanschauung' bei Friedrich Schleiermacher und Albrecht Ritschl', a.a.O., S. 131.

[28] Ebda., Vgl. hierzu auch Schleiermacher, Friedrich Daniel Ernst, Sämtliche Werke, a.a.O., S. 342f.; Philosophische Ethik, a.a.O., S 536f.

[29] Ebda.

steht, das zentrale Anliegen: Es geht um den Zustand der Person selber als ihr „Gebildetsein"[30]. Wie ist Gebildetsein zu verstehen und in welcher Form lässt es sich realisieren? Die Grundthese, die Herms aus der Erziehungslehre Schleiermachers ableitet, ist die, dass Bildung und Weltanschauung sich „gegenseitig vollenden". Die Ausbildung von Weltanschauung ist also ein wesentliches Merkmal und Ziel von Bildung. So bestimmt Schleiermacher 1814 in seiner Erziehungslehre die „allgemeine Aufgabe" der Erziehung als „Entwicklung des rezeptiven Chaos zur Weltanschauung"[31]. Und weiter heißt es „Es ist die Weltanschauung eines jeden, worin die Totalität aller Eindrücke zu einem vollständigen ganzen des Bewußtseins [...] gesteigert [...] gedacht wird"; „mit eingeschlossen die Totalität des Bewußtseins der menschlichen Zustände, ohne welches doch einer Weltanschauung nichts sein würde."[32] Aus den weiteren Ausführungen in der Erziehungslehre wird deutlich, dass Weltanschauung nach Schleiermacher also sowohl ein subjektives Moment hat als auch rational strukturiert ist.

Die Schlussfolgerung, die Herms aus der Darstellung von Schleiermacher zieht, ist für die Frage nach dem Umgang mit religiös-weltanschaulichen Fragen im Pluralismus entscheidend: „Weltanschauung *kommt* nur dadurch *zustande*, daß die Person ihren Bildungsgang in der Spannung von empirischer und begrifflich-spekulativer Erkenntnis zurücklegt. Und ebenso *besteht* sie nur in dieser Spannung. Weltanschauung ist also – unbeschadet ihrer Relativität – *innerlich rational strukturiert* und daher *stets vernünftig kritisier- und korrigierbar.*"[33]

Die von Herms' entwickelten Konzeption von Weltanschauung, die er aus der Lektüre von Schleiermacher gewinnt, ist für das Verständnis von Bildung und damit auch (christlicher) Erziehung lohnend: Aus den soeben entwickelten Aspekten bezüglich des Subjekts von Weltanschauung, seines Gehaltes, seiner Form und seines Ziels kommt letzterem eine entscheidende Bedeutung zu. Denn als Tätigkeit kann Weltanschauung nie den Standpunkt von absolutem Wissen erreichen, sondern bleibt immer auf eine geschichtlich erfahrene Erkenntnis bezogen. Religion wird bei Schleiermacher folgt man den Ausführungen Herms nicht als eine zu überwindende Form des Wissens angesehen. Herms bringt dies auf die Formel „*Weltanschauung hebt* [...] *Religion nie in sich auf. Vielmehr werden Weltanschauung und Religion bei Schleiermacher zwar aufeinander bezogen, aber ebenso voneinander unterschieden*: Die

---

[30] Herms, Eilert, „,Weltanschauung' bei Friedrich Schleiermacher und Albrecht Ritschl', a.a.O., S. 131.

[31] Schleiermacher, Friedrich Daniel Ernst, Erziehungslehre, a.a.O., S. 622.

[32] A.a.O., S. 208.

[33] Herms, Eilert, „,Weltanschauung' bei Friedrich Schleiermacher und Albrecht Ritschl', a.a.O., S. 132.

Beziehung drückt sich darin aus, daß die religiösen Symbole selber aus der Weltanschauung stammen und mit deren Wandlungen variieren."[34]

Auch wenn zu Beginn der Betrachtung zu Herms' Weltanschauungskonzept darauf hingewiesen wurde, dass die Begriffe Religion und Weltanschauung gleichberechtigt nebeneinander stehen, so muss nach diesen Ausführungen die Aussage dahingehend erweitert werden, dass die Begriffe zwar *funktional äquivalent,* aber *nicht inhaltsgleich* zu verstehen sind. Religion bleibt auf Weltanschauung bezogen, aber auch von ihr unterschieden. Denn – und hierauf weist die Definition von Schleiermacher hin – der Unterschied zwischen Weltanschauung und Religion sei, dass die christliche Frömmigkeit von Schleiermacher nicht als Weltanschauung ausgelegt werde. Schleiermacher stelle nur den Zusammenhang zwischen Weltanschauung und Religion dar.[35]

II.3.4. Religions-weltanschauliche Gewissheiten im öffentlichen Leben

Nach diesen zunächst terminologischen Annäherungen, die bereits grundlegende Weichenstellungen für die Bestimmung von Weltanschauung in Herms' (sozialethischem) Gesellschaftskonzept einschließen, richtet sich nun der Blick auf einen Beitrag, der vordergründig im Rahmen einer ganz anderen Thematik erscheint, jedoch zentrale Aspekte für die Bestimmung von Weltanschauung enthält.[36] Im Kontext einer „Ethik in der Unternehmensführung" entwirft Herms 1989 in seinem Aufsatz „Der religiöse Sinn der Moral. Unzeitgemäße Betrachtungen zu den Grundlagen einer Ethik der Unternehmensführung" so genannte „Vorzüglichkeitskriterien" für das Handeln im Allgemeinen. In diesem Zusammenhang führt er u.a. auch inhaltliche und funktionale Bestimmungen für weltanschauliche bzw. religiöse Gewissheiten auf. Der Begriff Weltanschauung wird hier als „Wechselbegriff" zu Religion gedeutet, die beide wiederum umgangssprachlich als Gewissheiten bezeichnet werden könnten. Nun ist zu fragen, um was für Gewissheiten es sich bei Herms handelt.

Im vierten Abschnitt seines Beitrags konstatiert Herms vier Gewissheiten, „die für die tatsächliche Orientierung an Vorzüglichkeitskriterien" Voraussetzung für moralisches und damit ethisches Handeln seien.[37] Zu ihnen zählen das „Kriterium sozialer Vorzüglichkeit", das „Kriterium persönlicher Vorzüglich-

---

[34] A.a.O., 133.

[35] Vgl. Schleiermacher, Friedrich Daniel Ernst, Glaubenslehre, a.a.O. §§34, 50, 51, 59, 60.

[36] Herms, Eilert, Der religiöse Sinn der Moral. Unzeitgemäße Betrachtung zu den Grundlagen einer Ethik der Unternehmensführung, Erstveröffentlichung: Steinmann, Horst/Löhr, Albert (Hg.), Unternehmensethik, Stuttgart 1989, S. 59-82. Im Folgenden zitiert nach Herms, Eilert, Gesellschaft gestalten, Tübingen 1991, S. 216-251, hier S. 238.

[37] Vgl. hierzu die begriffliche Gleichsetzung, a.a.O., S. 217f.

keit", das „Kriterium der Vorzüglichkeit von Wegen" und schließlich das „Kriterium von Vorzüglichkeit von Zielen". Sie würden sich zumeist als „gewissermaßen in parallele" konkurrierende Gewissheiten verhalten.[38] Die Orientierung an Vorzüglichkeitskriterien liege als anthropologische Grundbestimmung fest, da jede rationale Handlung unter Beachtung und Anwendung der vier Kriterien sich ereigne. Es lässt sich nach Herms festhalten, „[d]aß der Einzelne, der jeweils eine Entscheidung trifft, von einer Gewißheit über das Wesen der menschlichen Existenz, ihr ‚Woher' und ‚Wohin' – also auch über die in ihr selbst allem menschlichen Handeln vorgegebene Bestimmung des Menschen, sein unüberholbares Letztziel – beherrscht wird, ist die notwendige Bedingung dafür, daß er wirklich *rational* handelt (d.h. ja: alle vier genannten Vorzüglichkeitskriterien zugleich anwenden) kann."[39] In deklaratorischer Weise kennzeichnet Herms dann die daraus resultierende Hauptthese seines Beitrags, die da lautet: „*Keine Handlungsrationalität ohne Religion*"[40]. Was meint er damit? Herms führt dazu näher aus: „Unsere Umgangssprache bezeichnet Gewißheiten von der eben beschriebenen Art, wie sie für den Vollzug jeder rationalen Zielwahl (und infolgedessen für die Rationalität des Handelns überhaupt) grundlegend sind, als ‚weltanschauliche Gewißheiten'. ‚Weltanschauung' ist aber – nicht nur umgangssprachlich, sondern z.B. auch in der Sprache unseres Rechts – Wechselbegriff für ‚Religion'. Läßt man sich auf diesen – keineswegs privaten und willkürlichen – Sprachgebrauch ein und macht man Ernst mit dem […], dann muß man sagen: es ist die ‚*weltanschauliche Gewißheit*' oder eben: die *Religion* jedes Einzelnen, der eine Entscheidung trifft, welche deren Rationalität [für Herms gleichbedeutend mit Moralität] begründet."[41]

Erkenntnisreich ist der dreigliedrige Weg zu dieser These, den Herms beschreitet: Er geht dabei zunächst auf die (1) inhaltliche Besonderheit von Gewissheiten ein, (2) bezieht sich dann auf das Zustandekommen von Gewissheiten und versucht (3) abschließend das ganz spezifisch Private, oder wie er es nennt „Intime" von Gewissheiten aufzuspüren. Da Herms – wie oben gezeigt – Weltanschauung mit „Gewissheiten" gleichsetzt, liegen hier drei Bestimmungen vor, denen es nachzugehen lohnt.

(1) In ihrer inhaltlichen Bedeutung zielt „jede religiöse oder weltanschauliche Gewißheit aufs Ganze. Sie betrifft nicht irgendwelche Einzelheiten in unserem Leben, sondern dieses in seiner Ganzheit"[42]. Die Frage nach dem „Sinn des Lebens" könne demzufolge auch nicht kontextlos gedacht werden, sondern

---

[38] A.a.O., S. 237.
[39] A.a.O., S. 237f.
[40] A.a.O., S. 238.
[41] Ebda.
[42] A.a.O., S. 239.

richte sich immer „auf unser Leben in seiner sozialen und natürlichen Umwelt"[43]. Inhaltlich wird deutlich, dass Herms Weltanschauung für eine fundamental anthropologische Grundgegebenheit hält, der sich niemand entziehen kann. Sie behält ihre doppelpolige Ausrichtung bei, wenn es heißt: „Eben weil ‚religiöse Gewißheit‘ stets in diesem Sinne aufs Ganze geht, wird sie de facto – alle Religionen belegen das – ‚weltanschauliche‘ Gewißheit. – Aber umgekehrt wird ‚weltanschauliche Gewißheit‘ auch mit sachlicher Notwendigkeit zur ‚religiösen Gewißheit‘"[44]. Anschaulich verdeutlicht er diese These an der jeweiligen weltanschaulichen Ausrichtung der griechisch-römischen Antike in Bezug auf die innerweltliche Orientierung des Menschen, bzw. in Analogie auf die jüdisch-christliche Lebensausrichtung mit Blick auf das Jenseits.

(2) In einem zweiten Schritt fragt Herms nun grundsätzlich, wie es zur Bildung von „religiös-weltanschaulichen Überzeugungen" kommen könne. In Form einer Allaussage führt er die „Lebensüberzeugung" – wie er es auch nennt – auf eine je eigene Lebenserfahrung zurück, die bildlich ausgedrückt „im wahrsten Sinne des Wortes ‚unsäglich‘ intime Weise"[45] jedem Menschen zuteilwird.

(3) Der dritte und letzte Aspekt lasse sich in Rekurs auf Paul Tillichs Formulierung, dass unser Tun und Lassen sich in letzter Konsequenz aus dem ergibt, „was uns unbedingt angeht"[46]. Gerade in der letzten Definition werden aber auch die Schwierigkeiten deutlich, die sich aus religiös-weltanschaulichen Gewißheiten ergeben. Die Aussage, dass dem Menschen seine religiös-weltanschaulichen Gewißheiten dann erst zuteilwerden, wenn sie ihn „im Innersten (in der alten Sprache der evangelischen Theologie: im ‚Herzen‘) treffen und formen"[47], dann deutet dies darauf hin, dass Weltanschauung doch nur schwer – wenn überhaupt – „rational korrigierbar" erscheint. Um grundlegend weltanschauliche Implikationen im Denken zu ändern, bedarf es doch einer sehr ernsthaften und mitunter auch nicht leichten Auseinandersetzung mit überkommenen Traditionen und Lebenserfahrungen.

---

[43] Ebda.

[44] A.a.O., S. 240.

[45] A.a.O., S. 241.

[46] Herms verweist hier auch auf Tillich, Paul, Systematische Theologie Bd. I, Stuttgart, 1956, S. 247ff; vgl. auch Herms, Eilert, Der religiöse Sinn der Moral, a.a.O., S. 242.

[47] Ebda.

II.3.5. Zum Konzept eines „konsequenten weltanschaulich-religiösen Pluralismus"[48]

Die formelhafte Wendung „konsequenter weltanschaulich-religiöser Pluralismus", mit der Herms das Phänomen der Weltanschauungsproblematik zu beschreiben versucht und schließlich auch – in Form eines Gedankenexperiments – zu Lösungsansätzen kommt, soll zunächst unter den Begriffen „Pluralismus", „Weltanschauung" und „Religion" inhaltlich präzisiert werden, um abschließend die Wendung nochmals als Ganze in den Blick zu nehmen.

(1) Programmformel „Pluralismus aus Prinzip"

Unter Pluralismus versteht Herms nicht (in einem weiten Sinne) ein ausdifferenziertes Funktionssystem mit seinen Organisationen,[49] sondern stets einen Pluralismus, der den weltanschaulich-religiösen Pluralismus thematisiert. Pluralismus bedeutet für ihn das gleichzeitige Bestehen und Wirksamsein verschiedener Weltanschauungen und Religionen im Zusammenleben der Menschen. Diese These, die er 1991 erstmals entfaltet, steht für den Versuch einer Gesellschaftstheorie, in der „Pluralismus" zum Ausdruck eines Zustandes der Gesamtgesellschaft wird.[50] Pluralismus bezeichnet seiner Auffassung nach „die Verfassung und Funktionsweise ihres [der Gesamtgesellschaft] Religionssystems". Als pluralistisch wird Herms' Auffassung nach eine Gesellschaft angesehen, wenn „in ihr unterschiedliche weltanschaulich-ethische Überzeugungen miteinander konkurrieren, die nicht mehr durch einen einheitlichen zivilreligiösen Horizont miteinander verbunden sind."[51] Ein grundsätzliches „Konstruktionsprinzip" von Gesellschaften sei ihr funktionierendes Kommunikations- und Interaktionsgefüge, das sich vor allem in leistungsspezifischen Institutionen manifestiere. Als die in diesem Konstrukt miteinander kommunizierenden Teile einer Gesellschaft sieht Herms die Religion, die Politik, die Wissenschaft und die Ökonomie an. Das Religionssystem einer Gesellschaft ist seiner Auffassung nach dann pluralistisch verfasst, wenn die religiös-weltanschauliche Kommunikation nicht in einem „einheitlichen Kommunikations- und Traditionszusammenhang über einen einheitlichen Symbolbestand" bestimmt wird, sondern die Mitglieder über verschiedene Symbolbe-

---

[48] Die Wendung „weltanschaulich-religiöser Pluralismus", so wie Herms sie 2007 in seinem Sammelband „Zusammenleben im Widerstreit der Weltanschauungen" festhält, verwendet er analog zu den Wendungen „prinzipieller Pluralismus" bzw. „Pluralismus aus Prinzip". Vgl. Herms, Eilert, ‚Anforderungen des konsequenten weltanschaulich/religiösen Pluralismus an das öffentliche Bildungswesen", a.a.O., S. 344.

[49] Vgl. hierzu Schwöbel, Christoph, Art. „Pluralismus II. Systematisch-theologisch", in: TRE 26 (1996), a.a.O., Sp. 724-739.

[50] Vgl. Herms, Eilert, Pluralismus aus Prinzip, in: Ders., Kirche für die Welt, Tübingen 1995, S. 467-485. – Ders., Vom Halben zum ganzen Pluralismus, in: Ders., Kirche für die Welt, Tübingen 1995, S. 388-431.

[51] Herms, Eilert, Pluralismus aus Prinzip, a.a.O., S. 467.

stände kommunizieren können und zwar in der Gestalt, dass die Traditionszu-sammenhänge „miteinander konkurrieren"[52].

(2) Weltanschauung und Religion

Auch wenn die bisherigen Ausführungen den Anschein erweckt haben, dass „Weltanschauung" und „Religion" bei Herms sowohl funktional als auch in-haltlich gleiche Bedeutung zukomme, so muss dieses Missverständnis doch korrigiert werden. Herms verschiebt die so entscheidende inhaltliche Differen-zierung in eine Fußnote. So heißt es bezüglich des „Religionssystems", dass sich daraus ergeben könnte, „daß man dieses funktionsspezifische System auch ‚Weltanschauungssystem' nennen könnte. Aber der Ausdruck ‚Religionssystem' ist in Wahrheit vorzuziehen. Denn ‚Religion' verweist nicht nur – wie ‚Weltanschauung' auch – auf die inhaltliche Bestimmtheit einer Sicht von Ursprung, Verfassung und Bestimmung des menschlichen Daseins in der Welt, sondern darüber hinaus auch auf die motivierende und zielwahl-orientierende Wirksamkeit der fraglichen weltanschaulichen Gewißheiten. ‚Weltanschauung' könnte irgendeine ‚bloß' theoretische Meinung bezeichnen, ohne lebenspraktische Wirksamkeit. ‚Religion' bezeichnet demgegenüber gerade das in handlungsleitender Wirksamkeit Stehen solcher Einsichten über die Natur und Bestimmung des Daseins, ihre innerliche *Bindungskraft*."[53] Die inhaltliche Anbindung an eine verbindliche und damit auch Normgebende Größe – die Religion – ist aufgrund ihrer biblischen Gebundenheit richtungs-weisend.

II.3.6. Konsequenzen für die Schulträgerschaft – ein Gedankenexperiment

Das Erkenntnisinteresse der im Folgenden dargestellten Ausführungen von Herms ist, aus dem *prinzipiellen Pluralismus* bzw. dem *konsequenten Plura-lismus* direkte Konsequenzen für das Verständnis von Bildung und der Ein-richtung für das öffentliche Bildungswesen aufzuzeigen. Als direkte Konse-quenzen für die Umsetzung eines religiös-weltanschaulichen Pluralismus, wie Herms ihn postuliert, entwickelt er aus dem Konzept „Pluralismus als Prinzip" normative Leitsätze für die Übernahme von Verantwortung im Bildungssys-tem. Wie aus den oben angeführten Grundbestimmungen des Menschseins abzuleiten, liegt es nach Herms in der *conditio humana* des Menschen selbst begründet, dass „immer irgendwelche zielwahlorientierenden weltanschau-lich/religiösen Überzeugungen" für ihn konstitutiv sind. Jegliche Form der Aktivität unterliegt solchen Überzeugungen und kann „nicht weltanschau-

---

[52] Herms, Eilert, Pluralismus aus Prinzip, a.a.O., S. 471.
[53] Dieses Zitat findet sich als Fußnote 3 in: Herms, Eilert, Pluralismus aus Prinzip, a.a.O., S. 469.

lich/religiös neutral sein.["54] Auch wenn im Pluralismus die „antagonistischen Spannungen" unterschiedlich stark ausgeprägt seien, so ist es doch „[d]ie innere Prägung allen Bildungshandelns", die durch weltanschaulich/religiöse Leitüberzeugungen geprägt seien, denen man sich nicht entziehen könne. Dieser – wie Herms sie nennt – „fundamentalanthropologische Gegebenheit" müsse nicht nur genügend Raum in Unterrichts- und Bildungsprozessen eingeräumt, sondern auch genügend Aufmerksamkeit gewidmet werden. Negativ formuliert hieße die explizite Ausblendung von weltanschaulich/religiösen Grundeinstellungen, dass „unkontrollierbaren wie unkritisierbaren Orientierungen an undurchschaubaren kategorialen weltanschaulich/religiösen Überzeugungen"[55] Raum gegeben würde. Für Herms führt diese Form der ausgeblendeten und nicht realisierten Bildungsverantwortung zu erheblichen Folgen. Nur durch eine ernsthaft wahrgenommene Verantwortung hinsichtlich einer – wie er es nennt – kontinuierlich reifenden, zielwahlorientierenden Gewissheit des Menschen, also durch die institutionelle Ermöglichung, die eigene Erlebnisfähigkeit in Form von unterschiedlichen „skills" auszubilden, kann es jungen Menschen ermöglicht werden, eine Form des „Gebildetsein" anzustreben oder auszubilden.

Positiv muss nun gefragt werden: Wie ist eine sachgemäße und angemessene Wahrnehmung von Verantwortung für das Bildungssystem und damit die Schule als Institution möglich, wenn man das Gesellschaftsmodell eines „konsequent religiös/weltanschaulichen Pluralismus" zugrunde legt? Löst dieses Konzept das „Weltanschauungsproblem", wie es Herms 1977 beschrieben hat? Dem Modell des „konsequent religiös/weltanschaulichen Pluralismus" folgend schlägt Herms nun folgenden Lösungsversuch vor: Der Staat müsse für die adäquate Wahrnehmung der Bildungsverantwortung Sachverwalter auswählen, die „im Rahmen einer verpflichtenden Gesamtordnung" das öffentliche Bildungswesen übernehmen. Dies könnten z.B. die Traditionsgemeinschaften sein – die Kirche selber erwähnt er nicht explizit – da diese ohnehin eine gesellschaftliche Akzeptanz erfahren würden. Auf die selbst gestellte Anfrage, ob durch dieses Verfahren innerhalb der einzelnen Bildungsinstitutionen wie z.B. den Schulen, Universitäten oder Hochschulen unsachgemäße Zustände zu erwarten wären, antwortet Herms klar mit Nein. Das Verfahren, dass der Staat seine Bildungsverantwortung in andere Trägerschaften abgebe, würde nur die „Autonomie der einzelnen Fächer, die für jedes Fach ein eigenes Daseinsverständnis in Anspruch nehmen würden, in Frage stel-

---

[54] Herms, Eilert, Anforderungen des konsequenten weltanschaulich/religiösen Pluralismus an das öffentliche Bildungswesen", a.a.O., S. 357.
[55] A.a.O., S. 360.

len"[56]. Die These, dass es zweifelsohne einen Unterschied macht, ob naturwissenschaftliche Fächer, Erdkunde, Geschichte oder Deutsch unter den Voraussetzungen eines christlichen oder marxistischen Lehrers bzw. einer in diesem Sinne geführten Schule stattfinden, unterstreicht Herms. Grundlegend seien das „*Verständnis*" und die „*Einschätzung*" der jeweiligen Lehrperson entscheidend. Das Urteil Herms' am Ende seines Gedankenexperiments fällt äußerst kritisch aus. Er stellt offen die Frage, ob die Bedeutung einer bestimmten Daseinsgewissheit für die Arbeit von Bildungsinstitutionen bereits in ihrer Tragweite erkannt sei und ob die vorfindlichen Anforderungen einer pluralistischen Gesellschaft bereits in ausreichendem Maße im Bildungs- und Schulsystem realisiert seien.

---

[56] Herms, Eilert, Die Frage der Schulträgerschaft aus sozialethischer Sicht, in: Ders., Zusammenleben im Widerstreit der Weltanschauungen. Beiträge zur Sozialethik, Tübingen 2007, S. 374-379, hier S. 379.

VIERTER TEIL

ERGEBNISSE, HERAUSFORDERUNGEN UND PERSPEKTIVEN

I. Christliche Erziehung und Weltanschauung im Pluralismus des 20. Jahrhunderts – Bilanz und Lösungsansätze

Die bezugswissenschaftliche Systematisierung in der Einleitung hat gezeigt, dass der Umgang mit religiös-weltanschaulichen Fragen seit der Aufklärung eine rege Aufnahme nicht nur in die Theologie und die Pädagogik, sondern darüber hinaus auch in die Rechtswissenschaft, die Politik und die Literaturwissenschaft erfahren hat. Der zunächst von Immanuel Kant eher beiläufig eingeführte Terminus *Weltanschauung* durchlief eine mitunter spannungsreiche Rezeption, die in der nun folgenden Bilanzierung in geraffter Form dargelegt wird. Es sei angemerkt, dass eine umfassende Bewertung der erziehungswissenschaftlichen Richtungen, namentlich der geisteswissenschaftlichen Pädagogik und der empirischen Erziehungswissenschaft, auf der Grundlage der vorliegenden Analyse nicht erfolgt. Vielmehr wird es darum gehen, die Impulse aufzuspüren und die Ergebnisse zu bündeln, die in Bezug auf die Weltanschauungsthematik in den (Theorie-)Konzepten von Wilhelm Dilthey, Max Frischeisen-Köhler, Herman Nohl und Wilhelm Flitner einerseits und Wolfgang Brezinka andererseits gewonnen werden konnten. Gleiches gilt für die bildungstheoretischen Konzeptionen von Otto Dibelius, Oskar Hammelsbeck, Karl Ernst Nipkow und Eilert Herms, die jeweils im zweiten Abschnitt eines Teils analysiert wurden. Um die gewonnenen Ergebnisse zu untermauern, wird punktuell auf Einschätzungen und Bewertungen verwiesen, die in einem bezugswissenschaftlichen Kontext stehen.

Die Bündelung der Ergebnisse erfolgt *diachron* und zeichnet die jeweiligen Entwicklungslinien im Verhältnis von christlicher Erziehung und Weltanschauung nach, die in den erziehungswissenschaftlichen, religionspädagogischen und systematisch-theologischen Studien sichtbar werden. Das Interesse liegt dabei nicht nur auf den Kontinuitäten und Diskontinuitäten, die im Laufe des 20. und zu Beginn des 21. Jahrhunderts zutage treten, sondern wird sich vor allem an den drei *Leitfragen* orientieren, denen in der Einleitung bereits erhöhte Relevanz zugesprochen wurde. Zur besseren Orientierung sind sie deshalb nochmal angeführt:

(1) Wie wird ein religiöser und/oder weltanschaulicher Pluralismus in den jeweiligen Studien thematisiert? Sind Befangenheiten oder sogar Ängste im Hinblick auf religiöse und/oder weltanschauliche Haltungen erkennbar, die explizit oder implizit geäußert werden?

(2) Welche theologischen oder pädagogischen Argumentationsmuster lassen sich in den jeweiligen Studien im Umgang mit dem religiösen und/oder

weltanschaulichen Pluralismus erkennen? Finden sich Begründungsmuster, die sich aus historischer Perspektive in mehreren Fallstudien erkennen lassen?

(3) Welche Handlungsorientierungen in Bezug auf religiöse und/oder weltanschauliche Haltungen werden in den einzelnen Studien erkennbar? Gibt es konkrete Anhaltspunkte, wie mit dem religiösen und/oder weltanschaulichen Pluralismus aus Sicht von Kirche, Schule oder Staat jeweils umgegangen werden soll?

Die Argumentationsmuster sind wiederum daraufhin zu befragen, ob eher *anthropologische, theologische, pädagogische* oder *politische* Begründungen ausschlaggebend sind, um das jeweilige Programm oder (Theorie-)Konzept zu veranschaulichen. Die Struktur dieser Untersuchung ist bewusst so angelegt, dass die erziehungswissenschaftlichen Positionen den religionspädagogischen bzw. der systematisch theologischen Position zeitlich zugeordnet sind. Dadurch lässt sich ein Vergleich unter den Problemstellungen und Lösungsansätzen besser vollziehen.

I.1. Systematische Erträge

I.1.1. Umgang mit einem religiös-weltanschaulichen Pluralismus aus Sicht der Erziehungswissenschaft

Im *ersten Teil* der Untersuchung konnte gezeigt werden, dass ein – wenn nicht der – entscheidende Impuls für die *Revitalisierung* der Weltanschauungsthematik im 20. Jahrhundert von Diltheys philosophischem Spätwerk ausgeht. In seiner Abhandlung über „Die Typen der Weltanschauung und ihre Ausbildung in den metaphysischen Systemen"[1] liegt erstmals eine Systematisierung der Weltanschauungen vor, die er aus der Geschichte abzuleiten versucht. Als Kriterium für eine Klassifizierung der Weltanschauungen greift er die Antinomie auf, die zwischen objektiver Erkenntnis und der Gründung allen Wissens auf bestimmte weltanschauliche Grundüberzeugungen besteht. Die Aufhebung dieser Antinomie sei Dilthey zufolge in der Geschichte ganz unterschiedlich gelöst worden, so dass sich verschiedene „Typen der Weltanschauung" herauskristallisiert hätten. Als Begründung dafür, warum die Antinomie zwischen objektiver Erkenntnis und weltanschaulich gebundenen Überzeugungen gerade in den Anfangsjahren des 20. Jahrhunderts besonders virulent wird, führt Dilthey seinerzeit auf das Aufkommen *verschiedener* Weltanschauungen zurück; zudem sei das Christentum nicht mehr als einzige verbindliche weltanschauliche Grundlage vorauszusetzen.

---

[1] Dilthey, Wilhelm, Die Typen der Weltanschauung und ihre Ausbildung in den metaphysischen Systemen, in: Frischeisen-Köhler, Max (Hg.), Weltanschauung. Philosophie und Religion in Darstellungen von Wilhelm Dilthey u.a., a.a.O., S. 3-51.

Vor dem Hintergrund dieser (Gesellschafts-)Analyse lässt sich Diltheys Typisierung der Weltanschauungen als das Bestreben erkennen, mittels einer historisch-philosophischen Herangehensweise die Gründe aufzuspüren, die zur Entstehung unterschiedlicher Welt- und Lebensanschauungen geführt haben. Seine Argumentation stützt sich dabei vor allem auf anthropologische Divergenzen, die er aus naturwissenschaftlichen Untersuchungen abzuleiten versucht, so wie es im Wissenschaftsdiskurs um die Jahrhundertwende üblich war. Hervorzuheben ist, dass er dabei keine Hierarchie unter den Weltanschauungen ausmacht, sondern die verschiedenen Welterfahrungen als komplementär darstellt. Konkrete Handlungsorientierungen für den Umgang mit verschiedenen Lebens- und Weltanschauungen werden von Dilthey – wie auch später von seinen Schülern – nicht vorgenommen.

Die Typisierung der Weltanschauungen ist von Diltheys Schülern – in unterschiedlich stark ausgeprägter Form – aufgenommen worden.[2] Wie gezeigt wurde, haben seine Schüler die Typisierung in der Folge weiterentwickelt und auf ihre eigenen Fragestellungen hin zugespitzt. Exemplarisch sind die verschiedenen Transformationsprozesse der Dilthey'schen Weltanschauungsanalyse in den Bildungstheorien seiner Schüler Max Frischeisen-Köhler und Herman Nohl vorgestellt worden.

Max Frischeisen-Köhlers Werke sind im Bereich der Religionspädagogik bislang kaum rezipiert worden. Dies mag verwundern, denn seine Monographie „Weltanschauung, Philosophie und Religion"[3] enthält etliche Verweise darauf, welchen Stellenwert der Religion aus philosophischer und erziehungswissenschaftlicher Perspektive im Bildungsprozess beigemessen wird. Seine Motivation, sich mit der Weltanschauungsthematik zu befassen, erwächst für Frischeisen-Köhler zunächst aus einem ganz persönlichen Interesse heraus: Ihn treibt die „Sehnsucht nach ,Abrundung und Geschlossenheit der Weltanschauung'"[4] an. Bereits als junger Mann sucht er den empfundenen „Zwiespalt" zwischen „geschichtlicher Erkenntnis" und „individuellem Erlebnis" zunächst für sich selbst, später auch auf philosophischer Ebene zu klären.

Anzumerken ist, dass Frischeisen-Köhler nicht nur Diltheys Weltanschauungslehre als Quelle für seine Analysen wählt, sondern auch auf die Einführung des Weltanschauungsbegriffs bei Kant zurückgreift. Es wurde deutlich, dass er dabei eine Erweiterung des Erfahrungsbegriffs anstrebt: Weltanschauung ist für ihn nicht nur in „theoretischen Erkenntnissen" greifbar, sondern hat

---

[2] Tenorth, Heinz-Elmar, Kulturphilosophie als Weltanschauungswissenschaft. Zur Theoretisierung des Denkens über Erziehung, Stuttgart 1989, S. 133-154, hier S. 141.

[3] Frischeisen-Köhler, Max (Hg.), Weltanschauung, Philosophie und Religion, Berlin 1911.

[4] Unveröffentlichtes Heft „Selbstbekenntnisse" zitiert nach Lehmann, Rudolf, Max Frischeisen-Köhler, in: Blochmann, Elisabeth/Geißler, Georg/Weniger, Erich (Hg.), Philosophie und Pädagogik, Weinheim 1931, S. 10.

vor allem seinen Ursprung in einer „einheitlichen Welt- und Lebensauffassung". Als Philosoph spricht Frischeisen-Köhler der „religiösen Weltanschauung" eine zentrale Rolle zu, da in ihr Magie, Kultus, religiöse Symbolik und Mystik weiterhin wirken. Die religiöse Weltanschauung sei in der Lage, ein *überwissenschaftliches* Element zu repräsentieren, das nicht in einer philosophischen Weltanschauung aufgehoben werden könne.

Des Weiteren konnte gezeigt werden, dass Frischeisen-Köhler die wechselseitige Bezug- und Einflussnahme von Bildung und Weltanschauung in der von ihm propagierten Kulturpädagogik verortet. In Anlehnung an die Typisierung der Weltanschauungen bei Dilthey versucht er in verschiedenen Erziehungstheorien einen jeweils zugrundeliegenden Bildungsbegriff mit dem erklärten Ziel auszumachen, ihn auf eine „möglichst allgemeine Formel" zu bringen.[5] Unter den drei von Frischeisen-Köhler ermittelten Bildungslehren, der „empirischen Pädagogik", der „kritischen Pädagogik" und der „spekulativen Pädagogik", zählt er sich selbst zu den Anhängern der letzten Richtung. Trotz der Klassifizierung der Erziehungslehren bleibt in ihm der Wunsch bestehen, die „Wirklichkeitstotalität" in ihrer Komplexität abzubilden. Mit diesem Anspruch ist ein Ideal einer einheitlichen Welt- und Lebensauffassung formuliert, für das – wie er selber festhält – eben noch keine „allgemeine Formel" geschrieben wurde. Aus den Ausführungen Frischeisen-Köhlers wird deutlich, dass – trotz des Wissens um die Partikularität von Weltanschauungen – bei ihm der Wunsch nach „Wirklichkeitstotalität" überwiegt.

Mit Herman Nohls Werken wurden Schriften eines weiteren direkten Schülers von Dilthey analysiert. Er behandelt Weltanschauung zunächst als ein Phänomen der ästhetischen Wirklichkeit und siedelt sie im Bereich der Kunst und der Kunststile an. Erst in seinem Spätwerk erfährt die Weltanschauungsthematik im Kontext der Pädagogik besondere Aufmerksamkeit. Nohl wählt für seine Argumentation einen *subtileren* Weg als sein Lehrer Dilthey: Die Kunststile einer jeweiligen Epoche – so seine These – ließen sich auf gewisse „Urerlebnisse" der Menschen zurückführen. Diese Urerlebnisse erlaubten Rückschlüsse auf unterschiedliche Weltanschauungen der Künstler und Maler. Bei der Klassifizierung der Kunststile orientiert sich Nohl an der Einteilung der Weltanschauungen seines Lehrers Dilthey und ordnet ihnen bestimmte Funktionen zu, „Erkennen und Wahrnehmen", „Fühlen und Wollen" und „Handeln".[6] Nohls Vorgehen könnte – möchte man einen Begriff aus der Psychologie verwenden – mit dem Aufspüren von Tiefenstrukturen verglichen werden, da er die Typen der verschiedenen Weltanschauungen aus der „seelischen Struktur" eines Menschen abzuleiten versucht. Mag diese methodische Vorgehensweise retrospektiv gesehen wenig wissenschaftlich erscheinen, so liegt in Nohls Weltanschauungslehre ein Entwurf vor, der mittels ästhetischer

---

[5]   Frischeisen-Köhler, Max, Bildung und Weltanschauung, a.a.O., S. 34.
[6]   Vgl. Nohl, Herman/Pallat, Ludwig, Handbuch der Pädagogik Bd 2, a.a.O., S. 73.

Analysen auf die anthropologische Verwurzelung von Weltanschauung aufmerksam machen möchte.

Es hat sich zudem gezeigt, dass in Nohls Spätwerk das Postulat der *Autonomie der Pädagogik* auch im Kontext der Weltanschauungsthematik erhöhte Aufmerksamkeit erfährt. Von ihr erhofft er sich eine „Emanzipationsbewegung", um die Pädagogik von kirchlichen, staatlichen oder parteilichen Einflussnahmen zu befreien. Der Staat – im Sinne eines „Kulturstaats" – müsse für die Unabhängigkeit der Pädagogik eintreten, um sie vor Weltanschauungskämpfen zu schützen. Auf der Grundlage der in dieser Untersuchung gewonnenen Ergebnisse ist Tenorth in der Bewertung der Transformationsprozesse der Dilthey'schen Weltanschauungslehre nur zuzustimmen: Auch wenn Frischeisen-Köhler und Nohl es nicht geschafft hätten, eine von Dilthey angestrebte überzeitliche Weltanschauung und ein universell gültiges Bildungsideal zu konstruieren, so hätten ihre Theorien doch eine Lösung darin gefunden, dass sie eine Deutung der Erziehung als „Kulturpädagogik" etabliert hätten.[7] Denn in der Kulturpädagogik seien „die unterschiedlichen historischen Ausprägungen von Erziehungsformen als gesellschaftlich erzeugte Varianten eines universellen Problems verstanden, das in der so genannten ‚Erziehungswirklichkeit' sein Fundament, in der ‚Kultur' seinen Gegenstand und in der Idee des Kindes sein ‚universell gewordenes Funktionskriterium'"[8] habe.

Als Fazit lässt sich ziehen, dass die vorrangige Leistung der Vertreter der geisteswissenschaftlichen Pädagogik vor allem in der *Reflexion* über weltanschauliche Implikationen in Erziehungstheorien liegt. Konkrete Handlungsorientierungen im praktischen Umgang mit weltanschaulichen Voraussetzungen von Erziehenden und Lernenden im Alltag – so wie Karl Ernst Nipkow sie in seinem Ansatz formuliert – werden nicht gegeben. Das Aufbrechen der Weltanschauungsthematik zu Beginn des 20. Jahrhunderts hat – so lässt sich mutmaßen – zunächst einer theoretischen Reflexion bedurft. Prospektiv Erziehungskonzepte zu entwickeln, war von den Vertretern der geisteswissenschaftlichen Pädagogik nicht intendiert. Es bleibt zu fragen, warum das Interesse an der Denkform der geisteswissenschaftlichen Pädagogik auch nach dem Krieg ungebrochen hoch war, da die Kritiker dieser pädagogischen Richtung ihre Ideologieanfälligkeit erkannt haben.[9] Für Tenorth bieten die geisteswissenschaftlichen Denkformen mehr „als die Ideologie der herrschenden bildungs-

---

[7] Tenorth, Heinz-Elmar, Kulturphilosophie als ‚Weltanschauungswissenschaft – zur Theoretisierung des Denkens über Erziehung', in: Bruch, Rüdiger vom/Graf, Friedrich Wilhelm/Hübinger, Gangolf (Hg.), Kultur und Kulturwissenschaften um 1900. Krise der Moderne und Glaube an die Wissenschaft, Stuttgart 1989, S. 133-154, hier S. 147.

[8] Ebda.

[9] Vgl. dazu Oelkers, Jürgen/Schulz, Wolfgang K. (Hg.), Pädagogisches Handeln und Kultur. Aktuelle Aspekte der geisteswissenschaftlichen Pädagogik, Bad Heilbrunn 1984.

politischen Fraktion"[10], und so werde man der geisteswissenschaftlichen Pädagogik allein schon historisch nicht gerecht, reduziere man sie auf eine rein
historische Denkform.

Nicht mehr zur ersten, aber zur zweiten Generation der geisteswissenschaftlichen Pädagogik zählt Wilhelm Flitner, dessen Werk im *zweiten Teil* der Untersuchung aus erziehungswissenschaftlicher Perspektive im Fokus liegt. Aus
der Analyse seiner Vorträge und theoretischen Schriften wird deutlich, dass
sich erste Hinweise bezüglich der Weltanschauungsthematik bereits in den
späten 20er und 30er Jahren des 20. Jahrhunderts finden, die auch im Rahmen
dieser Untersuchung angeführt sind. Der systematische Höhepunkt seiner Beschäftigung mit der Weltanschauungsthematik liegt jedoch in einzelnen
Vorträgen und Beiträgen, die er in den Anfangsjahren der jungen Bundesrepublik Deutschland verfasst und gehalten hat. In der Analyse hat sich gezeigt,
dass die Auseinandersetzung mit der Weltanschauungsthematik nach 1945 vor
allem von der Frage bestimmt ist, wie das Problem der normativen Vereinn-
nahmung der Erziehung durch Weltanschauung gelöst werden könne. Glaube
und Weltanschauung sind in Flitners Beiträgen qualitativ voneinander unterschieden und schließen eine gemeinsame Schnittmenge aus. Weder gibt es
eine funktionale Äquivalenz zwischen ihnen, noch lassen sich materiale Über-
einstimmungen finden. Der Glaube wird als ein vielschichtiges Phänomen
gedeutet, das sich nicht einheitlich fassen und übertragen lässt. Dahingegen
impliziert Weltanschauung, dass es sich bei ihr um ein (vermeintlich) abgeschlossenes Denksystem handelt, welches es nur deutlich genug abzubilden
gilt, um es als Grundlage für erzieherisches Wirken vorauszusetzen. Der Begriff Weltanschauung wird im Werk Flitners konnotativ in der Lesart verwendet, dass er zur Abgrenzung Andersdenkender und Andershandelnder dient
und in Folge dessen negativ belegt ist.

Den *dritten Teil* der Untersuchung eröffnet Wolfgang Brezinka, dessen Werk
im Bereich der Religionspädagogik bisher kaum rezipiert worden ist. Die Analyse seiner Werke hat gezeigt, dass die Frage nach *weltanschaulicher Gebundenheit in pädagogischen Theorien* zu den Kernfragen seiner Pädagogik
gehört. Vorrangig verhandelt er die Weltanschauungsthematik in den Mono-
graphien „Metatheorie der Erziehung"[11] und „Glaube, Moral, Erziehung"[12].
Die Analyse dieser Werke hat ergeben, dass Brezinka eine klare Trennung
zwischen (vermeintlich) *weltanschaulich neutraler* und *weltanschaulich
gebundener* Erziehungswissenschaft vornimmt. Die Klassifizierung der Erzie-

---

[10] Tenorth, Heins-Elmar, Kulturphilosophie als ‚Weltanschauungswissenschaft – zur Theoreti-
      sierung des Denkens über Erziehung', a.a.O., S. 149.
[11] Brezinka, Wolfgang, Metatheorie der Erziehung, a.a.O.
[12] Brezinka, Wolfang, Glaube Moral, Erziehung, a.a.O.

hungstheorien in eine *wissenschaftliche*, eine *philosophische* und eine *praktische* vollzieht er mit dem Ziel, eine Vermischung von Wissenschaft und Weltanschauung zu verhindern. Brezinka postuliert klar, dass Pädagogik als Wissenschaft nur möglich sei unter Absehung jeder weltanschaulichen Orientierung oder Gebundenheit. Weltanschauung – so seine These – behindere wissenschaftliche Erkenntnis eher als sie zu fördern. Wie noch zu zeigen ist, liegt in dieser These ein deutlicher Unterschied zu der Auffassung, wie aus Sicht der Religionspädagogik Wissenschaft verstanden wird. Um Klarheit darüber zu gewinnen, wie Brezinka sich eine strikte Trennung zwischen Wissenschaft und weltanschaulicher Orientierung in der Erziehungswissenschaft denkt, hat sich ein Exkurs über den Weltanschauungsbegriff bei Jacob Barion als erhellend erwiesen. Barions Definition von Weltanschauung hat gezeigt, wie aus philosophischer Perspektive eine strikte Trennung zwischen Wissenschaft und Weltanschauung gedacht wird bzw. gedacht werden konnte. Er fasst Weltanschauung als „Einheit eines Ganzen" auf. Sie ist für ihn nicht „Suche nach der Einheit", sondern „Haben von Wissen". Dieses weltanschaulich geprägte „Wissen" sei von Wissenschaft grundlegend zu unterscheiden. Weltanschauung diene dem Bemühen darum, Ordnung in die Vielzahl von Systemen zu bringen. Auch wenn Brezinka auf Barion als Referenz nur in den Fußnoten verweist, so lässt sich in Brezinkas Konzept eine deutliche Aufnahme der philosophischen Grundüberzeugung Barions nachweisen.

Zuzustimmen ist Brezinka darin, dass Weltanschauung einem Menschen Halt und Sicherheit geben kann. Irritierend ist jedoch die soziale Funktion, die er einer Weltanschauung in der Gesellschaft beimisst. Der These, dass die Verhaltenssicherheit bei den Menschen am größten sei, die Weltanschauung und Moral als schlechthin gültig erleben und abweichende Möglichkeiten der Weltdeutung gar nicht kennen würden, ist aus religionspädagogischer Perspektive zu widersprechen. Wie bereits in der Einleitung zu dieser Untersuchung dargelegt, entspricht ein solcher Ansatz nicht der Überzeugung einer religiös-weltanschaulichen Erziehung, bei der es nicht um die Verschleierung von Weltanschauung geht, sondern darum, Kindern und Jugendlichen Sicherheit und Orientierung angesichts einer Vielgestalt der Pluralität zu geben.[13]

Der Wissenschaftsbegriff von Brezinka ist aus Sicht der Religionspädagogik als verkürzt oder schlichtweg unwissenschaftlich zu bezeichnen. Die Frage nach der Wissenschaftlichkeit für die Religionspädagogik als Disziplin ist nicht nur „eine notwendige Form der Selbstklärung und Identitätsbestimmung"[14], sondern gehört zu ihrer Identität. Auch wenn die Religionspädagogik eine vergleichsweise junge Disziplin ist, so steht die Frage nach ihrem wissenschaftlichen Selbstverständnis im Zentrum, von dem aus sich alle weiteren

---

[13] Kirchenamt der EKD, Identität und Verständigung. Standort und Perspektiven des Religionsunterrichts in der Pluralität. Eine Denkschrift, Gütersloh 1994, S. 82.

[14] Schweitzer, Friedrich/Simojoki, Henrik/Moschner, Sara/Müller, Markus, Religionspädagogik als Wissenschaft. Transformationen der Disziplin im Spiegel ihrer Zeitschriften, Freiburg/Gütersloh 2010, S. 13.

Themen erschließen müssen. Das Gleiche gilt für die Disziplin der Pädagogik.[15] Der praktischen Pädagogik ihre Wissenschaftlichkeit abzusprechen bedeutet konkret, sie zu isolieren und ihr damit jede Rückbindung an eine theoriegeleitete Reflexion in praktischen Vollzügen zu verwehren.

I.1.2.   Umgang mit einem religiös-weltanschaulichen Pluralismus aus Sicht von Religionspädagogik und systematischer Theologie

Das Aufbrechen der Weltanschauungsthematik in der Weimarer Republik wird aus theologisch-pädagogischer Perspektive am Beispiel von Otto Dibelius aufgezeigt. Wie aus der Analyse deutlich wurde, werden die „zentrifugalen Kräfte des Pluralismus"[16] am Beginn des 20. Jahrhunderts von ihm aufmerksam wahrgenommen und kritisch reflektiert, so dass seine Position im *ersten Teil* der Untersuchung zum Gegenstand der Analyse erhoben wurde. Im Zuge der Konsolidierungsphase des Weimarer Staates sah sich die Evangelische Kirche in Deutschland in ein neues Koordinatensystem gestellt. Um die daraus resultierenden Herausforderungen im Umgang mit dem religiös-weltanschaulichen Pluralismus nicht nur dem Staat zu überlassen, sondern aktiv mitzugestalten, appelliert Dibelius mit Nachdruck an die Verantwortlichen in Kirche und Schule, die Chance für eine „Evangelische Erziehungsschule" zu ergreifen. Dibelius versteht Weltanschauung als eine „geschlossene *Lebensgesinnung*", auf die Erziehung hin ausgerichtet werden soll. Damit setzt er den Begriff der Weltanschauung mit dem Begriff der „Gesinnung" und – wie gezeigt wurde – mit dem Begriff der „Sittlichkeit" in Korrelation.

Im *zweiten Teil* der Untersuchung wurde mit der Wendung „Glaube statt Weltanschauung" eine Programmformel formuliert, die signifikant für die Haltung Oskar Hammelsbecks in zahlreichen Beiträgen und Vorträgen ist. Wie in der Analyse gezeigt werden konnte, lassen sich zahlreiche Begründung dafür finden, warum Hammelsbeck den Glauben radikal von Religion und Weltanschauung freihalten möchte. Zur besseren Systematisierung der Argumente wurde eine Untergliederung in *politische, theologische* und *anthropologische* Begründungen vorgenommen. Die Analyse ist daraufhin zugespitzt, welche Funktion Hammelsbeck dem Glauben im Erziehungs- und Bildungshandeln beimisst – nicht nur in Bezug auf die Belange der Kirche, sondern der Schule allgemein.

Zu den politischen Argumenten: Hammelsbeck diagnostiziert den Kirchen ein Verhalten, das vor und während der Zeit des Nationalsozialismus defizitär

---

[15]   Vgl. hierzu Benner, Dietrich, Allgemeine Pädagogik. Eine systematisch-problemgeschichtliche Einführung in die Grundstruktur pädagogischen Denkens und Handelns, Weinheim/München 1987.

[16]   Fritz, Hartmut, Otto Dibelius, a.a.O., S. 489.

gewesen sei. Die Kirche hätte es nicht geschafft, sich gegen verschiedene Weltanschauungen zu behaupten. Daher ruft er die Glaubenden auf, sich aus weltanschaulichen Überformungen zu lösen und Vereinnahmungen des Einzelnen entgegenzutreten. Als Ausweg aus der defensiven Lage der Kirche sieht er nur den Weg darin, dass der Einzelne sich der Herrschaft und dem Totalitätsanspruch Christi unterstellt.[17] Retrospektiv mag die Metaphorik, die aus dem Begriffsfeld des Krieges und der Kriegsführung entlehnt ist, unglücklich gewählt sein; sie zeigt jedoch deutlich, dass Hammelsbeck vehement gegen eine erneute Vereinnahmung durch weltanschauliche Überformungen in staatlichen oder kirchlichen Einrichtungen kämpft. Die Befangenheit und die Angst im Hinblick auf weltanschauliche Überformungen werden aus seinen Ausführungen deutlich erkennbar.

Zu den theologischen Argumenten: Die strikte Trennung von Glaube und Weltanschauung bei Hammelsbeck lässt sich, wie gezeigt wurde, auf zwei theologische Argumentationslinien zurückführen: Zum einen weist Hammelsbeck selber die zweite Barmer These als „Magna Charta" seiner Theologie aus. Zum anderen wurde aber auch deutlich, dass sich Hammelsbeck gegen eine Verchristlichung der Pädagogik wehrt. Hammelsbecks Pädagogik bezieht sich also einerseits auf eine genuin lutherische Theologie, andererseits enthält sie auch einen christologischen Ansatz, nach dem das ganze Leben unter dem Anspruch Christi stehen soll, wie es in der Zweiten Barmer These gefordert wird. In diesen beiden theologischen Stoßrichtungen lässt sich eine Überlagerung zweier Traditionslinien erkennen, die „ein unausgeglichenes Moment bei Hammelsbeck" offenlegen.[18] So mag es retrospektiv nicht verwundern, dass Hammelsbecks Ansatz aus religionspädagogischer Perspektive nicht kritiklos hingenommen wurde.[19]

Zu den anthropologischen Argumenten: Hammelsbecks Argumente für eine Trennung zwischen Glaube und Weltanschauung gründet auf einem Menschenbild, das er von „der in Christus erneuerten Ebenbildlichkeit" des Menschen abzuleiten versucht.[20] Bemerkenswert an seinen Ausführungen ist, dass er ein romantisches Weltbild, das auf eine harmonisierende Einheit abzielt, ablehnt. Als „Gegenpol" könne nur das Evangelium dienen. Wie bereits in der Analyse kritisch angemerkt, liegt in dieser „totalen Gebundenheit" der Glaubenden eben auch ein Totalitätsanspruch, der ein plurales Verständnis von Religion und Weltanschauung ausschließt und damit negiert.

Im *dritten* und damit letzten *Teil* sind die Konzepte von Karl Ernst Nipkow und Eilert Herms einer systematischen Analyse unterzogen worden. Zunächst

---

[17] Hammelsbeck, Oskar, Der heilige Ruf, Aufsätze und Vorträge über die christliche Verantwortung für Kirche und Welt, Gütersloh 1947, S. 28.
[18] Crimmann, Ralph P., Erich Weniger und Oskar Hammelsbeck, a.a.O., S. 270.
[19] Nipkow, Karl Ernst, Bildung als Lebensbegleitung und Erneuerung, a.a.O., S. 536.
[20] Crimmann, Ralph P., Erich Weniger und Oskar Hammelsbeck, a.a.O., S. 272.

wurde am Beispiel von Schulen in evangelischer Trägerschaft das Konzept von Nipkow vorgestellt, das eine Bildungstheorie von allgemeiner Bedeutung anstrebt. Wie gezeigt werden konnte, gelingt Nipkow eine Reformulierung des Weltanschauungsbegriffs wie folgt: Durch die originelle Schreibweise *Welt-Anschauung* distanziert sich Nipkow von dem vormals negativ belegten Begriff *Weltanschauung*. Die Bindestrich-Schreibweise ermöglicht ihm eine konnotative Verschiebung. Nipkow will – um Missverständnissen vorzubeugen – ausschließen, dass der Begriff Welt-Anschauung mit dem Begriff der „Ideologie" inhaltlich verschränkt wird. Es konnte gezeigt werden, dass sich Nipkows Haltung in Bezug auf den Weltanschauungsbegriff von einer vormals eher skeptischen zu einer positiven verändert hat. Durch die konnotative Verschiebung gelingt es ihm, Weltanschauung als einen Begriff zu etablieren, der sich für eine religiös-weltanschauliche Religionspädagogik in der Pluralität als tragfähiger Terminus erweist. Als Fazit lässt sich festhalten, dass sich bei Nipkow von einer *verschämten* Rückkehr des Begriffs Weltanschauung sprechen ließe.

Ertragreich für die Bestimmung von christlicher Erziehung und Weltanschauung ist auch die Analyse der Schriften von Eilert Herms: Als zentrale Grundauffassung für sein Verständnis von Weltanschauung kann folgende Aussage gelten: „Weltanschauung *kommt* nur dadurch *zustande*, daß die Person ihren Bildungsgang in der Spannung von empirischer und begrifflich-spekulativer Erkenntnis zurücklegt. Und ebenso *besteht* sie nur in dieser Spannung. Weltanschauung ist also – unbeschadet ihrer Relativität – *innerlich rational strukturiert und daher stets vernünftig kritisier- und korrigierbar.*"[21] Weltanschauung ist Herms zufolge ein Bildungsprozess, den Lehrer begleiten, unterstützen und vor allem auch bewusst machen können. Zudem hat sich gezeigt, dass die Begriffe Religion und Weltanschauung zwar *funktional äquivalent,* aber *nicht inhaltsgleich* von Herms verstanden werden.

---

[21] Herms, Eilert, „Weltanschauung" bei Friedrich Schleiermacher und Albrecht Ritschl, a.a.O., S. 132.

II. Religiös-weltanschaulicher Pluralismus als Herausforderung – religionspädagogische und erziehungswissenschaftliche Perspektiven

II.1. Zur kritischen Lektüre des Modells eines „Religionsunterricht in der konsequent pluralistischen Schule"

Zum Schluss soll der Blick auf ein Modell gerichtet werden, das den Versuch unternimmt, einen „Religionsunterricht in der konsequent pluralistischen Schule"[1] zu entwerfen. Wie der Untertitel des Beitrags verrät, stellt Markus Mühling-Schlapkohl ein Schul- und Unterrichtsmodell „zur Diskussion" vor. Zu Beginn der Ausführungen sei vorweggenommen, dass die Verfasserin den Konsequenzen, die Mühling-Schlapkohl aus seiner Gegenwartsanalyse in Bezug auf eine „konsequent pluralistische Schule" zieht, nicht zustimmen und den kritischen Responsen von Eckart Liebau und Bernd Dressler nur bei-pflichten kann. Die Kritikpunkte an Mühling-Schlapkohls Modell sollen im Anschluss – unter Einbezug der in dieser Arbeit rekonstruierten Problemstel-lungen und Lösungsansätze – dargelegt werden. Zunächst aber zum Modell einer „konsequent pluralistischen Schule" selbst, das in vier Schritten entfaltet wird.

(1) Mühling-Schlapkohl beschreibt in Rekurs auf die systematisch-theologischen Entwürfe von Eilert Herms und Christoph Schwöbel zunächst die pluralistische Gesellschaft der Gegenwart. Er folgt Herms in seinen Aus-führungen darin, dass Weltanschauung – will sie pluralismusfähig sein – „eine Begründung der Unverfügbarkeit weltanschaulich ethisch-orientierenden Ge-wissheiten" haben müsse; zudem dürfe „ihre Öffentlichkeitsrelevanz nicht geleugnet werden"[2]. Eine Gesellschaft sei aber nicht nur pluralistisch, weil sie ein pluralistisches Religionssystem aufweise. Vielmehr hinge dies von dem Zusammenspiel der „vier gleichursprünglichen, d.h. nicht aufeinander redu-zierbaren Funktionen einer Gesellschaft"[3] ab. Das Zusammenspiel der Funkti-onen einer Gesellschaft – namentlich von Religion, Wissenschaft, Ökonomie und Politik – bilde die Kultur einer Gesellschaft. Mühling-Schlapkohl folgt Herms auch in dem Punkt, dass nur der Politik die Aufgabe zufalle, über eine funktionierende „gesellschaftliche Kommunikation" und „Interaktion"[4] wachen zu können. In dieser Funktion liege ein Machtverhältnis, dass die

---

[1]   Mühling-Schlapkohl, Markus, Religionsunterricht in der konsequent pluralistischen Schule, in: ZPT (54) 2002, S. 185-197; Responsen von Eckart Liebau und Bernd Dressler S. 198-202.

[2]   A.a.O., S. 186.

[3]   A.a.O., S. 187.

[4]   Ebda.

Politik aber nicht ausnutzen dürfe, sondern ihrerseits wiederum an Regeln oder Schranken gebunden sei. Die grundsätzliche Problematik beschreibt Mühling-Schlapkohl folgendermaßen: „Eine dauerhaft Sicherung einer pluralistischen Gesellschaft ist damit unmöglich, weil der Staat beansprucht, die Identität der Kultur der Gesellschaft – und damit auch die Bildung der Identität seiner Angehörigen – inhaltlich zu bestimmen. De facto übernimmt der Staat damit weltanschaulich ethisch-orientierende Funktion, während er sich programmatisch weltanschaulicher Neutralität verpflichtet weiß."[5]

(2) Die These, die Mühling-Schlapkohl in einem zweiten Gedankengang entwickelt, bezieht sich auf die konkrete Handlungsfähigkeit in der Schule. Die Aufgabe der Schule in einer pluralistischen Gesellschaft müsse darin liegen, „auf die (gesellschaftlich-öffentliche) handlungsorientierende Leistung weltanschaulicher Überzeugungen zu reflektieren und zwar so, dass sie einerseits daran erinnert, dass es kein Wissen von weltanschaulicher Neutralität gibt", andererseits müsse eine Schule aber auch angesichts einer „notwendigen Unverfügbarkeit religiös weltanschaulicher Überzeugungen"[6] davon absehen, diese bei Schülern zu evozieren. Um diesen Selbstwiderspruch im (Religions-) Unterricht aufzulösen und den Anforderungen eines Unterrichts als einem „adäquat weltanschaulich ethisch-orientierenden" gerecht zu werden, stellt Mühling-Schlapkohl drei Kriterien für den Unterricht auf.

(3) Das *erste* so genannte „missionarische Kriterium" beinhaltet, dass Religion formal so abgebildet werden muss, „dass ihr allgemeiner Charakter der Handlungsorientierungen für personales Handeln"[7] deutlich wird. Das *zweite* Kriterium betrifft die „Toleranz": Religion soll formal im Unterricht so erscheinen, „dass sie die Unverfügbarkeit ihrer eigenen Glaubensüberzeugungen" darlegt. Als *drittes* und letztes Kriterium führt Mühling-Schlapkohl das so genannte „wissenschaftspragmatische Kriterium" an: „Religion muss im Unterricht so zum Tragen kommen, dass eine weltanschauliche Neutralität aller institutionalisierter Formen von Wissenschaft nicht fälschlich suggeriert wird"[8]. Da es kein didaktisches Modell gibt, das alle der oben genannten Kriterien erfüllt, entwirft er das folgende Modell zur Realisierung eines „weltanschaulich ethisch-orientierten Unterrichts"[9].

---

[5]   A.a.O., S. 188.
[6]   Ebda.
[7]   A.a.O., S. 190.
[8]   Ebda.
[9]   Ebda.

(4) Die Konsequenz, die Mühling-Schlapkohl aus den dargelegten Kriterien für einen Religionsunterricht in der konsequent pluralistischen Schule zieht, erläutert er nun in seinem Modell eines „weltanschaulich ethisch-orientierten Unterrichts". Die Grundidee seines Modells besteht darin, dass durch die „*personale Repräsentanz*"[10] von Lehrerinnen und Lehrern die Möglichkeit gegeben sei, explizit Aussagen über die jeweilige weltanschauliche Orientierung in einem Unterrichtsfach geben zu können. So könne es sein, dass der Deutschunterricht als ein „islamischer Deutschunterricht" oder ein „evangelischer Deutschunterricht" etikettiert sei. Ebenso könne es „buddhistischen Sportunterricht" oder „darwinistischen Biologieunterricht" geben.[11] Um dies sicherzustellen, müssten die Lehrer bei Berufseinstieg über ihre weltanschauliche Orientierung Auskunft geben. Diese Pflicht zur Auskunft weitet er auf Lehr- und Lernmittel aus. Soweit mag der Vorschlag von Mühling-Schlapkohl genügen.

Vor dem Hintergrund der Ergebnisse dieser Untersuchung können die *Einwände* gegen diesen Vorschlag klar benannt werden.
Erstens: Der Vorschlag, weltanschauliche Orientierungen allein durch eine Lehrperson vertreten zu wissen, ohne sie in den Kontext des Lebensraums Schule zu integrieren, würde bedeuten, der jeweiligen Lehrperson die alleinige Verantwortung für eine bestimmte weltanschauliche Prägung der Schülerinnen und Schüler zu übertragen. Wie in dieser Arbeit gezeigt, ist dieser Ansatz nicht neu, denn einen solchen als personalistisch zu bezeichnenden Ansatz vertrat ebenfalls Oskar Hammelsbeck für die Evangelische Unterweisung. Auch wenn bei ihm das Ziel ein anderes war – nämlich Religion und Weltanschauung aus dem Unterricht fern zu halten – so treffen sich beide Ansätze in ihrem personalistischen Anspruch. Kritik an diesem Ansatz wurde ihm Rahmen dieser Arbeit von Karl Ernst Nipkow geübt. Wie Nipkow klar dargelegt hat, würde ein solcher Ansatz den einzelnen Lehrer oder die einzelne Lehrerin schlichtweg überfordern.
Zweitens: Es ist kritisch anzufragen, ob die Zuschreibung einer weltanschaulichen Orientierung für ein spezifisches Unterrichtsfach, wie z.B. das Angebot eines „islamischen" oder „atheistischen Deutschunterrichts", wirklich pluralitätsfördernd wäre, oder ob nicht vielmehr ein Totalitätsanspruch geltend gemacht würde, der der Sache und dem Gegenstand des Unterrichts nicht gerecht werde kann. Schaut man auf den Kanon der Lektürevorschläge im Deutschunterricht, so sind – ohne dies im Einzelnen nachzuweisen – zahlreiche Werke aus dem geistesgeschichtlichen Kontext der Antike oder des Christentums im Lehrplan der jeweiligen Bundesländer vorgesehen. Die Lektüre der vorgeschlagenen Romane, Novellen oder Gedichte ausschließlich unter

---

[10] A.a.O., S. 195.
[11] Vgl. ebda.

einer Perspektive zu thematisieren, würde ein mehrdimensionales und multiperspektivisches Lesen unterbinden. Durch einen solchen Ansatz wird bewusst eine Engführung in der Interpretation in Kauf genommen, die dem Werk in keiner Weise gerecht werden kann.

Drittens: Die Festlegung einer Lehrerperson auf eine bestimmte weltanschauliche Orientierung zum Berufsanfang kann ebenfalls nur negiert werden. Wenn man – wie in dieser Arbeit gezeigt – von einem dynamischen und wandelbaren Verständnis von Weltanschauung ausgeht, dann bedeutet dieser Vorschlag eher einen Rück- als einen Fortschritt. Vor dem Hintergrund des von Eilert Herms entwickelten Verständnisses von Weltanschauung als „*innerlich rational strukturiert und daher stets vernünftig kritisier- und korrigierbar*"[12] muss ebenfalls dem Vorschlag von Mühling-Schlapkohl widersprochen werden. Denn – wollte man den Vorschlag von Mühling-Schlapkohl konsequent weiterführen – müssten die Lehrer auch im Laufe ihres Berufslebens immer wieder Änderungen in ihrer weltanschaulichen Orientierung bei der Schule angeben, was im Unterrichtsprozess zu einer erhöhten Komplexität und damit Verunsicherung bei Schülerinnen und Schülern führen würde.

Als Fazit lässt sich festhalten, dass aufgrund der Ergebnisse der vorliegenden Untersuchung der Vorschlag von Mühling-Schlapkohl abzulehnen ist. Möglicherweise liegt das grundsätzliche Problem seines Modells in der Annahme eines „weltanschaulichen Elements"[13]. Auch hier ist Mühling-Schlapkohl zu widersprechen, denn – wie in der Einleitung gezeigt – ist der Weltanschauungsbegriff eher dadurch abzubilden, dass man ihm einzelne *Dimensionen* unter unterschiedlicher Dominanz zuordnet, als ihn auf ein Element festzulegen.

---

[12]   Herms, Eilert, „,Weltanschauung' bei Friedrich Schleiermacher und Albrecht Ritschl', a.a.O., S. 132.

[13]   Mühling-Schlapkohl, Markus, Religionsunterricht in der konsequent pluralistischen Schule, in: ZPT (54) 2002, S. 185-197, hier S. 190.

II.2. Religiös-weltanschaulicher Pluralismus als Herausforderung – Zur Chance für einen Kooperation zwischen Religionspädagogik und Erziehungswissenschaft

Die historisch-systematisch dimensionierte Untersuchung zum Verhältnis von christlicher Erziehung und Weltanschauung geht von der Prämisse aus, dass die historischen Analysen nicht nur zur (Selbst-)Vergewisserung der einzelnen Positionen in der jeweiligen Zeit dienen, sondern darüber hinaus auch Impulse für die anzustrebende Weiterentwicklung und Kooperation der Religionspädagogik mit der Erziehungswissenschaft im Umgang mit einem religiös-weltanschaulichen Pluralismus versprechen.

Die fehlende Kommunikation zwischen den Disziplinen der Religionspädagogik und der Erziehungswissenschaft ist – wie in der Einleitung bereits dargelegt – von Seiten evangelischer und katholischer Religionspädagogen vielfach bedauert und kritisiert worden. Rudolf Englert hat das Fehlen eines Dialogs wie folgt kommentiert: „Eine *pluralitätsfähige Religionspädagogik* wird sich umschauen nach Konzepten einer *pluralitätsfähigen Pädagogik.* Der in diesem Zusammenhang eigentlich erforderliche intensive Dialog mit der Erziehungswissenschaft wäre allerdings erst noch zu initiieren. Denn von einem Verhältnis wirklich wechselseitiger Kommunikation zwischen Religionspädagogik und Erziehungswissenschaft kann gegenwärtig nicht die Rede sein."[14]

Die vorliegende Untersuchung hat gezeigt, dass nicht nur die Religionspädagogik ein großes Interesse an religiös-weltanschaulichen Fragen im Erziehungs- und Bildungsgeschehen hat, sondern dass sie dieses Interesse auch mit der Erziehungswissenschaft teilt. Die Frage nach weltanschaulicher Gebundenheit in erziehungswissenschaftlichen Theorien kann als ein ganz zentraler Topos der geisteswissenschaftlichen Pädagogik aber auch der empirischen Erziehungswissenschaft gewertet werden. Auch wenn das Bestreben der geisteswissenschaftlichen Pädagogik gerade darin lag, sich von religiösen Vereinnahmungen zu emanzipieren, so ist die Grundsatzfrage gleich, nämlich wie mit weltanschaulichen Orientierungen im Erziehungshandeln umzugehen ist. Schaut man auf die jüngere Gegenwart, so findet sich auf Seiten der Erziehungswissenschaft ein bildungstheoretischer Ansatz, der eine hohe Anschlussfähigkeit an eine pluralitätsfähige Religionspädagogik aufweist. Dietrich Benner hat auf die kategoriale Unterscheidung von „fundamental" und „fundamentalistisch" hingewiesen. Unter fundamentalistisch „können solche Auslegungen genannt werden, die nicht zwischen dem Absoluten und seiner Deutung der Sprache, Symbol und Ritus unterscheiden. Solche Auslegungen spre-

---

[14]   Englert, Rudolf, Skizze einer pluralitätsfähigen Religionspädagogik, in: Schweitzer, Friedrich/(Hg.), Ders./Schwab, Ulrich/Ziebertz, Hans-Georg (Hg.), Entwurf einer pluralitätsfähigen Religionspädagogik, Freiburg/Basel 2002, S. 89-106, hier S. 92f. (Hervorhebung SH).

chen historischen Formen des Religiösen eine absolute Geltung zu und entziehen ihre Interpretation dem menschlichen Verstand"[15] Unter grundlegend oder fundamental versteht er – freilich in Abgrenzung zu fundamentalistisch – „solche Manifestationen des Religiösen [...], welche die weder an Wissenschaft noch an Moral oder Politik delegierbare grundlegende Funktion von Religion, die Abhängigkeit des Menschen und der Welt zu reflektieren, im Horizont einer historischen Offenbarungsreligion zur Geltung zu bringen suchen."[16] Benner spricht der Religionspädagogik dann eine Pluralitätsfähigkeit zu, wenn sie diese Unterscheidung berücksichtigt. Im Anschluss an den Bildungsbegriff bei Nipkow formuliert Benner die konkrete Aufgabe für die Theologie und die Religionswissenschaft, die dazu beitragen können, „über fundamentalistische Formen der Glaubenspraxis aufzuklären und immanente Theologien bewusst und damit kritisierbar zu machen, sie können aber nicht das für Religion konstitutive und fundamentale Gefühlt der schlechthinnigen Abhängigkeit auf eine wissenschaftliche Grundlage stellen."[17]

Als Impuls für eine mögliche (Wieder-)Aufnahme der Kommunikation zwischen Erziehungswissenschaft und Religionspädagogik kann sich das gemeinsame Nachdenken über den Umgang mit religiös-weltanschaulichen Herausforderungen – nicht nur für die Schule, sondern für eine allgemeine Bildungstheorie – als besonders fruchtbar erweisen. Im Rahmen eines gemeinsamen Dialogs ließen sich auch didaktische Modelle, z.B. zum interreligiösen oder interkulturellen Lernen, wechselseitig erschließen.

Wie die historisch-systematische Rekonstruktion des Verhältnisses von christlicher Erziehung und Weltanschauung gezeigt hat, besteht ein erhöhter Kommunikationsbedarf darüber, wie man Kinder und Jugendliche angesichts einer Vielgestalt von Pluralität begleiten und ihnen Orientierungshilfen bieten kann. Die Rolle und die Funktion des Religionsunterrichts beim Erlernen einer religiös-weltanschlichen (Wahrnehmungs-) Kompetenz – die einen reflektierten Umgang mit Wahrnehmungsgewohnheiten schult – kann dabei nicht überschätzt werden.

---

[15] Benner, Dietrich, Religiöse Erziehung und Bildung von Religion. Ein Versuch zur Abgrenzung ‚fundamentaler' und ‚fundamentalistischer' Konzepte, in: Ders., Bildung und Religion. Nur einem bildsamen Wesen kann ein Gott sich offenbaren, Paderborn 2014, S. 48-59, hier S. 51.

[16] Ebda.

[17] A.a.O., S. 55.

BIBLIOGRAPHIE

Allgemeiner Kantindex zu Kants gesammelten Schriften, Bd. 17, Wortindex 2. Bd., Berlin 1967.

Acham, Karl, Denkformen und Lebensformen. Überlegungen zu Diltheys Weltanschauungslehre, in: Giuseppe D' Anna/Johach, Helmut/Nelson, Eric S. (Hg.), Anthropologie und Geschichte. Studien zu Wilhelm Dilthey aus Anlass seines 100. Todestages, Würzburg 2013, S. 93-113.

Adam, Gottfried, Oskar Hammelsbeck (1899-1975), in: Schröer, Henning/Zilleßen, Dietrich (Hg.), Klassiker der Religionspädagogik. Klaus Wegenast zum 60. Geburtstag, Frankfurt 1989, S. 223-235.

Ders., Art.: „Oskar Hammelsbeck", in: LexRP Bd. 1, Neukirchen-Vluyn 2001, Sp. 786-789.

Anschütz, Gerhard/Thoma, Richard (Hg.), HStR Bd. 2, Tübingen 1932.

Badura, Peter, Der Schutz von Religion und Weltanschauung durch das Grundgesetz. Verfassungsfragen zur Existenz und Tätigkeit der neuen „Jugendreligionen', Tübingen 1989.

Barion, Jakob, Ideologie, Wissenschaft, Philosophie, Bonn 1966.

Bartels, Klaus, Die Pädagogik Herman Nohls in ihrem Verhältnis zum Werk Wilhelm Diltheys und zur heutigen Erziehungswissenschaft, Weinheim/Berlin 1968.

Barth, Karl, Die kirchliche Dogmatik Bd. 4 (KD Teil III/1), Zürich 1959.

Beck, Ulrich, Risikogesellschaft, Frankfurt a.M. 1986.

Benner, Dietrich, Hauptströmungen der Erziehungswissenschaft. Eine Systematik traditioneller und moderner Theorien, Weinheim/München [3]1991.

Ders., Allgemeine Pädagogik. Eine systematisch-problemgeschichtliche Einführung in die Grundstruktur pädagogischen Denkens und Handelns, Weinheim/München [7]2012.

Ders., Bildung und Religion. Nur einem bildsamen Wesen kann ein Gott sich offenbaren. (Religionspädagogik in Pluraler Gesellschaft Bd. 18), Paderborn 2014.

Berg, Hans-Christoph, Evangelische Schulen. Konzeptionen – Merkmale – Herausforderungen, in: Ders./Günther, Gerth/Potthast, Karl Heinz (Hg.), Unterrichtserneuerung mit Wagenschein und Comenius. Versuche evangelischer Schulen 1985-1989, Münster 1990, S. 41-62.

Betz, Werner, Zur Geschichte des Wortes „Weltanschauung", in: Ders./Peisl, Anton (Hg.), Kursbuch der Weltanschauungen, Berlin 1980, S. 18-21.

Boberach, Heinz/Nicolaisen, Carsten/Pabst, Ruth, Handbuch der Deutschen evangelischen Kirchen 1918-1949. Organe – Ämter – Verbände – Personen Bd. 1 Überregionale Einrichtungen (AKZG 18), Göttingen 2010.

Böckenförde, Ernst-Wolfgang, Das Grundrecht der Gewissensfreiheit. Die Rechtsformen der sozialen Sicherheit und das allgemeine Verwaltungsrecht, VVDStRL 28, Berlin 1970.

Böhm, Winfried/Fuchs, Birgitta/Seichter, Sabine (Hg.), Hauptwerke der Pädagogik, Paderborn 2009.

Bollnow, Otto Friedrich, Empirische Wissenschaft und Hermeneutische Pädagogik. Bemerkungen zu Wolfgang Brezinka: Von der Pädagogik zur Erziehungswissenschaft, in: ZP 17 (1971), S. 683-708.

Ders., Die Stellung Wilhelm Flitners in der Entwicklung der neuen Pädagogik, in: Peukert, Helmut/Scheuerl, Hans (Hg.), Wilhelm Flitner und die Frage nach einer allgemeinen Erziehungswissenschaft im 20. Jahrhundert, ZP 26 (Beiheft) (1991), S. 47-57.

Bookhagen, Rainer/Frickel, Martin (Hg.), „Vor Ort" – Praktische Theologie in der Erprobung. Festschrift für Peter C. Bloth, Berlin 1991, S. 77-95.

Brezinka, Wolfgang, Erziehung als Lebenshilfe. Ein Beitrag zum Verständnis der pädagogischen Situation, Wien 1957.

Ders., Über den Wissenschaftsbegriff der Erziehungswissenschaft und die Einwände der weltanschaulichen Pädagogik, in: ZP, 13. Jg. (1967), S. 135-168.

Ders., Metatheorie der Erziehung. Eine Einführung in die Grundlagen der Erziehungswissenschaft, der Philosophie der Erziehung und der Praktischen Pädagogik, München 1978. (Bei dieser Ausgabe handelt es sich um die 4. vollständig neu bearbeitete Auflage der Schrift: Brezinka, Wolfgang, Von der Pädagogik zur Erziehungswissenschaft. Eine Einführung in die Metatheorie der Erziehung, Weinheim 1971.

Ders., Aufgaben und Probleme der Pädagogischen Hochschule in Bayern, in: Ders., Erziehung – Kunst des Möglichen. Beiträge zur Praktischen Pädagogik, München [3]1988.

Ders., Glaube, Moral und Erziehung, München 1992.

Ders., Fünfzig Jahre erlebte Pädagogik, Uhl, Siegfried (Hg.), Wolfgang Brezinka. Fünfzig Jahre erlebte Pädagogik, München 1997.

Ders., Rückblick auf fünfzig Jahre erlebte Pädagogik, in: Siegfried Uhl (Hg.), Wolfgang Brezinka. Fünfzig Jahre erlebte Pädagogik. Rückblick, Lebensdaten, Publikationen, München/Basel 1997, S. 12-29.

Büttemeyer, Wilhelm/Möller, Bernhard (Hg.), Der Positivismusstreit in der deutschen Erziehungswissenschaft, München 1979.

Bultmann, Rudolf, Jesus Christus und die Mythologie, das Neue Testament im Licht der Bibelkritik, GuV IV, Hamburg 1964.

Busemann, Adolf, Weltanschauung in psychologischer Sicht. Ein Beitrag zur Lehre des Menschen, München 1967.

Campenhausen, Axel Freiherr von/Wall, Heinrich de, Staatskirchenrecht, 4. Aufl., München 2006.

Crimmann, Ralph P., Erich Weniger und Oskar Hammelsbeck. Eine Untersuchung ihrer pädagogischen und theologischen Anschauungen unter besonderer Berücksichtigung des Normenproblems, Weinheim/Basel 1986.

Das Evangelische Deutschland. Kirchliche Rundschau für das Gesamtgebiet des Deutschen Evangelischen Kirchenbundes (E), v. 30.3.1930, S. 108.

Das Schuldbekenntnis von Stuttgart, Vortrag im Süddeutschen Rundfunk, Herbst 1965 (EZA Berlin, 603/NL Dibelius, A 5).

Die Bekenntnisschriften der evangelisch-lutherischen Kirche (BSKL), Göttingen [25]1963.

Dibelius, Otto (hg. in Verbindung mit Adams, Peter/Richert, Hans), Die evangelische Erziehungsschule. Ideal und Praxis, Hamburg (o.J. 1920/1921).

Ders., Aus meinem Leben, 51 (Sammlung Grüneisen), Berlin 1933/1934.

Dilthey, Wilhelm, Die Typen der Weltanschauung und ihre Ausbildung in den metaphysischen Systemen, in: Frischeisen-Köhler, Max (Hg.), Weltanschauung. Philosophie und Religion in Darstellungen von Wilhelm Dilthey u.a., Berlin 1911.

Ders., Gesammelte Schriften Bd. V, Die geistige Welt. Einleitung in die Philosophie des Lebens. Erste Hälfte: Abhandlungen zur Grundlegung der Geisteswissenschaften, Stuttgart/Göttingen 1974.

Ders., Gesammelte Schriften Bd. VIII, Weltanschauungslehre. Abhandlungen zur Philosophie der Philosophie, Leipzig/Berlin 1931.

Ders., Gesammelte Schriften Bd. VII, Der Aufbau in die geschichtliche Welt in die Geisteswissenschaften, Göttingen 1958.

Ders., Gesammelte Schriften Bd. IX, Pädagogik. Geschichte und Grundlinien des Systems, Göttingen 1958.

Dieterich, Veit-Jakobus, Naturwissenschaftlich-technische Welt und Natur im Religionsunterricht. Eine Untersuchung von Materialien zum Religionsunterricht in der Weimarer Republik und in der Bundesrepublik Deutschland (1918-1985), 2. Bde., Frankfurt a.M. 1990.

Dolzer, Rudolf/Vogel, Klaus/Graßhof, Karin (Hg.), Bonner Kommentar zum Grundgesetz (Kommentiert durch Mückl), Heidelberg 2008, Artikel 4 Absatz 1 (Randnummer 77), S. 1-189.

Drehsen, Volker, Zeitgeistanalyse und Weltanschauungsdiagnostik in kulturpraktischer Absicht, in: Mitteilungen der Ernst Troeltsch-Gesellschaft Bd. VIII, Augsburg 1994.

Drehsen, Volker/Sparn, Walter (Hg.), Vom Weltbildwandel zur Weltanschauungsanalyse. Krisenwahrnehmung und Krisenbewältigung um 1900, Berlin 1996.

Dies., Im Schmelztiegel der Religionen. Konturen des modernen Synkretismus, Gütersloh 1996.

Dux, Günter, Der Begriff Religion in der Religionssoziologie, in: Wagner, Falk (Hg.), Was ist Religion? Studien zu ihrem Begriff und Thema in Geschichte und Gegenwart, Gütersloh 1991.

Elias, Norbert, Die Gesellschaft der Individuen, Frankfurt a.M. 1991.

Englert, Rudolf/Schwab, Ulrich/Schweitzer, Friedrich/Ziebertz, Hans-Georg (Hg.), Welche Religionspädagogik ist pluralitätsfähig? Kontroversen um einen Leitbegriff, Freiburg/Basel/Wien 2012.

Fetz, Reto Luzius/Reich, Karl Helmut/Valentin, Peter, Weltbildentwicklung und Schöpfungsverständnis. Eine strukturgenetische Untersuchung bei Kindern und Jugendlichen, Stuttgart 2001.

Flitner, Wilhelm, Wilhelm Flitner, in: Ludwig J. Pongratz (Hg.), Pädagogik in Selbstdarstellungen II, Hamburg 1976, S. 146-197.

Ders., Erinnerungen 1889-1945, in: Gesammelte Schriften Bd. 11, Paderborn/München/Wien/Zürich 1986.

Ders., Systematische Pädagogik, in: Gesammelte Schriften Bd. 2, Paderborn/München/Wien/Zürich 1983, S. 9-122.

Ders., Versuch eines Grundrisses zur Allgemeinen Erziehungswissenschaft, Gesammelte Schriften Bd. 2, Paderborn/München/Wien/Zürich 1983, S. 123-297.

Ders., Das Bildungsproblem als Problem der Weltanschauung, in: Gesammelte Schriften Bd. 3, Paderborn/München/Wien/Zürich 1989, S. 29-37.

Ders., Zum Begriff der pädagogischen Autonomie. Bemerkungen zu Friedrich Delekats Aufsatz über das Reichsschulgesetz, in: Gesammelte Schriften Bd. 3, Paderborn/München/Wien/Zürich 1928/1989, S. 237-252.

Freud, Siegmund, Neue Folge der Vorlesungen zur Einführung in die Psychoanalyse, 35. Vorlesung, Über die Weltanschauung, GW 15, Frankfurt a.M. 1932, S. 170-189.

Frischeisen-Köhler, Max, Weltanschauung. Philosophie und Religion, Berlin 1911.

Ders., Wissenschaft und Wirklichkeit, Leipzig/Berlin 1912.

Ders., Bildung und Weltanschauung. Eine Einführung in die pädagogischen Theorien, Charlottenburg 1921.

Ders., Philosophie und Pädagogik. Eingeleitet von Herman Nohl, in: Blochmann, Elisabeth/Geißler, Georg/Weniger, Erich (Hg.), Kleine pädagogische Texte 20, Weinheim [2]1962. (Erstausgabe 1917).

Fritz, Hartmut, Otto Dibelius. Ein Kirchenmann in der Zeit zwischen Monarchie und Diktatur, Göttingen 1998.

Geißler, Georg, Herman Nohl (1879-1960), in: Scheuerl, Hans (Hg.), Klassiker der Pädagogik Bd. 2, München 1991, S. 225-240.

Gogarten, Friedrich, Der Mensch zwischen Gott und Welt, Stuttgart 1956.

Graf, Friedrich Wilhelm/Tanner, Klaus, Art. „Kultur II", in: TRE Bd. 20, Berlin/New York 1990, S. 187-209.

Grimm, Jacob/Grimm, Wilhelm, Deutsches Wörterbuch, hg. von der Deutschen Akademie der Wissenschaften, Berlin 1955, Sp. 1530-1531.

Groothoff, Hans-Hermann/Herrmann, Ulrich, Wilhelm Dilthey – Persönlichkeit und Werk, in: Dies. (Hg.), Wilhelm Dilthey. Schriften zur Pädagogik, Paderborn 1971.

Härle, Wilfried/Herms, Eilert, Rechtfertigung. Das Wirklichkeitsverständnis des christlichen Glaubens, Göttingen 1979.

Hammelsbeck, Oskar, Die kulturpolitische Verantwortung der Kirche, München 1946.

Ders., Um Heil oder Unheil im öffentlichen Leben, München 1946.

Ders., Der heilige Ruf, Aufsätze und Vorträge über die christliche Verantwortung für Kirche und Welt, Gütersloh 1947.

Ders., Zum Geleit, in: EvErz 1 (April 1949), S. 2-4.

Ders., Der Ursprung des Erzieherischen in biblischer Begründung, in: EvErz 1 (April 1949), S. 4-11.

Ders., Evangelische Lehre von der Erziehung, München 1950.

Ders., Glaube, Welt, Erziehung, Mühlheim/Ruhr 1954.

Ders., Die veränderte Weltsituation des modernen Menschen als religiöses Problem, (TEH 45), München 1955.

Ders., Art. „Verantwortung", in: Evangelisches Soziallexikon, Stuttgart [2]1956, Sp. 1063.

Ders., Evangelische Lehre von der Erziehung, zweite neubearbeitete und erweiterte Auflage, München 1958.

Ders., Erziehung – Bildung – Geborgenheit, TEH 90 (1961), München.

Ders., Pädagogische Autobiographie, abgedruckt in: Horn, Hermann (Hg.), Kirche, Schule und Staat im 20. Jahrhundert, Hagen 1979, S. 9-96.

Ders., Religionspädagogik in Selbstdarstellungen II (Religionspädagogik heute Bd. 7), Albers, Bernhard (Hg.), Aachen 1981, S. 47-63.

Ders., Brief v. 18.4.1946, in: Horn, Hermann (Hg.), Briefwechsel Karl Jaspers – Oskar Hammelsbeck 1919-1969, Frankfurt 1986.

Heckel, Martin, Religionsfreiheit, in: Gesammelte Schriften Bd. IV, Tübingen 1997.

Hempelmann, Reinhard, Art. „Weltanschauung III.3. Praktische Theologie", TRE Bd. 25, Berlin/New York 2003, Sp. 559-561.

Herms, Eilert, Herkunft, Entfaltung und erste Gestalt des Systems der Wissenschaften bei Schleiermacher, Gütersloh 1974.

Ders., „Weltanschauung" bei Friedrich Schleiermacher und Albrecht Ritschl, in: Ders., Theorie für die Praxis – Beiträger zur Theologie, München 1982, S. 121-143.

Ders., Pluralismus aus Prinzip, in: Ders. (Hg.), Kirche für die Welt, Tübingen 1995, S. 467-487.

Ders., Zusammenleben im Widerstreit der Weltanschauungen. Beiträge zur Sozialethik, Tübingen 2007.

Ders., Anforderungen des konsequenten weltanschaulich/religiösen Pluralismus an das öffentliche Bildungswesen", in: Ders., Zusammenleben im Widerstreit der Weltanschauungen. Beiträge zur Sozialethik, Tübingen 2007, S. 342-373.

Ders., Die Frage der Schulträgerschaft aus sozialethischer Sicht, in: Ders., Zusammenleben im Widerstreit der Weltanschauungen. Beiträge zur Sozialethik, Tübingen 2007, S. 374-379.

Herrmann, Ulrich, Wilhelm Dilthey, in: Scheuerl, Hans (Hg.), Klassiker der Pädagogik Bd. 2, München 1991, S. 72-84.

Ders., „Es gibt einen pädagogischen Grundgedankengang". Das Systematische und die Systematik in Wilhelm Flitners Entwurf und Begründung der Erziehungswissenschaft, in: Wilhelm Flitner und die Frage nach einer allgemeinen Erziehungswissenschaft im 20. Jahrhundert, Beiheft zur ZPT (26), Weinheim/Basel 1991, S. 31-46.

Ders., Nachwort, in: Wilhelm Flitner. Theoretische Schriften Bd. 3, Paderborn/München/Wien/Zürich 1989, S. 521-529.

Herrmann, Wilhelm, Ethik, Tübingen ⁵1913.

Heun, Werner, Die Begriffe der Religion und Weltanschauung in ihrer verfassungshistorischen Entwicklung, in: Zeitschrift der Savigny-Stiftung für Rechtsgeschichte Bd. 117, Wien 2000, S. 334-366.

Jaspers, Karl, Psychologie der Weltanschauungen, Berlin 1919.

Kant, Immanuel, Kritik der Urteilskraft, in: Kant's gesammelte Schriften hg. von der Königlich Preußischen Akademie der Wissenschaften, 1. Abteilung, 5. Bd., Berlin 1908.

Kastantowicz, Ulrich, Die Frage der Voraussetzungen der Pädagogik. Gibt es eine weltanschauungs- und bekenntnisfreie Pädagogik?, in: Die Katholische Schule, Jahrgang, Nr.7/8 (1959), S. 87-90.

Kästner, Karl-Hermann, Das Grundrecht auf Religions- und Weltanschauungsfreiheit in der neueren höchstrichterlichen Rechtsprechung, AöR 123, 1998.

Kautz, Heinrich, Art. „Frischeisen-Köhler, Max", in: NDB Bd. 5, 1961, S. 619f. [Onlinefassung].

Kerber, Walter (Hg.), Der Begriff der Religion, München 1993.

Kerckhoven, Guy van/Lessing, Hans-Ulrich/Ossenkop, Axel, Wilhelm Dilthey. Leben und Werk in Bildern, München 2008.

Kirchenamt der EKD, Identität und Verständigung. Standort und Perspektiven des Religionsunterrichts in der Pluralität. Eine Denkschrift, Gütersloh 1994.

Kirchenamt der EKD, Religiöse Orientierung gewinnen. Evangelischer Religionsunterricht als Beitrag zu einer pluralitätsfähigen Schule, Gütersloh 2014.

Kittel. Helmuth, Vom Religionsunterricht zur Evangelischen Unterweisung, (Arbeitsbücher für die Lehrerbildung 3), Wolfenbüttel 1947.

Koerrenz, Ralf, Theologie und Pädagogik – Notizen an der Grenze, in: ZPT 50 (1998), S. 51-59.

Krüger, Heinz-Hermann, Einführung in Theorien und Methoden der Erziehungswissenschaft, Opladen 2006.

Lange, Hermann, Ein dogmatischer Rückfall hinter Popper. Zu Wolfgang Brezinkas Neufassung seiner Metatheorie der Erziehung, in: ZP 25 (1979), S. 403-422.

Lehmann, Rudolf, Max Frischeisen-Köhler, in: Blochmann, Elisabeth/Geißler, Georg/Weniger, Erich (Hg.), Philosophie und Pädagogik, Weinheim 1931.

Litt, Theodor, Möglichkeiten und Grenzen der Pädagogik. Abhandlungen zur gegenwärtigen Lage von Erziehung und Erziehungstheorie, Leipzig/Berlin 1926.

Luther, Martin, Von der Freiheit eines Christenmenschen [1520], Berlin 1933.

Marquard, Odo, Schwierigkeiten mit der Geschichtsphilosophie. Aufsätze, Frankfurt a.M. 1973.

Matthes, Eva, Wilhelm Flitner. Allgemeine Pädagogik, in: Böhm, Winfried/Fuchs, Birgitta/Seichter, Sabine (Hg.), Hauptwerke der Pädagogik, Paderborn 2009, S. 137-139.

Dies., Geisteswissenschaftliche Pädagogik, München 2011.

Meier, Helmut G., „Weltanschauung". Studien zu einer Geschichte und Theorie des Begriffs, 14. I. Abt. 1. Teil, Münster (Westfahlen) 1968.

Mette, Norbert, Religionspädagogik und Pädagogik, in: Ziebertz, Hans-Georg/Simon, Werner (Hg.), Bilanz der Religionspädagogik, Düsseldorf 1995, S. 111-118.

Ministerium für Kultus, Jugend und Sport Baden-Württemberg (Hg.), Bildungsplan für das Gymnasium der Normalform, Stuttgart 2004.

Misch, Clara (geb. Dilthey), Der junge Dilthey. Ein Lebensbild in Briefen und Tagebüchern 1852-1870, Leipzig 1933.

Mohler, Armin, Editorischer Vorbericht, in: Ders./Peisl Anton (Hg.), Kursbuch der Weltanschauungen, Berlin 1980.

Moxter, Michael, Art. „Weltanschauung III.1.", in: TRE 35, Berlin/New York 2003, S. 544-555.

Mühling-Schlapkohl, Markus, Religionsunterricht in der konsequent pluralistischen Schule, in: ZPT 54 (2002), S. 185-197.

Müller, Johann Babtist, Religion und Politik. Wechselwirkungen und Dissonanzen, Berlin 1997.

Müller-Rolli, Sebastian, Evangelische Schulpolitik in Deutschland 1918-1958. Dokumente und Darstellung, Göttingen 1998.

Nipkow, Karl Ernst, Die Individualität als pädagogisches Problem bei Pestalozzi, Humboldt und Schleiermacher, Weinheim 1960.

Ders., Grundfragen der Religionspädagogik Bd. 1. Gesellschaftliche Herausforderungen und theoretische Ausgangspunkte, Gütersloh 1975.

Ders., Leben und Erziehen – wozu? Lebens- und Erziehungsziele in christlicher Verantwortung, in: ZRelpäd 32 (1977), S. 34-40. – Wiederabdruck in: KaHe, hg. v. CVJM-Gesamtverband 1 (1977), S. 5-25.

Ders., Religionspädagogik zwischen Theologie und Pädagogik, Kirche und Gesellschaft, in: Lachmann, Rainer/Rupp, Horst F. (Hg.), Lebensweg und religiöse Erziehung. Religionspädagogik als Autobiographie Bd. 2, Weinheim 1989, S. 215-234.

Ders., Bildung als Lebensbegleitung und Erneuerung. Kirchliche Bildungsverantwortung in Gemeinde, Schule und Gesellschaft, Gütersloh 1990.

Ders., Zum Geleit, in: Bohne, Jürgen (Hg.), Die religiöse Dimension wahrnehmen. Unterrichtsbeispiele und Reflexionen aus der Projektarbeit des Evangelischen Schulbundes in Bayern, Comenius-Institut Münster 1992, S. 7-9.

Ders., Bildung in einer pluralen Welt. Moralpädagogik im Pluralismus Bd. 1, Gütersloh 1998.

Ders., Bildung in einer pluralen Welt. Religionspädagogik im Pluralismus Bd. 2, Gütersloh 1998.

Ders., Die gefährdete Freiheit der Schule und Kirche – ein Nachwort, in: Müller-Rolli, Sebastian, Evangelische Schulpolitik in Deutschland 1918-1958. Dokumente und Darstellung, Göttingen 1998.

Nipkow, Karl Ernst/Schweitzer, Friedrich (Hg.), Religionspädagogik. Texte zur evangelischen Erziehungs- und Bildungsverantwortung seit der Reformation Bd. 2/2: 20. Jahrhundert, Gütersloh 1994.

Nohl, Herman, Die Weltanschauungen der Malerei, Jena 1908.

Ders., Der Reichsschulgesetzentwurf, in: Die Erziehung 3 (1928), S. 40-49.

Ders., Typische Kunststile in Dichtung und Musik, Jena 1915.

Ders., Stil und Weltanschauung, Jena 1920.

Ders., Die pädagogische Bewegung in Deutschland und ihre Theorie, Frankfurt a.M. ²1935.

Nohl, Herman/Pallat, Ludwig (Hg.), Handbuch der Pädagogik. Die pädagogische Bewegung in Deutschland Bd. 1, Langensalza 1933.

Oelkers, Jürgen/Schulz, Wolfgang K. (Hg.), Pädagogisches Handeln und Kultur. Aktuelle Aspekte der geisteswissenschaftlichen Pädagogik, Bad Heilbrunn 1984.

Ders., Ist säkulare Pädagogik möglich?, in: EvErz 42 (1990), S. 23-31.

Ders., Pädagogische Reform und Wandel der Erziehungswissenschaft, in: Führ, Christoph/Furck, Carl-Ludwig (Hg.), Handbuch der deutschen Bildungsgeschichte Bd. VI, München 1998, S. 217-243.

Ders., Religiöse Sprache in pädagogischen Theorien, in: Erziehungswissenschaft, Religion und Religionspädagogik, hg. von Gross, Engelbert (FTPh 7), Münster 2004, S. 93-124.

Ders./Osterwalder, Fitz/Tenorth, Heinz-Elmar (Hg.), Das verdrängt Erbe. Pädagogik im Kontext von Religion und Theologie (Beiträge zur Theorie und Geschichte der Erziehungswissenschaft 25), Weinheim/Basel 2003.

Padberg, Rudolf, Glaube und Erziehung. Ein konfessionskundlicher Beitrag zwischen Theologie und Pädagogik, Paderborn 1959.

Peukert, Helmut/Scheuerl, Hans (Hg.), Wilhelm Flitner und die Frage nach einer allgemeinen Erziehungswissenschaft im 20. Jahrhundert, Beiheft zur ZP, Weinheim/Basel 1991.

Rohls, Jan, Protestantische Theologie der Neuzeit II. Das 20. Jahrhundert, Tübingen 1997.

Preul, Reiner, „Art. Glaube V, RGG, Tübingen ⁴2000, Sp. 974-977.

Ders., Evangelische Bildungstheorie, Leipzig 2013.

Reimers, Edgar, Recht und Grenzen einer Berufung auf Luther in den neueren Bemühungen um eine evangelische Erziehung, Weinheim 1958.

Rickers, Folkert, „Widerstand im Verborgenen"? Der kirchliche Unterricht bei Oskar Hammelsbeck im zeitgeschichtlichen Kontext des Dritten Reiches, in: MEKGR 55 (2006), S. 31-50.

Ders., Art.: „Oskar Hammelsbeck", in: BBKL 24 (2008), Sp. 541-568.

Rothgangel, Martin, Naturwissenschaft und Theologie. Wissenschaftstheoretische Gesichtspunkte im Horizont religionspädagogischer Überlegungen, Göttingen 1999.

Schaller, Klaus, Die Pädagogik des Johann Amos Comenius und die Anfänge des pädagogischen Realismus im 17. Jahrhundert, Heidelberg 1962.

Scheilke, Christoph Th./Schweitzer, Friedrich, Religion, Ethik, Schule. Bildungspolitische Perspektiven in der pluralen Gesellschaft, Münster 1999.

Scheler, Max, Weltanschauungslehre, Soziologie und Weltanschauungssetzungen, in: Ders., Schriften zur Soziologie und Weltanschauungslehre, Gesammelte Werke Bd. 6, Bern/München 1963, S. 13-26.

Scheuerl, Hans, Wilhelm Flitner, in: Ders. (Hg.), Klassiker der Pädagogik Bd. 2, München 1991, S. 277-289.

Scholz, Heinrich, Religionspsychologie, Berlin 1921.

Schreiner, Martin, Im Spielraum der Freiheit, Göttingen 1996.

Ders., Evangelische Schulen – Bewährungsfall kirchlicher Bildungsverantwortung, in: Schweitzer, Friedrich/Elsenbast, Volker/Scheilke, Christoph Th. (Hg.), Religionspädagogik und Zeitgeschichte im Spiegel der Rezeption von Karl Ernst Nipkow, Gütersloh 2008, S. 81-93.

Schweitzer, Friedrich, Die Religion des Kindes. Zur Problemgeschichte einer religionspädagogischen Grundfrage, Gütersloh 1992.

Ders., Können wir noch Evangelische Erzieher sein? Eine Zeitschrift und ihr theologisch-pädagogisches Programm – nach 49 Jahren neu gelesen, in: ZPT 1 (1998), S. 6-17.

Ders., Bilanz im Blick auf die Zusammenarbeit mit der Erziehungswissenschaft. Zum bildungstheoretischen Horizont pluralitätsfähiger Religionspädagogik, in: Englert, Rudolf/Schwab, Ulrich/Ders./Ziebertz, Hans-Georg (Hg.), Welche Religionspädagogik ist pluralitätsfähig? Kontroversen um einen Leitbegriff, Freiburg/Basel/Wien 2012, S. 225-238.

Ders./Englert, Rudolf/Schwab, Ulrich/Ziebertz, Hans-Georg, Entwurf einer pluralitätsfähigen Religionspädagogik, Gütersloh/Freiburg i.Br. 2002.

Ders./Simojoki, Henrik/Moschner, Sara/Müller, Markus, Religionspädagogik als Wissenschaft. Transformationen der Disziplin im Spiegel ihrer Zeitschriften, Freiburg/Gütersloh 2010.

Schiess, Gertrud, Die Diskussion um die Autonomie der Pädagogik, Weinheim/Basel 1973, S. 15-22.

Schlag, Thomas, Horizonte demokratischer Bildung. Evangelische Religionspädagogik in politischer Perspektive, Freiburg/Basel/Wien 2010.

Schleiermacher, Friedrich, Der christliche Glaube, Berlin (1830/1831).

Ders., Über die Religion. Reden an die Gebildeten unter ihren Verächtern, Hamburg 1958 [Paginierung nach Hans-Joachim Rothert].

Ders., Erziehungslehre, Sämtliche Werke, 3. Abt., Bd. IX, hg. von C. Platz, Berlin 1849.

Scholder, Klaus, Die Kirche und das Dritte Reich Bd. 1, Vorgeschichte und Zeit der Illusion 1918-1934, Frankfurt a.M./Berlin/Wien 1977.

Schröder, Bernd, Pluralismusfähigkeit. Religionsunterricht vor der Herausforderung religiös-weltanschaulicher Pluralität, in: Gemeinsam lernen. Weggefährtinnen und Weggefährten im Gespräch mit Hans-Martin Lübking, hg. von Ulrich Walter in Gemeinschaft mit dem Kollegium des Pädagogischen Instituts der EKvW, Gütersloh 2013, S. 153-181.

Ders., Oskar Hammelsbeck in seinen Saarbrücker Jahren, in: Evangelische Profile der Saargegend. Festgabe für Friedrich Wilhelm Kantzenbach, Conrad, Joachim/Meiser, Martin (Hg.), (Beiträge zur evangelischen Kirchengeschichte der Saargegend Bd. 2), Saarbrücken 2012, S. 105-120.

Schwöbel, Christoph, Art. „Pluralismus II. Systematisch-theologisch", in: TRE 26, Berlin/New York 1996, Sp. 724-739.

Ders., Christlicher Glaube im Pluralismus. Studien zu einer Theologie der Kultur, Tübingen 2003.

Schwertner, Siegfried M., Internationales Abkürzungsverzeichnis für Theologie und Grenzgebiete. Zeitschriften, Serien, Lexika, Quellenwerke mit bibliographischen Angaben, Berlin/Bosten ³2014.

Simojoki, Henrik, Evangelische Erziehungsverantwortung. Eine religionspädagogische Untersuchung zum Werk Friedrich Delekats, Tübingen 2008.

Spieldiener, Bernhard, Weltanschauung und Weltanschauungsgemeinschaften im Recht der Bundesrepublik Deutschland, Diss. jur. Freiburg 1990.

Stock, Konrad, Art.: „Gesinnung" in: RGG Bd. 3, Tübingen [4]2000, Sp. 869-871.

Ders., Art.: „Welt/Weltanschauung/Weltbild", in: TRE Bd. 35, Berlin/New York 2003, S. 536-611.

Stupperich, Robert, Otto Dibelius. Ein evangelischer Bischof im Umbruch der Zeiten, Göttingen 1989.

Tessitore, Fulvio, Leben und Geschichte – von Dilthey her gesehen, in: D' Anna, Giuseppe/Johach, Helmut/Nelson, Eric S. (Hg.), Anthropologie und Geschichte. Studien zu Wilhelm Dilthey aus Anlass seines 100. Todestages, Würzburg 2013, S. 43-52.

Tenorth, Heinz-Elmar, Pädagogisches Denken, in: Langewiesche, Dieter/Ders. (Hg.), Handbuch der deutschen Bildungsgeschichte, Bd. V 1918-1945. Die Weimarer Republik und die nationalsozialistische Diktatur, München 1989.

Ders., Kulturphilosophie als Weltanschauungswissenschaft. Zur Theoretisierung des Denkens über Erziehung, in: Bruch Rüdiger vom/Graf, Friedrich Wilhelm/Hübinger, Gangolf (Hg.), Kultur und Kulturwissenschaften um 1900. Krise der Moderne und Glaube an die Wissenschaft, Stuttgart 1989, S. 133-154.

Ders., Erziehungswissenschaftliche Forschung im 20. Jahrhundert und ihre Methoden, in: Bildungsprozesse und Erziehungsverhältnisse im 20. Jahrhundert. Praktische Entwicklungen und Formen der Reflexion im historischen Kontext, hg. von Dems./Benner, Dietrich, (ZP. B 42), Weinheim Basel 2000, S. 264-293.

Ders., Geschichte der Erziehung. Einführung in die Grundzüge ihrer neuzeitlichen Entwicklung, Weinheim/München [5]2010.

Thierfelder, Jörg, Das Kirchliche Einigungswerk des württembergischen Landesbischofs Theophil Wurm (AKZG B 1), Göttingen 1975.

Tillich, Paul, Systematische Theologie Bd. 1, Stuttgart 1956.

Uhl, Siegfried (Hg.), Wolfgang Brezinka. Fünfzig Jahre erlebte Pädagogik, Ders., Wolfgang Brezinka. Fünfzig Jahre erlebte Pädagogik, München 1997, S. 40-98.

Verhandlungen des Zweiten Deutschen Evangelischen Kirchentages 1921, Stuttgart 11.-15.09.1921, Berlin o.J. [1922].

Wagner, Falk, Was ist Religion? Studien zu ihrem Begriff und Thema in Geschichte und Gegenwart, Gütersloh 1991.

Wehler, Hans-Ulrich, Deutsche Gesellschaftsgeschichte 1849-1914, Bd. 3, Bonn 2009.

Wunderlich, Reinhard, Pluralität als religionspädagogische Herausforderung, Göttingen 1997.

Ziebertz, Hans-Georg/Schmidt, Günter R./Englert, Rudolf (Hg.), Religion in der Allgemeinen Pädagogik, Freiburg 2006.